PAGEBOY

エリオット・ペイジ自伝

トランスジェンダーとして勇気を持って生きる、
ハリウッド俳優の回想録

エリオット・ペイジ　著
長尾莉紗　訳

DU BOOKS

PAGEBOY
by
Elliot Page

Translated by Risa Nagao
Published in Japan by Disk Union Co., Ltd.

先の道を歩んできたすべての人たちに

目次

Contents

※〔 〕内は訳注

まえがき
Author's Note

本を書く、という考えはだいぶ前から何度か頭に浮かんではいた。でも、どうしてもしっくりこなかったし、正直なところ、自分に書けると思えなかった。普段からじっと座っていることさえできなかったのに、長期間の執筆作業なんてなおさらだ。いつも脳のエネルギーは余計なことに使われていた。嫌な気持ちを隠して抑え込むために絶えず費やされていた。でも、今は違う。新しい感覚がする。ついに僕は、この体で、今この時を、ありのままの自分としてゆったり座って過ごすことができている――パソコンを前に何時間も、太陽の下くつろぐ愛犬モーのそばで、背筋を伸ばし、穏やかな心で。以前なら想像もできなかったこの充足感は、これまでに受けた治療なしには得られなかったものだ。ジェンダー肯定ケアに対する批判、そして僕たちを黙らせようとする力が増している今こそ、こうして言葉を綴るべきだと感じている。

だからこうして、感謝と恐怖を胸に抱えながら、まっすぐあなたたちに向けてこの文章を書いている。トランスジェンダーの人々に対する暴力は増えていて、メディアは定期的に僕らの人間性を「議論」する。僕たちに自分のストーリーを語る機会が与えられたときでさえ、クィア〔性的マイノリティや、既存の性のカテゴリーに当てはまらない人々の総称〕の話は一部だけがかいつまんで広まることがあまりにも多く、さらにひどい場合には、普遍化されて一人の人間がすべてのクィアの代弁者になってしまう。人がクィアであるとき、あるいはトランスジェンダーであるとき、その形は無限にあって、僕の物語はその一つにすぎない。本書の中でのちにも言うけれど、僕たちはみなこの宇宙に生きるほんの小さな一粒でしかない。でも、僕が自分についての真実を語ることで、この一粒がクィアやトランスの人をめぐって流れ続ける間違った情報をいくらか打ち消せればと願う。他のＬＧＢＴＱ＋の作家、活動家、個人が発信している数多くの多様な物語もぜひ探してみてほしい。トランスジェンダー解放運動はすべての人に影響を及ぼす。誰もがさまざまな形でジェンダーの喜びと抑圧を経験しているのだから。レスリー・ファインバーグが著書『Trans Liberation』〔未邦訳〕で述べたように、「この運動は、呼吸する空間を、あなたらしくいられる空間を与えるだろう。自分であることの意味を、より深いレベルで見つけるために」。

この本を書くにあたって、人生の瞬間瞬間をできる限り思い出した。細かい部分を思い出せないときは、その出来事に関わっていた人たちに連絡して確認した。プライバシー保護のため、人物の名前など具体的な内容を一部変更している部分もある。ある時期の僕自身について語るときには、昔の名前と代名詞を使った箇所もある。過去の自分について話すときにその方がしっくりきた場合があったからだが、誰もがそうすべきだと言いたいわけではない。また、僕の人生においてジェンダーとセクシュアリティは常にテーマに上がってきたけれど、この二つが異なるものであることは強調したい。自分がクィアであるとカミングアウトすることは、トランスジェンダーであるとカミングアウトすることとはまったく異なる。僕という存在は、他者の期待から解放されるにつれて進化していった。その軌跡は直線ではない。クィアであることは本質的に曲がりくねった道だからだ。二歩進んでは一歩下がる。僕はこれまでの人生の大半、すべてを壊してしまうことに怯えながら、真実に向かって少しずつ進んできた。この本でもそれが伝わるようにした。多くの意味で、本書は僕が人生のもつれをほどいていく物語だ。

自分たちの経験を書き、読み、共有するという行為は、僕らを黙らせようとする人々に立ち向かうための重要な一歩だ。今まで誰も言葉にしてこなかったような新しいこと、奥深いことは僕には言えない。でも、自分が本に助けられ、救われてきたことはわかっているから、この本も誰かの孤独を和らげ、自分の存在を感じてもらうための力になれるかもしれない。それが誰であろうと、どんな旅の途中にある人だろうと。僕の旅の本に興味を持ってくれてありがとう。

This world has many ends and beginnings
（この世界にはたくさんの終わりと始まりがある）
A cycle ends, will something remain?
（一つのサイクルが終わったとき、何か残るだろう）
Maybe a spark, once so bright will bloom again.
（火花が一つ、かつての強烈な輝きを再び放つかもしれない）

ビバリー・グレン＝コープランド
"A SONG AND MANY MOONS"

1 ポーラ —— PAULA

ポーラに出会ったのは20歳のときだった。共通の友達の家で、彼女はソファに体育座りをして生のアーモンドを食べながら、「私はポーラ」と自己紹介した。その声は温かさと優しさを光のようにじんわりと放っていた。彼女の目が輝いた。というより、その目にとらえられた感覚がした。彼女の視線を肌に感じた。

ポーラと僕は一緒に《リフレクションズ》に行った。ゲイバーに行くのは初めてで、その後もしばらくは行かなかった。僕の口説き方はひどいものだった。そんなつもりじゃないときに口説くようなことを言ってしまったり、本当に近づきたいときには逆に何もできなかったり。ポーラとはお互いの近く、それでいて近すぎない距離で立っていた。場の空気はむっと濃く、僕はその中を泳いでいた。

その夏、僕たちは友人のボートで無人島へキャンプに行った。たき火のそばでマジックマッシュルームをして、アルミホイルでサーモンを包んで焼いた。頭上では夜空の星が脈打ち、互いに手を伸ばして、まるで文章を作っているかのようだった。マッシュルームをすると僕はいつも泣いてしまったけれど、ポーラはとても楽しんでいたから、やがて僕の不安の涙も喜びに変わった。自分の体に対する彼女の自己肯定感が羨ましかった。一緒に浜辺で踊り、交代で下手くそなギターを弾いた。

その少し前には、幼なじみで親友のマークと1か月間東欧でバックパック旅をした。プラハから出発し、列車でウィーン、ブダペスト、ベオグラード、ブカレストを訪れた。いつも相部屋の安宿に泊まっていたが、ブカレストではマークが体調を崩したので1日だけエアコン付きのホテルに泊まった。僕は店で個装のスライスチーズを買い、ホテルの小さな部屋の小さな冷凍庫に入れた。チーズが冷えるのを待つ間、湿らせた布をマークのうなじから背骨に沿って当ててやった。凍ったチーズをマークの体中に載せたら、少しだけ楽になったようだった。部屋にはジャグジーがあったので、浅くお湯をためて一緒に入り、テレビのチャンネルを回していくと、偶然にもジャグジーを舞台にしたポルノがやっていた。マークはチーズを食べた。

まだスマホがなかった時代だ。列車の乗り換え、宿探し、関わる人々、すべてガイドブック1冊が頼りだった。マークと僕はインターネットカフェに入って母国カナダの友人たちにメッセージを送った。僕は「生きてるよ」とポーラにメールし、彼女のことを想った。ずっとポーラのことを考えていた――オーストリアを走る列車で巨大なひまわり畑を眺めているときも、ベオグラードの地下でブルーベリービールを飲んで唇を紫にしながら、ポーラとの最後のキス、つまり最初のキスをした瞬間のように頭をくらくらさせているときも、数十年ぶりの記録的暑さの中でベオグラードからブカレストへと列車に12時間乗っているときも。マークと一つの寝台に並んで横たわり、窓を下げて開いた部分に頭をできるだけ近づけた。エアコンはなく、水もなかった。1組のイヤホンを片耳ずつ付けてキャット・パワーを聴き、アブサンをちびちびと飲んだ。**君も今この曲を聴いてるかな？　僕が君のために録音したCDで。**そう考えながら、思わずそのまま口に出してしまいそうだった。夜の景色が過ぎていく。ひっそりと静かなセルビアの田園風景が、まばらな光と共に。ポーラを想った。

《リフレクションズ》でのあの時間、クィアな空間にいること、そこに自分が存在して楽しんでいるというのは初めての経験だった。自分を恥じる気持ちは物心ついた頃から骨の髄までしみ込んでいて、体を蝕むその毒をいつも必死に取り除こうとしていた。でも、あの空間には喜びがあった。気分が高揚し、顎の筋肉が自然と笑顔を作った。踊りながら、汗が背中や胸を流れた。目の前ではポーラの髪がうねって弾み、彼女の余裕ある動きは無秩序でありながらコントロールされていて、官能的で力強かった。僕は何度も彼女の視線をとらえた。あるいは、僕の視線がとらわれていたのか。互いにとらわれたかった。ヘッドライトを浴びた鹿のように、はっと驚きつつも傷つくことはなく。

「キスしていい?」そう聞いた自分の大胆さに衝撃を受けた。その言葉はどこか他のところから飛び出たかのようだった。電子音楽がそうさせたのかもしれない。解放の電子回路が、自制心はバーの入り口に置いていけと命じたのかもしれない。

そして、キスをした。クィア・バーで。たくさんの人がいる前で。これまで出合ったいろんな詩が何を意味していたのか、いったい何をあんなに騒ぎ立てているのかがわかり始めた。以前は何もかもが冷たくて、動きも感情もなかった。それまでに僕が好きになった女性はみんな僕を好きにならなかった。好きになってくれたのかもしれない女性は一人いたけれど、それは間違った愛の形だった。

しかし今、ダンスフロアで僕とキスをしたがっているこの人といると、これまで欲望を感じるたびに頭の中をいっぱいにしていた残酷な非難の声が止んだ。ほんの一瞬だけ、幸せに浸ってもいいのかもしれない。顔を近づけて唇を重ねると、試すように互いの舌先がかすめ、手足に電流が走った。僕たちは見つめ合い、言葉なしに心を通わせた。

崖っぷちに立っている気分だった。長い間この身にのしかかってきた自己嫌悪という重荷を下ろして、自分の欲望、夢、自分自身に近づこうとしている。だが、あと数か月で状況は大きく変わるかもしれない。数か月後には『JUNO/ジュノ』のプレミア上映が始まるからだ。

2 セクシュアリティを暴く競争

SEXUALITY SWEEPSTAKES

「エレン・ペイジのセクシュアリティを暴くのは誰だ?」——その見出しを目にしたとき、顔から血の気が引いた。『ジュノ』がヒットの絶頂にあるときに『ヴィレッジ・ヴォイス』紙に掲載された、マイケル・ムストというライターの記事だ。内容に目を通す。二十歳の僕のセクシュアリティについてあれこれと推測をめぐらす中で、マイケルはこう書いていた。「もう言っちゃうけどさ、彼女ってあれだよ、レバノンの人［ここでは「レズビアン」の意味で使っている。英語では綴りがやや似ていることから、わざと混同して用いる場合がある］じゃないか?! だって、なんて言うか、明らかにトムボーイ［ボーイッシュで男勝りな女の子］な格好だし。（中略）ダイク［レズビアンを意味する語。特に男性的な見た目のレズビアンを指すことが多い］なパズルピースをつなぎ合わせてみよう。ジュノってあれな人なの?」

一夜にして僕は注目を集めることになったが、ダイクと呼ばれたことはカナダで育った子供時代にも何度とあった。いじめは高校でエスカレートし、中心グループの女子たちからちょっと意地悪な言葉を投げられることもあれば、男子トイレに無理やり押し込まれるという比較的派手な出来事もあった。嗅ぎ慣れない小便の臭いに鼻を歪めながら、彼女たちの楽しそうな声が遠ざかって消えるまでしばらく待った。ようやくトイレから出ると、冷たくいかめしい顔をした英語の先生がちょうどそこにいて、「校長室へ来なさい！」と怒鳴った。僕はすみませんでしたと言った。押し込まれたとは言わずに。

いじめがエスカレートする少し前、サッカー大会に出場するためにセント・フランシス・ザビエル大学の寮に泊まり、フィオナという女の子と同室になった。大学のあるアンティゴニッシュは、ノバスコシア州北西端のケープ・ブレトン島からほど近い町だ。この町では、本場のスコットランドを除いて最も古くからハイランドゲームズが開かれている。ノバスコシアはラテン語で「新スコットランド」を意味するが、もともとは「ミクマキ」という地名で、1万年以上前からミクマク族が住んでいる。

今でもフィオナの笑い声を思い出せる。他にどんな雑音があっても、その声は耳からまっすぐ入ってきて体の中で大きく膨らんだ。フィオナのそばにいたかった、彼女からも求められたかった。動きが速く小回りがきくがプレイにまとまりがない僕のポジションは右サイドハーフだった。フィオナはチームの守備の最終ラインを担うスイーパーで、センターハーフのメンバーと共同キャプテンを務めていた。彼女は天性のリーダーで、威厳がありながら優しかった。いつもメンバーをサポートしてくれた。フィオナがボールを蹴る姿を見るのが大好きだった。強く、流れるような動きで、羨ましいほどの自信に満ちていた。僕はすっかり惚れ込んでいた。

ダークカラーの安っぽい板材が壁を覆う寮部屋で、フィオナと僕は両端の硬いベッドに横たわっていた。僕は天井を見つめ、深く息を吸い込んだ。このまま黙っておこうか、それとも言ってしまおうか。まるで未来をこっそり覗き見ているかのような、どこか非現実的な感覚がした。

「僕、バイセクシャルなのかも」何の脈絡もなくそう言った。こんな話を誰かにするのは初めてだった。

「違うでしょ」と、フィオナは反射的に鋭くそう返してから、軽く笑い声を上げた。

このときの笑い声は冷たくとげとげしい響きだった。それでも、一緒に笑いたかった。だって、クィアであることは滑稽で悪いことなんでしょう？　保健の授業で「ホモセクシュアリティ」という単語が出るだけで、あちこちから鼻で笑う音が起こる。学校から帰って見ていたコメディドラマもまったく同じノリだった。同性愛をネタにした冗談が一つ出るたび、あるいは僕自身が言うたび、靴底にこびりついたクソみたいに頭から離れなかった。スポットライトがステージの右から左へ移動して、その周りで僕はタップダンスを踊った。ずぶ濡れの犬のように、どうにかそれを振り落とそうと、振り払おうと必死だった。

あのあと何を話したかは覚えていない。覚えているのは、部屋に響いた笑い声とベッドの硬い寝心地だけ。

寝つけなかったので、朝の5時頃、蛍光灯のついた廊下にこっそり出て、床に座り本を読んだ。権威を風刺するカート・ヴォネガットは、初めてすごく好きになった作家だった。このとき読んだ『Mother Night』（邦訳『母なる夜』早川書房など刊）は、道徳の曖昧さを描いた小説だ。「われわれが表向き装っているものこそ、われわれの実体にほかならない。だから、われわれはなにのふりをするか、あらかじめ慎重に考えなくてはならない」（早川書房刊『母なる夜』（飛田茂雄訳）より引用）とヴォネガットは書いている。廊下に一人座り、この言葉を噛みしめた。羞恥心がゆらゆらと体をめぐる。あのとき、何かが指の間をすり抜けていった。もうそれを捕まえるすべはない。日の出を待った。

朝食は全員で共有スペースで食べた。《ティム・ホートンズ》［カナダの人気コーヒーチェーン］のベーグルと、親の一人が大きな袋で持ってきたオレンジがあった。大人たちはコーヒーを飲みながら子供たちの様子を見ていた。僕は黙々と食べ進めた。フィオナをどう見ていいのかわからなかったし、こういうときは何もしないのが一番だと思った。早めにグラウンドに行って試合前にウォームアップでもしようと思い、すね当てを手に取った。

「ダイク」、ガツンと顔を殴ってくるようなその言葉は、それからよく見知ることになる、あの悪魔の笑みから放たれた。ほら、自分はお前なんかとは違うんだ、と見下してほくそ笑むような。フィオナの派手な友人の言葉だった。心を突き刺した。ほんの一瞬の痛み、短い一言だが、今も消えない。

状況はそこから変わった。何かが断ち切られた。ひそひそとささやく声、空気の変化、めぐる憶測。いいことだったのかもしれない。ぐらぐらの歯は引き抜いてしまうべきだったのだ。

数か月後、父と僕はノバスコシア州ロックポートに住む祖母を訪ねた。ロックポートは、州の南岸に位置する人口500人強の小さな漁村だ。港では、クリスマスのイルミネーションのように色とりどりの漁船が長い桟橋に係留されてずらりと並んでいた。古びた黄色、褪せた赤、さまざまな色合いの青。ノバスコシア州の絵葉書に使われる光景だ。

子供の頃、父はいつも「カナダの日」である7月1日にロックポートに連れて行ってくれた。アメリカの独立記念日のようなものだが、宗主国からの独立というより「カナダの誕生日」という方が近い。ノバスコシアで白人の子供として育った僕は、自分の国の歴史や今について何も知らなかった。大虐殺のルーツ、組織的な人種差別、人種隔離がこの国にどれだけあったのか教わることがなかった。

カナダの日といえば、花火、パレード、教会の地下室で食べるいちごのショートケーキ、そして大好きなイベント「グリース・ポール」のイメージしかなかった。そのイベントでは、細長い丸太が海に突き出す形で埠頭に横たえられる。水面からはかなりの距離があり、丸太の全面にはラードがたっぷりと塗りたくられる。先端にはラードの塊と共に札束がくくり付けられ、挑戦者のゴールはそれを持って戻ってくることだ。戦略は二つだけ。一つは、腹ばいになってゆっくり、少しずつ前へ進んでいく。これはたいてい失敗する。コツはむしろ、できる限りのスピードで丸太を滑り、できるだけ多くの札束をつかみ取って凍てつく大西洋へ落ちていくことのようだ。そして、寒さに耐えながらこぼれた紙幣を立ち泳ぎで拾い集める。カモメが上空を旋回し、水面に浮いた油に飛びつく。いや、僕自身が挑戦したことはないけれど。

祖母は父が育った家に住み続けていた。寝室が3つある小さな2階建ての家で、外壁は白の羽目板張りになっている。後ろには森がどこまでも広がる。通りを挟んだ向かいには祖父の経営する雑貨店《ペイジズ・ストア》があった。今もそこにあるが、ガソリンスタンドを併設した後も店名が変わっていないかどうかはわからない。

2階の寝室はクローゼットスペースで互いにつながっていた。クローゼットに入るドアはまるで子供の僕のために作られたように小さく、その先に別世界が広がっていることを想像し胸を躍らせながらよく閉じこもったものだ。裸電球のひもを引っ張って宝の数々を照らす。映画の世界のようだった。弾丸が入った箱を探り、宝石商のように目を近づけてじっと観察し、この小さな弾で森を疾走する鹿を殺せてしまうことに圧倒された。木々の間を駆けるあの立派で毅然とした肉体が、こんなちっぽけなもので崩れ落ちるとは思えないのに。

「デニス、もしエレンがダイクだったらどうする？」みんなでサンルームにいるとき、祖母が父に尋ねた。彼女が人種差別的なことを言うときと同じ、棘のあるトーンだった。アラニス・モリセットの歌詞にありそうな皮肉だが、祖母からの僕の生誕祝いは、足と耳の部分に虹のついたクマのぬいぐるみだった。このときの僕は16歳で、映画の役のために頭を剃ったばかりだった。テレビで野球の試合が始まった。野球は祖母の好きなスポーツで、お気に入りのチームはトロント・ブルージェイズだった。いや、ボストン・レッドソックスだったか？　この日は亡くなる前の祖母に会うほとんど最後の機会となった。もし祖母が今も生きていたら、孫のことをどう思うだろうか。もう虹のついたものは贈り物に選ばないだろう。もちろん、変わる人もいるけれど。

『ジュノ』がヒットすると、僕がクィアであることは誰にも知られてはならないと業界の人たちから言われた。知られるのは君のためにならない、選択肢を狭めることになる、隠しておくのが一番いいのだと。だから、ドレスとメイクをまとって写真撮影をした。ポーラのことは隠し続けた。うつと闘い、パニック発作で倒れてしまうこともあった。ぎりぎりの状態だった。自分の苦しみの深さをうまく言葉にできなかったから、鋭い胸の痛みを抱えながら、心を麻痺させてじっと黙っていた。特に今は「夢が叶おうとしている」大事なときなのだから。少なくとも、周りからはそう言われていた。こんなふうに感じるのは大げさだと自分の感情を否定し、感謝が足りないと自分を責めた。罪悪感が大きすぎて、つらい、働ける状態にはない、未来が見えないとは言えなかった。

マイケル・ムストの記事を読んだ後、マネージャーに電話をした。後日、ムストは僕のマネージャーとの電話でのやりとりをブログに上げ、「私は憤慨し、『あの人はゲイなのかなと考えてみるのは悪いことじゃないはずだ』と大声で返した」と書いた。確かに、人がゲイかどうかについて考えるだけなら悪いことではない。軽率で危険なのは、若いクィアの人間の人生をいっさい気にかけもせず記事を書くという行為だ。

『ジュノ』はトロント国際映画祭でプレミア上映され、大きな反響を呼んだ。当時の僕には専属の広報担当者がいなかった。10代の頃に広報担当者に「『ジーナ』［女同士の友情を描いた歴史ファンタジードラマ］を観たことはありますか？」と何気なく聞いたときに「いいえ。私、レズじゃないから」と返された経験から、一人でやると決めていた。もうあの人と一緒に仕事をしていないことが嬉しかった。よく聞くハリウッドの噂を象徴する言葉だ。プラスチックで、空っぽで、同性愛嫌悪にまみれたあの世界を。それでも、急に浴びることになった注目を一人で切り抜けるには準備も経験も足りていなかった。

カナダで俳優として名を上げるのとはわけが違う。特に僕の時代はそうだった。カナダで外見の華やかさは重視されない。キラキラのスターであることには執着しないのだ。イメージ作りを強く求められるようになったのは、ほとんど『ジュノ』に出演してからだ。

『ジュノ』のワールドプレミアにはジーンズにウエスタン風のシャツで行くつもりだった。クールな格好だと思ったし、ちゃんと襟もついている。おしゃれでしょう、僕はそう思った。しかしそれを知ったFOXサーチライト・ピクチャーズ（現サーチライト・ピクチャーズ）の広報チームは、ハリウッドの業界人特有の大げさな慌てぶりで、僕を緊急にブロア通りの《ホルト・レンフルー》［カナダの高級デパート］に連れて行った。じゃあスーツを着るよと僕は提案した。だが、チームはドレスを着てヒールを履くべきだと言った。チームと話し合った監督から電話があり、広報チームの意見に賛成だ、君の役を演じてくれと言われた。共演したマイケル・セラは、スニーカーにスラックス、襟付きのシャツという格好だった。おしゃれだと思った。なぜ彼はホルト・レンフルーに連れて行かれなかったのか。彼にとって隠すことは何もないから許可されたのだろう。演じた役にぴったりの人間だった。

自分は不十分な人間で、間違っていて、隠し込んでおかなければならないちっぽけなクィアなのだと感じさせられながら、自分を否定することで褒められる、というのは物心つく前からずっと逃れられない道だった。皮膚に張りついたフィルムのように、その感覚を洗い流すことはできなかった。自分の体を引き裂いてしまいたい衝動、叱責に似た感情——やがて僕も周りと同じように、僕に対して嫌悪感を抱いた。

ロサンゼルスで過ごす時間が増えていった。『ジュノ』の宣伝活動、打ち合わせ、二つの季節をまたぐ「アワードシーズン」。ノバスコシアに戻れば、マイケル・ムストの「セクシュアリティ暴き競争」に勝つためか、また別のメディアが僕のセクシュアリティを探った。1987年から同州ハリファックスを拠点に発行されていた『フランク』は、風刺〝雑誌〟を自称していたが、実際はタブロイドに近かった。サンタモニカにいたとき、その表紙に僕が載っていると父から電話で聞いた。サンダンスで撮った僕の写真と、「エレン・ペイジはゲイなのか?」という巨大な見出し。

めまいがした。友人のゲストハウスのベッドで濡れた目をぎゅっと閉じ、涙が頬を濡らした。どうか、どうか、どうか夢であってくれ。

ハリファックスに戻ると、あらゆる場所にその雑誌があった。スーパー、ガソリンスタンド、地元の商店……どこに行っても目につくところに置いてあり、そのすべてがエレン・ペイジはゲイなのか？　と問うのだ。ポーラはその雑誌を見つけるたび、裏返したり他の雑誌の後ろに隠したりしてくれた。サウスエンドのガソリンスタンドから数冊盗んだこともあった。

ポーラと過ごした夏に感じた自由は終わろうとしていた。

誌面にはポーラが写っている写真も1枚あった。少人数でパーティーをしていたときのものだ。ハリファックスを埋め尽くす冴えないアパートの一つに集まったあの夜のことは今も覚えている。記事はポーラと僕が付き合っているのかどうかについて憶測をめぐらせ、噂を検証していた。ポーラはまだ家族にカミングアウトしていなかった。その写真を見つめながら、はっとした。友達の誰かが出版社に送ったんだ。それが誰かはわからなかった。

3 男の子 BOY

サラとはオンラインで出会った。マッチングアプリを使うのは初めてで、トランスジェンダーであることをオープンにしてデートするのも初めてだった。ミートパッキング地区で夕食を済ませた後、サラと彼女の友人たちに会うために電車に乗ってミッドタウンに向かった。緊張していたけれど、能動的にこういう冒険をしたことはなかったのでわくわくもした。

バーは安っぽかったが気に入った。サラを探していると、ある女性グループが目にとまった。ハイテーブルを囲んでスツールに腰掛け、すでに数杯飲んでいるようだった。背の高いスツールは嫌いだ。僕の短い脚には合わない。女性たちは優しい口調で挨拶して僕を迎え入れ、席を一つ用意してくれた。

みんなとても華やかで、身長も１８０センチ前後あった。自分はサラに釣り合うだろうかと思った。ほろ酔いでなんとなくアプリを見ていたところにトランスの僕がいて驚いただけなのか？　あるいは、セクシーな音楽プロデューサー、プロスポーツ選手、医者などのシスジェンダー［生まれ持った性別と性自認が一致していること］の男たちを流し見している中で僕の写真に手を止めたのだろうか――嫌悪感からか、面白がってか、あるいは両方か。

僕はテキーラソーダのライム添えを注文した。店ではテレビが流れ、テーブルには食べかすが散らばっていた。ドリンクを飲み干し、もう1杯注文した。

「出身は？」というお決まりの質問に、僕は「ノバスコシア」と答えてから「カナダの」と付け加えた。

「へえ、北欧あたりの地名かと思った」とサラの友人の一人が言った。

2杯目を飲み終え、マリファナを吸いに外に出た。サラもついてきた。

「いつわかったの？」外で並んで壁にもたれていると、サラがそう尋ねた。高くから見下ろされる。一瞬、何の話かわからなかった。今もしょっちゅう聞かれる質問ではあるけれど、気軽な飲みの場で聞かれたいことではない。クィアの女性として聞かれたこともあるが、トランス男性としてはもはやひっきりなしに聞かれる。つまり、本当は違うんじゃない？　という意味だ。

わかったのは4歳のときだ。ハリファックスの繁華街のサウス・パーク通り沿い、パブリック・ガーデンの向かいに建つYMCA運営の幼稚園に通っていた。建物の正面は暗い色のレンガ造りだったが、今は取り壊されて変わっている。ここでは主に、自分が女の子ではないということを理解した。意識的にというのではなく、もっと汚れのない純粋な形で。その感覚は、最も古く、そして最も鮮明な記憶の一つだ。

トイレは教室から廊下を歩いた先にあった。何度も立ったままおしっこをしようとした。そっちの方が自分に合っていると思ったから。局部を指でぎゅっと押さえてつまみ、狙いを定めた。個室を汚してしまったが、もともとトイレはおしっこ臭いことが多かった。

日々の経験に困惑し、他の女の子たちとの違いを感じ、彼女たちを見つめていると胸がざわついた。特に覚えているのはジェーンだ。長い茶色の髪、じっと集中した目で絵を描く姿。ジェーンの絵の才能を羨ましく思った。僕が人を描けば、頭から手足が生え、腕は枝のようで、指はただの細い線だった。ニワトリのようながりがりの脚がオーバーサイズのスニーカーを履いていた。一方のジェーンはちゃんとした胴体を描き、お腹にはおへそまでついていた。僕の目は釘付けになった。初恋だったが、自分は彼女とは違うとわかっていた。

「僕も男の子になれる？」6歳のときにそう母に尋ねた。

当時、僕の家族はチャーチル通りの屋根裏アパートから歩いて数分のところに引っ越し、2番通りに住んでいた。並木道に面したアパートの1階で、寝室が二つ、床は堅木張り、可愛らしいリビングルームには大きな窓がいくつもあった。テレビの前に座って何時間もセガのジェネシスで「アラジン」、「NHL '94」、「ソニック・ザ・ヘッジホッグ」をプレイした。ピンチのときには、神よ、万能の力でこのゲームをクリアさせてくれと祈った。窮地に陥ればみんな神頼みをするものだ。

「無理よ、あなたは女の子なんだから」と母は答えた。それから少しの間をおいて、手際よくたたむ布巾から目をそらすことなくこう言った。「でも、男の子にできることなら何でもできるわ」一枚一枚布巾をたたんで、置き場所にきれいに重ねていった。

マクドナルドで僕のハッピーミールを注文するときの母の様子を思い出した。僕はいつも男の子用のおもちゃをほしがった。僕をおとなしくさせるための、ささやかだが嬉しい賄賂だ。男の子用をくださいと言う母の気まずさは見るも明らかで、ぎこちなく笑う声には羞恥心がにじんでいた。そう言っても女の子用しかもらえないときもあった。

10歳になる頃には、周囲から男の子として扱われるようになっていた。1年間の攻防の末に髪を短くしてからは、ハリファックス・ショッピングセンターで他の人のためにドアを開けておけば「ありがとう、お兄ちゃん」と言われるようになった。

自分が男の子じゃないなんて理解できなかった。少しでも女の子っぽい服を着せられれば身をよじった。周りが見る自分と僕にとっての自分は違う人間だったので、基本的には一人でいるのが好きだった。一人で遊んでばかりいた。それを「プライベート遊び」と呼んだ。

「お母さん、僕プライベート遊びするね」と言い、階段を上って自分の部屋へ行き、後ろ手にドアを閉めた。

アクションフィギュアが大好きだった。バットマンとロビン、フックとピーターパン、ルーク・スカイウォーカー、髪を切り落としたハッピーミールのバービー2体。「男の子のおもちゃ」が欲しいと言ったのに与えられた「女の子のおもちゃ」は袋の中。まさにステレオタイプの子供だった。母が求める方向とは違うというだけの。

部屋にこもって何時間もプライベート遊びに耽り、二段ベッドには隠れ家を作った。ベッドのフレームは金属製で、上段の床部分に張り巡らされたパイプに毛布やタオルを掛けて空間を区切った。小さなキッチン、ミニチュアの寝室。自ら練り上げた複雑で熱い物語に没頭し、危ない状況になれば崖につかまるように上段の棒からぶら下がり、死の危険と向き合いながら、安全な場所へと必死に身を引き上げた。

空想のロマンスも花開いた。溶岩床の向こうにいる架空のガールフレンドにラブレターを書いては、いつも「愛をこめて、ジェイソンより」とサインした。国境の外での冒険について語り、君に会いたい、いつも想っているよ、今すぐ抱きしめたいと伝えた。

人生最高と言える時期だった。別世界を旅して、そこで僕は……ありのままの僕だった。しかもただの少年ではなく、誰かを愛し、愛される一人の男だった。なぜ人は大人になると世界を創造する力を失ってしまうのだろう。二段ベッドは王国で、僕は男だった。

　そんな想像の世界が生きがいだった。何にも縛られず、周囲を気にすることなく、リアルな自分を感じられる場所だった。ただ頭の中に描くだけのイメージではなく、もっとずっと自然に存在を感じられる世界。願望じゃない、あれは理解だった。ありのままの自分でいるとき、僕はいつだって理解していた。驚くほどはっきりと自分がわかった。あの頃が懐かしい。

　プライベート遊びは芝居に似ていて、そこに共通する感覚は一種のパラドックスとも言える。自分の想像力に頼ることでここまで来た僕は、あの感覚をずっと追い求めているのかもしれない。「演じること、そのキャラクターを知ること、それは憑依されるようなもの」と、かつてサマンサ・モートンは言った。16歳のときにリン・ラムジー監督の『モーヴァン』で見たモートンの演技は、僕にとって最大のインスピレーションの一つとなった。その静かで繊細な存在感、沈黙が放つ力。

『ボクと空と麦畑』や『モーヴァン』などの作品に行き着く前はパニック映画にはまっていた。11歳の誕生日には、パニック映画というわけではないが近いジャンルと言える『アナコンダ』をレンタルした。その日は同じクラスのアナがうちに泊まりに来ていた。寒い中、アナと一緒に家から少し歩き、大通りを横切ってアイルビル通りに出た。硬く凍った芝生が足の下で鳴った。ビデオ店は小さなレンガ造りの建物に入っていた。アナと一緒に通路を歩き回り、カバーを見比べながら映画を選んだ。時代と共にVHSテープとDVDが姿を消した後、その店は美容院になった。美容院が閉まった後のことはわからない。今は建物自体ない。

選んだ映画を手に、ジェニファー・ロペス、アイス・キューブ、オーウェン・ウィルソンと世界最大で最凶のヘビとの対決を心待ちにしながら家路についた。

やつらは襲いかかり、獲物に巻きつくんだ。恋人のハグよりきつくな。めったに聞けんぞ、自分の骨が折れていく音、それから体中の血管が破裂する音は［作中のセリフ］。

男子はみんなアナが好きで、僕もそうだった。アナは幼稚園からの友達で、朝は一緒に登校し、同じサッカーチーム「ハリファックス・シティ・セルティックス」に所属していた。彼女はディフェンスで、たいていは右ウイングを担当していた。セガのジェネシスでしょっちゅう何時間も一緒に「アラジン」をプレイした。アナの部屋のベッドに飛び乗って、声を合わせてアクアの「愛しのバービー・ガール」を歌ったりもした。

I'm a Barbie girl, in the Barbie world（私はバービーの世界のバービー・ガール）
Life in plastic, it's fantastic（プラスチックの命よ、素敵でしょう）
You can brush my hair, undress me everywhere（どこでも髪をといて、服を脱がせていいわ）

Imagination, life is your creation（想像して、人生はあなたが創るもの）

僕はよくアラジンになりたいと夢見た。絨毯で空を飛んだり願い事を叶えたりしたいからでもなければ、小さな猿の相棒が欲しいからでもなく、女の子に優しく触れる感覚を知りたかったからだ。そんな恋愛のきらめきを知りたかった。放課後、アナと一緒に塀の上に座って母の迎えを待っていたあの日のことを覚えている。脚をぶらぶらさせながら、葉の茂った静かな通りを見下ろしていた。アナの方に体をずらし、コンクリートのざらざらした表面を感じながら、アナに触れるぎりぎりのところまで近づいた。そして彼女の太ももに手を置こうとした。

「何してるの?」

はんだごてがかすったかのように、アナの体が反射的にはねた。その後のアナは動かず、言葉も発しなかった。僕も同じだ。アナは迎えに来た母親と帰っていった。それからアナとは疎遠になった。彼女はすっかり人気者になり、ご想像のとおり僕は違った。

それでも、性の探求を始めたのはそれからまもなくのことだ。相手はいつも男の子だったけれど。初めてキスをしたのはジャスティンという男の子だ。『ロード・オブ・ザ・リング』にエルフ役で登場するケイト・ブランシェットの息子のような感じだった。彼もベッド周りに隠れ家を作っていたので、小さな洞窟探検家のように二人で中に潜り込み、ケニー・Gの曲をかけながら互いの体に触れあった。彼の家の飼い犬は白くて小さいくせに、なんともきつい性格をしていた。テーブルの下でこっそり餌をやり、しなびたフライドポテトに望みを託して、どうかなついてくれ、せめてこの家にいるのを許してくれと願ったものだ。

学校ではジャスティンとメモを交換した。胸の奥に感じる、経験したことのないときめき。紙に書かれたほんの数行の文章が、どうして自分をこんなふうに変えるのか。リスキーで心を浮き立たせるそのやりとりは、平凡な日常を詩的なものへと変容させた。自分にとって完全に正しい道ではなかったのだろうけど、進み始めたら止まれなかった。あるとき、先生にメモを取り上げられた。

裏の校庭の隅で会おう。またマッサージしてあげる。

僕の頬は恥ずかしさで燃えるように熱くなり、体は凍りついたが、ジャスティンは天才的な機転を利かせ、「メッセージ」と書いたつもりがつづりを間違えてしまったと言った。先生は納得した。

初めてホモ野郎と呼ばれたのは、ジャスティンと一緒にいるときだった。僕たちはフォート・ニーダム記念公園の林の中で身を寄せていた。その場所は今も記憶に焼きついている。フォート・ニーダム公園はアメリカ独立戦争中に建てられた。そこからは僕が育ったハリファックスのノース・エンド地区を見渡すことができた。現在は丘の上に「ハリファックス大爆発」を記録する鐘塔が立っている。世界中のほとんどの人々から忘れ去られているだろうその大惨事だが、どこを見てもその痕跡が目に入る場所で育った僕にとっては、まさに子供時代の風景を形作る事件だ。

１９１７年12月6日のハリファックス大爆発は、補給物資を運んでいたノルウェー船の「イモ」と爆薬を積んだフランスの貨物船「モンブラン」が衝突したことで起こった。モンブランには２５０トンのＴＮＴ、62トンの綿火薬、２４６トンのベンゾール、２３６６トンのピクリン酸が積まれていた。積荷の総重量はおよそ２７００トンだった。

ジョン・Ｕ・ベーコンの著書『The Great Halifax Explosion』（未邦訳）に詳述されているように、通常ならヨーロッパに爆薬を輸送する船がハリファックス港を通るときには積荷の中身を示す赤い旗を掲げることになっていたが、港の外にはドイツのＵボートの脅威があったため、モンブランは到着時に旗を揚げなかった。その船に積まれているものを知っていたのはハリファックス内で五人だけだった。夜明けにモンブランが目立たぬようハリファックス港に入ったとき、イモは出航の準備をしていた。石炭の仕入れが遅れた影響でイモの出発は予定より1日遅れており、無駄に待たされ苛立ちを募らせた船長がようやく船を出した。イモは水路の間違った側を猛スピードで進み、幅の最も狭い部分に近づいていった。そうしてモンブランとイモのチキンレースが始まった。片方の船長がぎりぎりで旋回する決断を下した。そしてもう片方の船長も同じタイミングでその決断を下し、2隻は衝突した。

巨大な煙が立ち上る中、市民たちはモンブランの積荷が何かを知らずに港に集まったり家の窓から様子を見たりした。船は20分近く燃え続け、やがて大爆発した。衝撃は2.5平方キロメートル以上を破壊し、ノース・エンド全域が焦土化した。1500人以上が即死し、手足や衣服が吹き飛んでなくなっていた。すべてが一瞬で消えた。爆発の威力は10メートルの津波を引き起こし、呑み込まれた人々の中には結局発見されない人もいた。数十年間伏せられていた事実だが、このすさまじい爆発はのちにマンハッタン計画で原爆を開発する際に研究対象となった。

破壊し尽くされた町のがれきの下で、けがを負いながらもどうにか生き残った者たちは瀕死の状態で助けてくれと声を上げた。それは朝のことだったので、焚かれていたストーブの薪の火ががれきに移った。火は崩れた家々を包み、助けを求めて叫ぶ人々に炎がみるみる迫った。がれきの下敷きになった人たちが喉を枯らして上げていた苦悶の悲鳴こそ、今も脳裏にこびりついて離れない最悪の記憶だと生存者たちは語る。火が燃え広がり、住民たちは必死に逃げた。親子が、恋人同士が引き裂かれた。原爆製造以前としては最大規模であるこの人為的爆発事故で、少なくとも2000人が死亡し、負傷者は9000人を超えた。

数十年後、僕はその場所に座ってキスをしていた。

針葉樹の足元で、別の恋人たちが置いていったのかもしれない空の酒瓶を傍らに。触れ合い、キスをし、抱き合った。僕らは二人の少年だ。見た目も二人の少年だった。

「なんだお前ら、ホモか？」そう言いながら、10代のグループがこっちに向かってきた。ホモ。ホモ。ホモ。

僕たちよりも体が大きく、威圧的で意地が悪そうだった。

「ホモ野郎ども。ボコボコにしてやろうか」

「僕は女です」と僕は言った。

「じゃあなんだお前、エイリアンかよ？」少年グループはジャスティンにつばを吐いた。これはやばいと察し、僕たちは走り出した。罵倒だけじゃ済まないだろう。震える脚で丘を駆け下りる。腹の中にびりびりと電気を感じる。一歩一歩が神頼みだった。

自分の家に逃げるよりもいいだろうと考え、普段僕のベビーシッターをしてくれている人の家に向かった。後ろから追ってくる声はやまず、振り返る余裕などなかった。そして奇跡的に、ベビーシッターの家の玄関に辿り着いた。彼女のラサ・アプソ犬のババが吠えるのが聞こえる。少年たちは立ち止まった。玄関に出てきたベビーシッターの前で、僕たちがパニック状態にあることは明らかだった。それから少年グループを見た彼女の目は事態を理解した。

「失せな、悪ガキども！」

彼女が少年たちを怒鳴りつけたあのシーンは今でも目に浮かぶ。誰かに守ってもらえるという感覚は珍しかった。学校では、モンブランの爆発は「事故」であり「過失」だったと教わった。2隻の船が衝突し、そのうちの1隻に爆発物が積まれていた、それだけだと。しかし、あれは事故なんかじゃない。争いがもたらした結果だ。

あの爆発により、一夜にして何千人もが孤児となった。人々は家を失い、飢えていた。その月、セント・ポール教会は1万食以上の食事を提供した。母が16歳のときに亡くなった母の父は長年そこで牧師をしていた。セント・ポール教会は爆風を持ちこたえたが、窓はハリファックス中の窓と同じく粉々に砕け散った。多くの人がガラスに顔を近づけて立ち上る煙を見ていたときだった。

雪が血に染まり、大勢の人々が死ぬ、世界の終わりのような光景が思い浮かぶ。そのトラウマはどこへ行ったのだろう。突如として親をなくした子供たちが、名状しがたい荒廃の中を歩いた。悲劇の後、クィアの人々はどうしたのだろうか？　秘密の恋人を失った者たち。閉じ込めたままの悲しみ。

4 アクションフィギュア ACTION FIGURES

1994年、母ともうすぐ8歳になる僕はハイドロストーン地区に引っ越した。大爆発でノース・エンドが焼け野原になったあとに開発された地域だ。北米内に例を見ない規模で炎に呑み込まれたその地区を再建するとなったときに、ハイドロストーン［珪藻土を素材とする、保湿効果のある石］を利用するというアイデアが生まれた。花崗岩を砕いて作った燃えにくい大きなコンクリートを使い、10ブロック×1ブロックにわたるテラスハウスが建てられた。荒廃の上に作られた地域だ。

僕はあの近所が大好きだった。一つを除くすべての通りは大きな並木道になっていて、子供たちはそこで遊び、大人たちはピクニックを楽しんだ。うねった裏路地では色とりどりの洗濯物が揺れ、チャイムの吊り下がる小さな裏玄関に猫が潜んでいた。一人で路地をうろうろするのが好きだった。冒険物語の少年のように。

母が浴室一つに寝室二つの家を購入した当時、ハイドロストーンは離婚してシングルマザーになった母の教師の収入でも手の届く地域だった。母は夕方には放課後活動を終えた僕を迎えに来てくれて、その日どんなことがあったか、何を学んだか、どんな宿題が出たかなどを聞いた。一方の僕も、母のクラスでの出来事を聞くのが好きだった。あるときには、反抗として机の上に立っておしっこをした男の子がいたらしい。家に帰ると、宿題に取りかかりたがらない僕を尻目に、母は僕のためにお風呂を沸かしたり夕食の支度を始めたりした。母がまともに休める時間はいっさいなかった。

お風呂の時間になると、僕はさまざまな顔ぶれの仲間たちを浴槽のへりに並べ、飛び込み競技の審査員になってと母にお願いした。バットマンの足を掴み、腕を高く上げて離すと、ブルース・ウェインが水に飛び込んだ。審査員を感心させるように、水しぶきをなるべく小さく抑えながら。

アクションフィギュアが水底へ向かって沈んだ後、母は「7点!」などと言った。

「8点!」ピーターパンがなめらかに入水したときの点数だ。

「やった!」いつもひそかにピーターパンの勝利を願っていた僕は喜んだ。

「さあ、夕飯の支度をしなくちゃ」

「もう一回だけ! お願いママ、お願いってば!」

「わかった、もう一回だけね」

そして、僕はまた1体フィギュアを落とす。

勝敗が決まると、僕は勝者たちを浴槽のへりに堂々と立たせ、母はオリンピックのテーマを歌った。マッチに火をつけて松明のように掲げてくれることもあった。

お風呂では救出劇の妄想も繰り広げた。当時は映画『ミクロキッズ』が大好きで、特にサリンスキー家の長女エミーに夢中だった。彼女の美しさ、優しい声、弟を世話する姿に心を奪われた。

浴槽の中で僕は、エミーの隣の家の住人で彼女に恋心を抱いているラスになり、ミクロサイズになってしまった彼らにとってジャングルと化した中庭で溺れるエミーを助けた。パニックになりながらも、どうにか心を落ち着かせるラスこと僕。水中に頭を沈めて彼女を探し、もう一度頭を出してから逆を向いて再び潜り、愛する人を救い出すまであきらめなかった。ようやく彼女を安全な場所に連れて行くと、どうか目を覚ましてくれと願いながら、手を使って人工呼吸の真似をした。エミーが意識を取り戻すまでは止められない。そしてエミーが息を吹き返し、やったぞ、と思いながら僕はラスらしい片方の口角を上げる笑み、エミーの瞳に映っていたあの表情を浮かべる自分を想像した。

母は公立学校教師としての仕事をとても楽しんでいて、実際素晴らしい先生だった。25年間フランス語を、8年間英語を教えた母について、「フィルポッツ先生は出会った中で最高の先生だった」と言われた回数は数え切れない。夏の終わりには母の授業の準備を手伝った。粘着剤をつけたポスター。暦を書いた紙。太陽、雲、雪の形をした切り抜き。1月《ジアンヴィエ》、2月《フェヴリエ》、3月《マルス》、4月《アヴリル》。僕はラミネーターを見るのが好きだった。その匂い、ものを包んで保護する様子。誰もいない学校の廊下は不気味だった。そこをうろうろしていると、まるで体が浮いているような得体の知れない感じがした。

30人の小学生でいっぱいの部屋で丸1日過ごし、それから家に帰って夕食を作り、わが子が開催する飛び込み大会の審査をするという生活はどんなものだったのだろう？　一日中立ちっぱなしだった後に、冷たいタイルの床でしゃがんでいるなんて。座り心地のいい椅子、温かい食べ物、冷たいビールを心から求めていたはずだ。でも、どれも母の目の前に魔法のように現れてくれることはなかった。僕にとって、忘れてはならない大切な日々だ。些細な思い出ではない。

土曜日になると、母がおやつと飲み物を用意して、一緒に二人掛けの大きなベージュのソファに座った。テレビでCBC（カナダ放送協会）をつけ、「ホッケー・ナイト・イン・カナダ」の開始に備える。僕はペプシを、母はアレクサンダー・キースを手に、二人の間にはケチャップチップスの大袋を置き、試合の展開によって悲鳴や歓声を上げた。応援するチームはトロント・メープルリーフスだ。

僕が幼い頃、母は二人だけのときは多くの面でありのままの僕としていさせてくれた。しかし、写真を撮る日、たまに教会に行く日、結婚式、発表会、クリスマスパーティーなど、二人きりでない特別な日にはワンピースを着させられた。髪にはベイビーブルーの蝶のバレッタ。髪の毛ごと引きちぎってしまいたかった。母がそんな服を着せようとするたび、僕は裏切られたという気持ちでいっぱいになって癇癪を起こした。タイツが脚を締めつける感覚は、まだうまく言葉に表せなかった不快感をいっそう強めた。

僕はこういう「年頃」を脱するはずの時期に脱せず、僕が着るものや仲良くする相手に対して母は嫌悪感を募らせていった。男っぽい服装、男友達との付き合い、そういうトムボーイ（まったくしっくりこないレッテルだったが、みんながそう呼ぶのでやがて自分でも呼ぶようになった）的なことはもう終わって遠い思い出になるはずだった。そうして若い女性になっていくべきだった。少なくとも母がイメージするような女性に。

「あなたにとって一番いいようにしたいだけなの。あなたを守りたいの。つらい人生を送ってほしくないの」そんな母の気持ちは胸をすり抜けていった。「一番いい」というのはつまり、社会の期待にきちんと沿うことだった。境界線の内側にいること。完璧なヒロインとしての人生は、知らぬうちにあらかじめ描かれていた。

家族、友人、サッカーのチームメイトの親たち、同僚の教師、近所の人にどう思われるか、と母は考えていたのだろう。自分の育て方が間違っていたのか？　もしこれが罪だとしたら？　そして意識的であれ無意識であれ、私も社会に従わなければいけないんだから、あなただって従うべきでしょう？　という思いもあっただろう。

母ができなかったこと、挑戦できなかったことの大きさを思う。その制約は母にどんな影響を与えただろう。僕が僕らしく生きるためにすべてのもつれをほどいていく中で、母との関係が難しくなったり距離を感じたりする瞬間はあったが、母からの愛を疑ったことは一度もない。それがどれだけ恵まれたことか。

小さい頃、母はよくハリファックスから車で45分ほどのペギーズ・コーブに連れて行ってくれた。僕はその海岸で岩に登り、遠い地で宝物や不思議な生物を探す自分を想像した。潮だまりをじっと見つめ、生き物がいないかと探した。自分の拳をトランシーバーに見立てて顔に当てて母と通話した。カチッ、どうぞ。カチッ、応答願います。

濡れて黒くなった岩には乗らないようにしながら、僕たちはいつまでもその場所を探検し、岩の下を駆け回る小さな生き物たちを見つけた。波が大きいときはスリリングで楽しかった。波は勢いよく岸にぶつかり、高く上がって有名な灯台にまで届き、その壮大な瞬間は絵葉書にもなっている。

最後は入り江を見下ろすレストランの駐車場に行った。カモメが上空を旋回し、観光バスの横の残飯に飛びつく機会を狙っていた。母はこの店のジンジャークッキーが大好きだったので、僕もときどきお菓子を買ってもらった。

母と過ごしたペギーズ・コーブの午後は、子供時代の最高の思い出の一つだ。あの場所の厳しく荒々しい、むき出しの美しさ。母とお互いの存在を強く感じた。手足を伸ばして、どこに足を置こうかと探り、大西洋のしょっぱくて冷たい風を感じた。

愛してる。どうぞ、カチッ。

僕も愛してる。どうぞ、カチッ。

歳をとるにつれて、どうしてもあらゆる邪魔が入ったことはとても悲しい。乗れば滑る黒い岩が突然現れ、二人の足を取る。外見や期待というものを超えた純粋なつながり、あの瞬間の僕たちは自由だった。今でもたびたび振り返る思い出だ。

冬には雪の日が待ち遠しかった。母のベッドの端に腰掛け、はらはらする気持ちでラジオを聞きながら、かまくらや雪だるまを思い浮かべて必死に願った。目をつぶって、CBCラジオの司会者が休校リストを読み上げる穏やかな声に耳を傾けたものだ。

雪の日の朝はまさに天国だった。母と僕には儀式があった。僕が紫色のプラスチックのそりに座り、それを母が引っ張って雪の中を進むのだ。目的地は《ティム・ホートンズ》。さくさくと音を立てながら母のブーツが雪に沈む。何もかもが白に覆われ、槍のようなつららが垂れていた。

「私はミディアムサイズで、トッピングはダブルクリームと、砂糖をほんのひとつまみ。お願いします」朝、学校へ向かう車の窓から母が顔を出し、ドライブスルーのスピーカーに向けて首を伸ばしながら伝える注文に合わせて僕も口を動かした。僕が好きなメニューはホットチョコレートだった。

小さなそりが雪の表面をなでる音、色のない景色をまっすぐ滑り進む音に、静謐な一体感を覚えた。目を閉じれば、気分は宇宙飛行だ。

5 悪ふざけ ROUGHHOUSING

モンブランが爆発したときには、ガスの火の玉が石炭、石油、積荷、船の部品、そして人間を上空3キロメートルへ舞い上げた。重さ450キログラムを超える重さの碇の破片は4キロメートル先で発見された。その碇は、レガッタ・ポイント遊歩道の端、アンカー通りとスピネーカー通りの交差点に飾られている。父と暮らした場所から徒歩2分のところだ。

僕が2歳になる前に両親は離婚した。2年の交際と8年の結婚生活を経ての末だった。父はハリファックスの繁華街のアパートに引っ越し、僕が6歳のときにスピネーカー通りに引っ越すまではそこに住んでいた。別居後は僕は基本的に母と暮らし、隔週かそこらの頻度で父を訪ねた。そんな休日はわくわくした。ハリファックス港の真向かいに建つ父のアパートにはプールがあった。そう、プールだ！　本当は飛び込みや潜水は禁止されていたが、こっそりルールを破った。父が「いらいらクラム」と呼ぶアパート管理人に見つからないよう、誰か一人が見張っていた。

ミクマク族が「大きな港」を意味する「チェブクトゥク」と名づけた景色は、今はマンションによって遮られてしまっている。僕が5歳の頃は、目をやれば大小の船が行き交う様子を観察できた。僕の小さな脳みそは、あれほど巨大な鋼鉄の物体がどうして水面を滑るように進めるのか、どうして水の中に飲み込まれてしまわないのか、と懸命に考えた。船がゆっくりと大西洋に向かい、ジョージズ島の向こうにぷかぷかと消えていくのを眺めた。1750年にイギリス軍によって占領され、イギリス国王にちなんで名づけられたその島は、港のど真ん中にあった。18世紀から19世紀にかけて、この島の要塞は大英帝国にとって最も重要な海軍基地の一つとなった。複雑に入り組んだ地下トンネルがあると知ったときには、まるで映画『グーニーズ』にでも出てきそうだと思った。処刑された人たち、収容所や隔離施設で亡くなった人たちの霊が島をうろついているという噂があった。だから寝るときには、勝手ながら幽霊たちが泳げないことを祈った。

父は当時、友人のエリック・ウッドと共にペイジ&ウッドというグラフィックデザインの会社を立ち上げたばかりだった。オフィスは1800年代に花崗岩と鉄鉱石で作られた歴史ある巨大な建物《ブリュワリー・マーケット》の中に入っていた。その建物はアパートからロウワー・ウォーター通りを歩いてすぐの場所にあり、毎週土曜日にファーマーズマーケットが開かれることで知られていた。１９８３年から続くその直売イベントで過ごした土曜の朝は数え切れない。人ごみをかき分け、農産物を買い集め、焼き立てのシナモンパンを食べ、メインホールに響くバイオリンの音を聞いた。

初め、オフィスはかなり狭かった。父は傾いた大きな白い机でアイデア出しやデザイン制作をしていた。あるとき、ゴルフのパター練習機が導入された。自動でボールが戻ってくるやつだ。父の机の横でパッティングをしながら妄想を繰り広げた。ぱりっとしたポロシャツ姿の格好いいプロゴルファーになった設定で。18番ホール、イーグルパットを決めて優勝だ。男の人がゴルフクラブを両手で持ち、指と足の位置を調整し、太い首を伸ばしてホールを確認してから、ボールに向き直り、安定した動きで軽くスイングする姿が好きだった。僕はマリガン［1打めのミスをやり直せるルール］には寛大だった。

父のデニスは、のちに僕の継母となるリンダという女性と付き合っていた。二人の出会いは職場だった。今考えれば、母にとって夫は他の女性のもとへと去っていったのだ。母は一人で子育てをしながらフルタイムで教師として働いていた。それなのにあの頃の僕は、興奮状態で母のいる家に帰って無神経にもプールでの出来事を報告し、父の恋人とリンダの家のウォーターベッドについてべらべらと話した。母の傷ついた心も憤りもまるで理解せずに。僕の話はどれほど母の心を突き刺したことだろう。

「どっちにも責任はあったわ」と母は言う。「あの人だけのせいじゃない」

父と母が子供を、つまり僕をもうけたことは昔から不思議だった。僕が生まれたときにはすでに二人の関係は破綻していた。両親に感謝するというのは当たり前のことなのだろうが、そもそも生まれていなければ何も失うことはないし、僕を失って悲しむ人もいない。それでいい。広大なこの宇宙の中では僕たちなんてみんなちっぽけで、ほとんど無意味な存在なのだから。

リンダが住むハリファックスのクレイトン・パークは、父の家から車で15分ほどの場所だった。メゾネット型の分譲アパートで、1階にキッチン、ダイニング、リビング、2階に寝室二つと浴室があった。リンダには前の結婚ですでに子供がいて、スコットとアシュリーという名前だった。スコットは僕より3歳半年上で、アシュリーはさらに3歳上だった。二人の父親は僕の母と同じく教師をしていた。

スコットとアシュリーの部屋はすごくおしゃれだった。木製の白い二段ベッドがあって、上をスコット、下をアシュリーが使っていた。僕が泊まるときは床に小さな布団が敷かれた。上段のベッドが羨ましかったが、のちにそのベッドは僕のものになった。二人の部屋には二人専用のテレビがあり、1985年発売の任天堂の初代ゲーム機がつながれていた。スコットと僕は何時間も「スーパーマリオブラザーズ」や「ダックハント」で遊び、ケチャップチップスの油にまみれた指でコントローラーを汚した。

リンダの部屋にはウォーターベッドがあった。父と僕が訪ねるときにはリンダが食事を作り、僕はたいていスコットと外に出かけた。リンダの〝特技〟は料理だった。彼女はパートタイムでフードスタイリストの仕事をしており、野菜や肉の見た目を整えたり、テレビCMや写真撮影のために完璧な七面鳥を準備したりしていた。あるときにはとんでもない量のアイスクリームを用意することになったが、溶けることのないよう偽物でなければいけなかった。朝食用のテーブル、アイランドキッチン、ダイニングテーブルはたくさんの実験道具と調合物で覆われていた。偽物のアイスなんて、ひどすぎる冗談だ。

サンドラ・ブロックとデニス・リアリー主演の1996年の映画『サンドラ・ブロックの恋する泥棒』はニューイングランドが舞台だが、撮影はノバスコシア州南岸の町であるチェスターとルネンバーグで行なわれた。あるシーンのために、リンダは豪華なディナーをスタイリングした。彼女の作品がハリウッド映画に出ると知って僕は興奮した。サンドラ・ブロックにも胸がときめいたけれど、8歳の僕は自分が恋をしていることを理解できなかった。それから20年後、僕は友人のキャサリン・キーナーと一緒に、ビバリーヒルズの有名レストラン《クレイグズ》でサンドラと食事をすることになる。ジーンズにロックTシャツ姿のサンドラはとても格好よかった。優しくて面白く、地に足がついていて、8歳の僕が想像したとおりの人だった。ああ、人生は不思議な旅だ。

料理が得意なはずのリンダだったが、僕には彼女の手料理が受け付けられなかった。父、義理の兄と姉には問題なかったようで、うーんとうなりながら味を絶賛していた。僕にはアイスクリームと同じく偽物のように感じた。

僕は凝った料理が嫌いだった。母にとって自由な時間は最低限だったので、新しい味や香りのする豪華な料理をこしらえる余裕はなかった。当時、母は郊外の複数の学校でフランス語を教えていた。ハリエッツフィールド小学校、ウィリアム・キング小学校、そして僕のお気に入りだったサンブロ小学校。サンブロは小さな学校で、幽霊が出ると噂のサンブロ島のそびえ立つ灯台から遠くないところにある。言い伝えによると、アレクサンダー・アレクサンダーという名のスコットランド人（しばしば「ダブル・アレクサンダー」とも呼ばれる）がこの島に駐在していたが、物資を買うために島を出ると、物資を持ち帰らなかったばかりか2週間にわたって酒に溺れ、最後には自ら命を絶ったという。それ以来、ダブル・アレクサンダーの霊が歩き回る音が聞こえるとか、彼が照明をいじったりトイレの水を流したりするなどと言われている。

僕は、肉と付け合わせのポテト、バターをあえた麺、蒸し野菜という母の料理が食べたかった。リンダの炒め物は喉につかえ、食べ慣れない甘さを感じた。牛乳を大量に飲んでごまかしていると、全然食べてないじゃないと叱られた。噛んで噛んで、まるで喉の筋肉が飲み込み方を突然忘れてしまったかのように、ひたすら噛み続けた。まだ幼かった僕は他のみんなが食べ終わった後のテーブルに一人取り残され、目の前ではタイマーがカウントダウンをした。チッ、チッ、チッ。アラームが鳴り響く前に全部食べなければならなかった。年齢が上がってもこの咀嚼の延長戦は続いた。リンダの手作りピザでさえなかなか食べきれなかったときには、食べ物の味や香りだけが原因ではないのだとわかった。

僕が6歳のときに、みんなで一緒に住むことになった。デニス、リンダ、スコット、アシュリー、そして僕は、スピネーカー通りの開発中のコンクリート基礎の上に立っていた。不気味にそびえる灰色の壁に囲まれて、見上げればただ空が広がり、家の裏庭になる予定の場所から続く丘の上にこじんまりと広がる林の梢が見えた。

完成した細く背の高いタウンハウスは4階建てだった。1階には書斎とトイレと洗面所、2階にリビングルーム、キッチン、ダイニングエリア。3階にはスコットの寝室と、その隣に僕の小さな寝室、廊下の真ん中に浴室、家の正面側にはデニスとリンダの寝室があって、その部屋の窓からはミクマク族が「ウェイグワルテーク（「はるか上まで続く塩水」の意味）」と名付けた海が見えた。ハリファックス半島の西側を囲む、ハリファックス港内の狭い区間だ。今はノースウエスト・アームと呼ばれている。

義理の姉アシュリーは一番年上なので一番クールな部屋を与えられた。最上階の小さな屋根裏部屋で、天井が低く斜めになっていた。僕が11年生を終えて高校最終学年を修了するために1年間俳優業を休んでトロントから戻ってきたときには、ここが僕の部屋になった。

通りの向かいにはメルヴィル・コーブという小さな湾があり、レガッタ・ポイント遊歩道とアームデール・ヨットクラブを隔てていた。ヨットクラブがある島には、何世紀も前にレンガと鉄で建てられた刑務所もあり、戦争捕虜を主としてそこで亡くなった数百人の亡霊が出ると言われていた。刑務所の脇、デッドマンズ・アイランドという名の小さな半島には、米英戦争下で捕虜となって死んだアメリカ人の無縁墓が２００基近くある。墓碑にはこう記されている。

捕虜たちの入った墓を見に行こう
そびえる丘に建つその数を数えよう
大理石の記念碑はない
声なく眠る塵が誰なのかはわからない

僕は新しい自分の部屋に夢中だった。のちに洗い流すことになる壁の小さな汚れを最初につけたのも僕だ。壁の色も自分で選んだ。もう自分が本当に欲しいものを伝えられる年齢で、誕生日にワンピースを着せられてもわけがわからずにハロウィンか何かかと思っていた頃とは違う。僕が選んだのは紺色で、義理の兄が選んだダークカラーに似ていた。その壁に、パトリック・ロイ、マイケル・ジョーダン、ニュー・キッズ・オン・ザ・ブロックのジョー・マッキンタイアのポスターを貼った。二段ベッドはもともとリンダの家にあったもので、それが僕のものになった。上下段どちらも使い放題なので、ときには上で、ときには下で寝た。

デニスとリンダが一緒に住み始めてから、僕の時間は二つの家庭の間で分割された。毎月1日から16日までの2週間は父と、16日から翌月1日までの2週間は母と暮らした。スコットとアシュリーも月の半分は父親のところにいた。父の家では、ほぼ毎日学校から帰るとスコットと二人で考案した「床ホッケー」をした。3階の廊下をフィールドにしてドアをゴールに見立て、自分の手をホッケーのスティック代わりにして完璧な手首のスナップで弾丸シュートを打てば、相手は素早く足を出して見事なセーブを決めるのだ。

兄がいるのは楽しかった。逞しくスポーツ万能なスコットはジュニアAホッケーリーグで何年もプレイしていた。だから僕は思春期の多くの時間をホッケーリンクで過ごした。フライドポテトを食べながら激しいぶつかり合いを観戦し、公認されていることが不思議な乱闘騒ぎに釘付けになった。スコットの友人たちが見に来たときには彼らの近くにいた。どこへ行ってもついてくる、よくいるうっとうしい弟だ。彼らのファッションや匂いが好きだった。Tシャツを脱ぐ動きも。手を背中の方へ伸ばし、布地をつかんで頭上に引き上げると、胴体と揺れるチエーンがさらけ出される。僕は何度もスコットの部屋に忍び込んでは、つけるべき量さえわからない香水を引っぱり出した。これは魔法の薬だろうか、と思った。これをつければ格好よくなれるかも。そして、まるでオールドスパイス製品の海に飛び込んで出てきたかのような、色気づいたティーンエイジャーの匂いをぷんぷん漂わせながら、彼の部屋をそっと出た。

多くの兄がそうであるように、スコットは僕に対してかなり乱暴だった。お互いにWWF（ワールド・レスリング・フェデレーション）という団体のレスリングに夢中で、テレビでパワースラムやラリアットをしょっちゅう見ていた。僕たちもプロレスごっこをし、スコットは僕に技をかけようとした（たいていは僕の同意の下で）。彼の繰り出す「パワーボム」は比較的安全で楽しいものだった。僕を空中に突き上げてからくるっと回し、デニスとリンダのベッドに仰向けに勢いよく放り投げるのだ。しかし一度だけ、投げる方向を誤り、僕はベッドとクローゼットの間の床に落ちた。回転も足りなかったため頭から落ち、脳天が床に叩きつけられて首がねじ曲がった。床に横たわったまま、動くことも話すこともできず、息をするのもやっとだった。天井を見つめる僕の頭上で慌てふためくスコットは、大変なことになるかもしれないと怯えながら、ずっと声を潜めていた。それから僕は自分の部屋に連れて行かれ、痛みが和らぐのを待った。

どのきょうだいもそうだろうが、スコットはやりすぎるときもあった。僕が悲鳴を上げるまで腕をねじったり。スリーパーホールドで一瞬気絶させられたときには、黒い背景の中にちらちらと星が見えた。あるいは、僕のぬいぐるみを放り投げて殴りつけることで僕を精神的に傷つけようとすることもあり、そんなときはやめてとすがっても余計に煽るだけだった。それが心に対する攻撃でも体に対する攻撃でも、つらすぎるときには僕は泣き、もうやめて、あっちに行ってと必死に訴えた。

彼を尊敬する一方で、荒っぽく無慈悲に感じられる別の一面も思い知らされ、子供としては複雑な経験だった。でも、スコットのせいではない。彼も子供だったのだ。子供はときに意地悪になるし、乱暴になる。僕の胸を突き刺したのは、彼の母親が加勢したことだ。

「このガキ、静かにしなさいよ!」リンダは廊下から大声で僕にそう言った。その顔は満足げだった。きょうだいげんかの蓑に隠れるというのも、さりげなく傷つけるのに完璧な方法じゃないか、と気づいたかのように。

スコットと一緒に僕をからかうときのリンダは鼻で低く笑い、ときには高らかに笑い声を上げることもあった。自分が気持ちよくなるために、何かと理由を見つけて意地悪しているように思えた。今思えば、そうせずにいられなかったのだろう。僕に意図的につらく当たろうとしていたわけではないはずだが、習慣的に僕を攻撃したくなる衝動が奥底にあったのだろう。

寝室でのプライベート遊びは癒しだった。新しい二段ベッドに建築デザインの腕が鳴った。

ときにはそばのデスクも一部に取り入れて小さな隠れ家にした。僕はおもちゃの「プレイモービル」が大好きだった。物語、ドラマ、人間関係、異世界での冒険を求めていた。母の家にはプレイモービルの海賊船が、父の家にはガソリンスタンドがあった。

早く旅に出たくて、いつもすぐに自分の部屋にこもった。想像上の冒険は「現実の」冒険に劣らないどころか、それ以上にスリリングだった。その日は宝物にしていた青いアディダスのトレーニングウェアを着た。ジッパーを一番上まで上げ、ありのままの自分でいられる世界へ行く準備をしていた。僕とその瞬間との間に何も邪魔はなかった。期待も、演技も、腹を抉るような自己不信も。冒険で必要になりそうなもの——1ドル硬貨数枚とカナディアン・タイヤのクーポン券を入れた小さな財布や、プラスチックの剣——を詰め込んだバックパックの紐に両腕を通す。ベッドに膝立ちになって、空想の世界に没頭しながら荷物の最終確認をした。そうして探検に向けた心の準備をしていると、ドアが開き、リンダがそこにいた。

彼女は大声で笑い出し、見てみなさいよとスコットを呼んだ。スコットが走って部屋から出てくる音が聞こえ、ドア口でリンダの隣に現れた。二人はそこに立って僕を見下ろし、部屋を覗き込みながら嘲るように笑い、まるで僕がそこにいないかのように僕のことを話した。その顔はどこか恍惚としていた。家には三人だけ。もし父がその場にいたとしても、何かしてくれたかどうかはわからないけれど。

父は、二人だけのときと家族全員がいるときとでは違っていた。「もしリンダと君が同時に溺れていたら君を助けるよ」と、二人きりのときに父はよく言っていた。「僕が一番愛してるのはリンダじゃない、君だ」。これは僕たちだけの秘密だった。秘密だと父から言われはしなかったが、リンダがいるときは空気が違ったからわかった。父と僕にはルース・ブラウンの「Ain't Nobody's Business」というお気に入りの曲があった。僕を車で学校へ送るとき、父はこの曲を大音量で流しながら自分も歌っていた。

リンダがいるとき、その「愛」は消え去った。父の口調も、体も顔つきも変わってしまった。まるで二人で手を組んで共謀しているような、凍てつくほど冷たい態度を前に、僕は視線を床に落とすしかなかった。リンダはみんなといるときも意地悪だったが、僕と二人きりのときはもっとひどかった。この話はずっと心にしまってきた。ここで断片的に語ることさえつらい。父は何もしてくれなかった。いっさい守ってくれなかった。

僕はリンダから離れて父と過ごす時間を求めた。一度、リンダから「あんたは父親を操ってる」と吐き捨てるように言われた。その言葉は焼けつくように鋭く、熱した油のように傷跡を残した。リンダは父と僕が二人でいることを嫌い、そのたびに毎回必ず険悪になっていた。

僕が10歳のとき、二人はリビングルームの暖炉の前で結婚した。僕は小さなワンピース姿で泣いた。あたかもそれが嬉し涙であるかのような態度で、リンダは僕を抱きしめた。まるで僕を愛しているかのように。愛し合っているかのように。僕はますます泣き続けた。カードに書いた感謝と温かな愛の言葉と同じように、演技をした。まるで義務だった。もう二度と彼女に会いたくない気持ちと、どうしても彼女に愛されたい気持ちとがごちゃごちゃに入り混じって、勝手に体が動き、自分ではどうしようもできなかった。

　年齢が上がって、学校の男子たちが僕と友達でいることに興味を失い、女子たちは僕と距離を置き、さらには冷たくなると、リンダは僕の社交性の欠如をからかい始めた。「なんでもっと友達と遊ばないの？　友達がいないから？」彼女には、僕の中にどうにか残っていた自尊心を消し去る能力があった。そんなとき僕のシステムは誤作動を起こし、見えない力が手足を押さえつけた。まったく動けないというより、僕はバタバタともがいた。

　スコットはリーグ最強のホッケーチームの副キャプテンだった。ハンサムで、スクールカーストの頂点にいた。ときに誰かをいじめていただろうことは想像に難くないが、やがてとても繊細な大人に育った。僕は兄が大好きだ。僕が出演した映画『ハンズ・オブ・ラヴ　手のひらの勇気』のプレミア上映後には大泣きしてくれた。アシュリーは美人で賢くて女らしかった。まさに１９９０年代のモテる女の子だった。二人ともとても社交的だった。いつも家を出たり入ったり、電話で誰かと話しては、あれこれと遊びの計画を立てていた。

　二人が留守のときは僕が電話に出て伝言をメモした。「アシュリー、トムから4時15分に電話があって折り返してほしいらしい」とか、「スコット、あとでニックの家で会おうってケリーから電話があった」とか。そう書いた付箋をアイランドキッチンの横側に貼っておけば、キッチンに来た二人が見る。飾られた黄色いデートの予定表を。

リンダの言外のメッセージはカモメの声よりも大きく鳴り響いた。証拠を並べて拳で叩き、僕の孤独を打ちのめす。どうしてあなたは二人と違うの？

6 ジャンプスケア ― JUMP SCARE

入れてはいけない、という声が初めて聞こえたのは16歳、トロントのクイーン・ウエストにあるイタリアンレストランにいたときだった。その頃はクレアモント通りの角を曲がったところにある友人ヴィーブケの家に住まわせてもらっていた。つらい1日を過ごした僕を励まそうと、その日は彼女がディナーに誘ってくれていた。

ヴィーブケと出会ったのは、15歳になる少し前。彼女が監督した初めての長編映画『マリオン・ブリッジ』のキャストに僕が選ばれたことがきっかけだった。この作品は２００２年のトロント国際映画祭でプレミア上映され、ヴィーブケは最優秀新人作品賞を受賞した。ケープ・ブレトン島出身の伝説的劇作家ダニエル・マカイバーの演劇を映画化した、素晴らしい作品だ。

モリー・パーカー演じるアグネスは、余命わずかな母を看病するため故郷に戻る。10年前に逃れた、酒とドラッグの記憶にまみれた実家だ。そこで再会する二人の姉テレサとルイーズも、半分かさぶたになった心の傷からそれぞれの形で血が染み出ていた。トラウマという得体の知れない小さな怪物が体中を駆け回っていた。僕が演じたのは、アグネスの奇妙な執着の対象、シドニーから20分ほどの田舎町マリオン・ブリッジの土産店で働くジョニーという名のティーンエイジャーだ。

アグネスは砂利敷きの駐車場で運転席に座ったまま前をじっと見つめ、やがて意を決して店内に入る。ジョニーは彼女が10代のときに養子に出した実子だ。ジョニーはこのことについて知らない。しかし、アグネスが何度も店を訪れるうちに疑惑が深まる。そして互いの世界が衝突し、秘密が浮き上がり、真実がむき出しになる。

ウェイターがテーブルに料理を置いた音で、僕は放心状態から抜け出した。目の前のマルゲリータピザを見つめる。向かいに座ったヴィーブケが、用意されたナイフを手に取って自分の頼んだ洋ナシとハムのピザを切る。僕の意識が体から離れ、視界がズームアウトした。

だめだ。不気味な声が頭の中で響く。入れてはいけない。

数時間前、僕は警察に連絡していた。初めてストーカー被害に遭ったのだ。

もともとそんな兆候はなかった。初め、彼は友人だった。秘密の友人だったけれど。２年ほどの間ひそかにメールでやりとりをしていた。彼は１９９９年２月上旬に放映されたＣＢＣのファミリードラマ『ピット・ポニー』で僕を見ていた。僕は11歳、彼は20代前半だった。

『ピット・ポニー』は、僕にとって初めてのプロとしての演技の仕事だった。それまでに役を演じた経験といえば、小学校の演劇部で2、3の劇に出演したくらいだった。初めての劇では鳩の役を演じたが、あるところでセリフを間違い、一瞬止まったあと「やばっ」と言ってしまった。観客は笑っていた。次の年には『チャーリーとチョコレート工場』のチャーリーを演じ、前年よりはうまくできた。憧れのキャラクターを演じること、自由にかつ自然に少年を演じることのわくわく感。二段ベッドの砦でやっていたことだが、それを舞台の上でやるのだ。誰かの目にとまる可能性だってある。

1996年、ジョン・ダンズワースという地元の俳優兼キャスティングディレクターがうちの学校にやってきた。僕は9歳だった。彼はヤングアダルト小説『ピット・ポニー』を原作にしたCBCのテレビ映画の出演者候補を探していた。大好きなエリス先生の音楽の授業の途中で彼が教室に入ってきたことを覚えている。エリス先生には「休み時間に男子に乱暴しないの」と冗談半分に言われたことがあり、そのときはなんだか嬉しかった。

ダンズワースは生徒全員を立たせて軽い演技をさせ、その様子をチェックした。僕はオーディションに招かれることになった。

オーディション当日、僕は興奮しつつもまだ自分がいる状況を十分に理解できる年齢じゃなかった。「森で迷ったときの演技をしてくれるかい?」とダンズワースが指示を出した。僕は頭を素早く左、右へと振り、体ごとあちこちを向き、忍び寄る夜に怯えながら冷ややかな暗闇に取り残された様子を演じた。想像力のゲームだ。

「素晴らしい。じゃあ、今度は動かずにやってみようか。感情表現だけでその気持ちを見せられる？」

彼の言っている意味はよくわからなかったが、言われたとおりに演技をした。最終的に役を得たことを考えると、何かしら正しい行動をしたのだろう。信じられなかった。自分が実際に生きる世界よりも現実感のある架空の世界にのめり込めるチャンスが一つ増えたのだ。このときはちょっとした非日常の嬉しい驚きくらいに思った。しかし、その映画は次にテレビ番組になり、僕の俳優としてのキャリアがここから始まった。

僕は主人公の妹のマギー・マクレーンを演じた。衣装は膝下まである長い裾のワンピースで、その上にさらにスモックを着た。ワンピースの上にワンピースを着るのかと戸惑った。脚には黒いタイツ。映画撮影のときはかつらをかぶったが、テレビシリーズを撮るときには地毛が伸びていた。アライグマの死体のようなあのかつらはかゆくて仕方がなかった。髪を長くしたくはなかったが、あのかつらは二度とつけたくなかった。肩ぐらいの長さに伸ばし、ときに三つ編みにし、小さなリボンをつけられることもあった。母はさぞほっとしたことだろう。

プロの俳優になると同時に、ショッピングモールで「ありがとう、お兄ちゃん」とは言われなくなった。役作りのために髪を伸ばし、体も変化を始めていた僕は、撮影現場でシスジェンダーの男の子たちをじっと眺めた。襟付きのシャツ、サスペンダー、半ズボン、タイツは穿いていない。リボンの代わりにキャスケット帽。

どうして僕はああなれないんだろう？　僕もあの子たちと同じように動いて、あの子たちのように遊ぶのに。

むずむずとする不快感は幼い頃から帯状疱疹のように背筋に蓄積され、ふとした瞬間に神経をむき出しにして体中に広がって猛威を振るった。

『ピット・ポニー』の製作中、僕の性別不合は吹き荒れた。タイツが肌にまとわりつく感覚、ふわりと揺れるワンピースの裾。あの忌々しいリボンをつけると、母によくバレッタを髪にはめられたときのように、行き場のない激しい感情が体の中に沸き起こった。

洗面所で一人、登校の支度をしながら、よくヘアブラシで自分の頭を殴った。鏡に映っているのは誰？　目をぎゅっとつぶって身構え、バン、バンという衝撃に耐えた。母が使っていたクイーンサイズのベッドの角には背の高い木製の柱がついていて、先端は逆さまになったソフトクリームのような形をしていた。一人のとき、他の人の目がないとき、僕はそのベッドによじ登った。柱をじっと見つめ、先端がお腹に直接当たるように胴体の位置を調整する。そして体を持ち上げ、重力の助けを得て自分を突き刺した。痛かったけれど、痛くなかった。自己嫌悪や吐き気のする感情のはけ口を持っておきたかった。そんな気持ちを掬い出してしまいたかった。

　父の家の書斎では、家族用のパソコンを立ち上げて、また別の架空の世界を、逃げ場所を探した。中学校のコンピューターの授業でＨＴＭＬについて学んだとき、僕はしょうもないウェブサイトを作っていた。ＣＢＣで僕を見たという男性がそのサイトを見つけて連絡してきた。何通かメールをやりとりしているうちに仲が深まり、友情が生まれた。お互いに不満、孤独、周囲や自分自身との齟齬について綴った。僕の方は子供の日常活劇、彼は彼の話。

　まるでパブロフの犬みたいに、アップルの起動音を聞くたびに心臓が高鳴った。目を閉じて新着メールの内容を思い浮かべ、セロトニンの増加を必死に求めた。ダイヤルアップ接続のインターネットはピーピーガーガーと不快な音を立てた。

　しかし、彼が僕に対する深い感情を示し始めると、胃がキリキリと痛んだ。そんな痛みを抑えながら、僕はそれまでの関係を維持しようとした。この関係を失いたくなかった、重みと約束のある、他者との真のつながりを。実生活では、友人たちといるときでさえ胸の中ではパニックがはためいていた。自分の感情について、少なくとも本当の感情については、両親にも話せなかった。砂漠をさまよい、その不毛の大地にも生命はあふれているのに、僕にはそれが見えなかった。自分には彼しかいない、そんな気になっていた。

彼はトロントから1時間ほどのところに住んでいたが、あるとき、ハリファックスに来るつもりだと書いてきた。トロントからハリファックスまでは車で2日かかる。母と一緒に車でトロントのおばたちを訪ねたことは何度もあった。母の赤いフォルクスワーゲン・ゴルフの床、僕の足元にはいつも小さな赤いクーラーボックスが置かれていて、スナック菓子とペプシが詰まったその箱の上で僕は小さな足をぶらぶらさせていた。ボックスを開け、カチッ、シュー、という音を聞くとつばが出てきた。ケチャップチップスの袋に手を突っ込んで貪りながら窓の外を見つめ、通り過ぎていく牛を数えた。ガーンジー牛が特に好きだった。茶色い体と赤茶色の斑点を手掛かりに他と見分けられた。気の毒な母は『ライオンキング』のサウンドトラックを僕に繰り返し聴かされた。何回「ハクナマタタ」を聴かせただろうか。僕はケチャップチップスの油で汚れた両手を振りながらその歌を大声で歌った。ケベック州とニューブランズウィック州の州境付近で夜を過ごすことが多かった。母がフランス語を話すのを聞くのが好きだった。

パソコンの明るい画面を見つめながら、彼のメールを吐き気がするほど何度も読み直した。そうしていればやがて内容が変わってくれることを願って。体はこわばり、皮膚も突っ張って、胸にはレンガのような重みがあった。汗がにじんできて、首筋が湿った。汗をかいているのに体は震え、寒いのに燃えるように熱く、耳鳴りがした。今思えば、初めてのパニック発作だった。はっきりノーと言って片付くものではない、何かが変わってしまったのだと直感し、必死で話題を逸らそうとした。最終的にはなんとか彼が来るのを止め、徐々に彼との関係からフェードアウトし始めた。返信の頻度を減らし、長期間音沙汰をなくした。そうしてやっと息がつけた。『デグラッシ』［カナダの学園ドラマ］のエピソードが一つ終わったような感覚だった。

しかし、僕が秋にトロントに引っ越してから間もなくして、その予定を知っていた彼が再び浮上してきた。メールが増えた。目を閉じている僕の画像に、その頭上から巨大な天使の羽を生やした自分がじっと見下ろす姿をフォトショップで足したものをいくつも添付してきた。元画像の写真を撮った覚えはなく、テレビ画面を撮影したようだった。

天国の雲に包まれながら君の上で射精するんだ、と彼はメールに書いた。

行方不明の子供たちを載せたサイトのリンクも送ってきた。

そのとき僕は16歳だった。

何より最悪だったのが、クリードの曲の歌詞だ。

Above all the others we'll fly（誰よりも高く、僕たちは飛ぶ）
This brings tears to my eyes（涙が出てくるよ）
My sacrifice（わが犠牲）

何にも、誰にも自分の邪魔をさせない、ということを彼はますます明確にしていった。

ヴィーブケは僕が初めて彼のことを相談した相手だった。メールの脅威がついに沸点に達し、フライパンから油がはね出していたときに。

「食べた方がいいよ、本当に。食べなきゃ」と、ありがたくも心配した顔でヴィーブケは言った。

だめだ、入れてはいけない。またあの不気味な声だ。

「わかってる、ヴィーブケ。でも食べられるかわからない」

だめだ、入れてはいけない。しつこく響き続ける。

胃はまるで、シンクの上で絞られる汚れた古布のようだった。手でゆっくりと絞り上げられていく。

ピザを一口食べようとした。いくら噛んでも、飲み込むことはまるでできなかった。

だめだ、入れてはいけない。嘲るようなトーン。

味覚は機能せず、味は変質してしまった。テーブルに肘をついて額に手を当て、水を飲んだ。

それまでも、食べることについては意識していた。思春期と共にそれは始まった。体がふっくらしてきて胸が大きくなり、男子と女子が違う姿に成長していく時期に僕の不快感は強まった。それまで画面に映る自分を見ることはさほどストレスではなかったが、それも変わった。注目されればされるほど僕はやつれていった。

ほぼ手つかずのピザを残し、僕たちは家路についた。その日に起きた出来事がまだ頭から離れなかった。

「エレン!」ヴィーブケが大声で呼んだ。

僕は自分の部屋で宿題をしていた。ベッドと小さなドレッサーがあるだけの、そのこじんまりした部屋を僕は気に入っていた。カナリアイエローに近い黄色に塗られた壁にはキャット・パワーとピーチズのポスターを貼っていた。部屋には大きな窓が一つあった。夜に目が覚めると、よくアライグマの光る目が覗き込んでこっちを観察していた。屋根裏にアライグマ一家が住んでいる時期もあった。トロントには10万頭以上のアライグマが生息しており、「世界のアライグマの首都」とも呼ばれている。個体数が急増したのは、トロント市が2002年にゴミの堆肥化プログラム「グリーンビン」を導入してからだ。その生ゴミ回収ボックスはアライグマにとってごちそうの山だった。

「何?」と言いながら僕はすぐに自室を出てヴィーブケの仕事部屋に入った。すでに築80年だった家の堅木張りの床が足の下で軋んだ。回る椅子ごとこちらを振り返った彼女の顔は青ざめていて、パソコンの画面にはメールが開かれていた。

やあ、僕はエレンの親友なんだけど、トロントで彼女にサプライズをしたいと思ってるんだ。彼女が引っ越してからまだ会っていなくて……

その後、友達の一人から電話があり、同じメールが送られてきて怪しいと思ったと言われた。別の友人もそのメールを転送してきた。彼は本気で狙いを定めていた。

彼は僕の知り合いの連絡先をほぼすべて知っていた。10歳から仕事をしていた僕は、プリンス・エドワード島のシャーロットタウンという近場にも、サスカチュワン州のサスカトゥーン、さらにはベルリン、リスボンのような遠い地にも撮影に行ったことがあった。オンタリオにでも住む友人の一人だろう、とハリファックスの友人の誰かが思うかもしれないことは容易に想像できた。僕は急いで知り合い全員にメールを送り、彼の画像を添付した。少し前に送られてきた画像だった。今で言う自撮り写真で、画面いっぱいに顔が映っていた。写真の彼は、錯乱したようないやらしい目つきで僕を見ていた。ヴィーブケは警察に通報した。

玄関に女性警察官が到着したときはほっとした。警官はあちこちを見回しながら家の中に入り、隅々にまで視線を送って階段の方も素早く確認した。初めはほとんど何も話さなかった。彼女が警察学校で建物への入り方を教わっているところを想像した。身のこなしはきびきびと硬く、意図を込めて。口調はフラットに。感情を顔に出さない。初めは誰ともほとんど目を合わさないように。彼女は危険がないかと家をくまなく調べた。僕たちは送られてきたメール、写真、リンク、歌詞を見せた。すべて。彼女も危険を察していた。僕は窓の外を見ながら、彼がいきなり通りの向こうに現れるんじゃないかと考えていた。映画なら短いカットのジャンプスケアだ。

警察が父に電話をして状況を説明した。父に、親に知ってもらうことに安堵した。ずっと心が休まらなくて疲れ切っていたから。電話を受け取って耳に押し当てると、ようやく心拍数が落ち始めた。しかし父の第一声は、「トロントに行ってお前のケツを蹴り上げてやる」だった。

父は激怒していた。僕がしたこと、まだ子供の僕がネットで年上の男と友達になったことに。その後は頭がぼうっとして彼の怒声も聞こえなくなったが、あの言葉はこれからも一生忘れないだろう。トロントに行ってお前のケツを蹴り上げてやる。ストーカーからのメールがすべて大したことないと思えるほどだ。

その後警察がストーカーの家に行ったとき、彼は「法廷でエレンに会えるってことですか？」と尋ねたという。警察の存在に動じることはなく、むしろ心を浮き立たせたようだった。

その発言とメール、そして僕の写真やその他の僕関連のコレクションのおかげで接近禁止命令が出た。

僕は毎日クイーン・ウエストのすぐ北のオシントン・アベニューのバス停で63Aバスを待ち、それに30分ほど乗って通学していた。僕の通うヴォーン・ロード・アカデミーには「インターアクト」というプログラムがあった。トロントに引っ越した主な理由の一つだ。

当校は、ダンス、演劇、音楽、陸上競技に従事している方々を対象に、各人のオーディション、リハーサル、パフォーマンス、大会などを中心にスケジュールを組んだ独自の総合プログラムを提供しています。（中略）このような柔軟なプログラムはオンタリオ州内で他にありません。当校の目的は、あなたの学外での興味と連動した教育を提供することです。

彼のイメージが嘲るようにちらついた。背後からナイフを手に近づいて、僕の背中を刺す。バスに乗り込んできて僕に襲いかかり、刃物が胸を貫く。僕がバスを降りるのを待ち伏せし、学校まで歩く短い距離で頭に銃弾を撃ち込む。

彼の写真を学校に持って行って先生たちにコピーを配らなければならず、先生たちはその写真をクラスのみんなに見せながら不気味なお知らせをした。当時の僕は、インターアクトプログラムのことを最初に教えてくれたマークと一緒にテレビ番組『リ・ジェネシス バイオ犯罪捜査班』の撮影をしていた。1年前に出会ったマークとは、切っても切れないくらいに仲良くなっていた。撮影を終えて現場を去るとき、運転手には誰にも後をつけられないようにわかりにくい道を通ってもらった。それでも、スタジオの場所を知るのなんてたやすい。撮影現場でも彼の写真を見せた。彼に人生を終わらせられる未来を想像せずにいられなかった。

僕はヤング通りに向かってクイーン西通りを東に歩いていた。ヤング通りに着いたら、トロント最大のショッピングモール《イートン・センター》の向かいにあるクイーン駅で1号線に乗り、9駅北上してマークの住むエグリントン駅で降りる予定だった。

僕は通りの北側、当時のマッチミュージックのビルの向かい側にいた。カナダ人でない読者のために説明しておくと、1984年に設立されたマッチミュージックはカナダ版MTVのようなものだった。右肩に誰かの手が置かれ、腕を撫でながら肘まで降りてきた。

「君、見たことある」そう言われて振り返り、相手の顔を見た。

彼が目の前に立っていた。何気ない様子で、かすかな笑みを浮かべて。ナイフが体の中に入り込むイメージが思い浮かんだ。彼がもう一度刺そうと引き抜くたび、その刃が太陽の下でぎらりと光る。犠牲になるのだ。彼はかつて何度も、僕たちのこと、僕たちの絆、僕たちの愛は誰にも邪魔させないと言っていた。父にも、警察にさえも。

「一緒に来て、話をしよう」

彼の足元に小さな白い犬がいるのに気づいた。変だ、彼はこの街から1時間近く離れたところに住んでいるはずなのに。

僕は動けなかった。声も出なかった。もう死ぬんだ、と思った。これで終わりだ。

「ほら、一緒に来てよ、話しに行こうよ」彼は優しい口調で僕を説得しようとした。

《カフェ・クレープ》のテイクアウト口からは、そば粉で作られた甘いデザート、精製された砂糖の酔わせるような匂いが漂っていた。背景には、巨大な赤いネオンサインを掲げたその有名なカフェしか見えなかった。氷河に閉じこめられた原始人のように凍りついて動けない、あんな感覚は初めてだった。それでもやがて胸は動き、上下した。肺が本来の機能を取り戻した。

「君がここにいるはずない」壊れたレコードのような声でそれだけ絞り出した。「ここにいるはずない、いるはずない」

トロントでも特に人通りの多いその場所で、人々は彼の後ろを早足で通り過ぎていく。どうにか視界をズームアウトする。声を張り上げた。

「君がここにいるはずない、ここに立っているはずない！」

誰もこっちを見ない。

「いいから一緒に来て、散歩に行こう」彼は僕に向かって手振りをしながら小さく一歩踏み出した。

「ぶたないで！　ぶたないで！」僕は通行人の注意を引くためにそう叫んだ。両手を上げて一歩下がる。「やめて、ぶたないで！」

通行人たちが振り向いた。誰も介入してこなかったが、彼を退散させるにはそれで十分だった。彼はその場を去り、小さな犬もついていった。

僕は逃げた。通りをジグザグに縫うように走った。今思えば、すでに住所を知られていたのなら無駄なあがきだったけれど。帰宅してすぐ父に電話した。最初は信じてもらえなかった。警察に連絡した。彼は接近禁止命令に従わなかったため逮捕された。僕は告訴しなかった。彼には統合失調症の疑いがあるとわかった。僕たちは一種の和解に至った。彼は父親と同居して精神科での治療を始めることになった。僕に近づくことも、いかなる形での接触も許されない。実際、現在まで何の接触もない。すべてがぱたりと終わった。この顛末の中にほんの一片でもいい部分があるとすれば、それは彼がやっと病気を診てもらえたということだ。自分の苦しみに対するサポートを受けられるようになった。彼が求めていたのはそれだけだったのかもしれない。彼が必要な助けを得て、二度とあんなことをしないよう願っている。

僕はどうにか彼を許したが、簡単なことではなかった。小さい頃から自分の体を痛めつけてきた僕にとって、自傷の方法は色々あった。この出来事をきっかけに、それらが一気に表面化した。まるで無意識にリストを作ってチェックしていくかのように。

1. 自分の体を切る人がいるから、僕もやってみよう。
2. 酒に溺れる人がいるから、僕もやってみよう。
3. 食べるのをやめる人がいるから、僕もやってみよう。
4. 自分を抑圧する人がいるから、僕もやってみよう。

よく自分の部屋に小さなナイフを持ち込んで、先端を二の腕の肩近くに触れさせた。刃を押し当てて、少し横に引く。あの赤色がにじむ程度、安心できる程度に。この行為はさほど長くは続かなかったけれど。ある晩には、一人で酔いつぶれた。楽になるためにみんながやっていることだよ、と脳がささやいた。キッチンに置かれたクロムめっき仕上げの小さな青いダイニングテーブルで、ジュース用のグラスからウォッカをストレートで飲んだ。一口飲んでは、ボトルを傾けてさらにグラスに注ぐ。ヴィーブケにとって気の毒なことに、彼女が家に帰ると泥酔して感傷的になったティーンエイジャーがブロークン・ソーシャル・シーンの「Anthems for a Seventeen-Year-Old Girl」を繰り返し流していた。

Used to be one of the wretched ones and I liked you for that（昔は惨めなやつらの一人だった、そんな君が好きだった）
Now you're all gone, got your makeup on and you're not coming back（あの頃の君はもういない、メイクをして、もう戻ってはこない）
Can't you come back?（戻れないの？）

長く続いたのはチェックリストの3番だった。それが解決策のように思え、食事制限が自分にとっての新たな規範になった。ちょうどそのときは思春期で、体は発達し続けたけれどマークのようにはならなかった。現実がのしかかり、鏡に映る自分の姿は決して見ないようにした。嫌悪感が一時も消えることはなく、だから自分の体を罰した。トランスジェンダーや性別不合の若者は摂食障害を患う可能性が通常の4倍高いという調査結果もある。

僕の頭は、カロリー計算、時間の経過、いかにして腹に物を入れずに満腹感を得るかということばかり考えるようになった。腹を程よく満たす透き通ったハーブティーをいつ淹れるか。ひたすらガムを噛み続けて、食べ物を避けた。朝はオールブランの量を計り、豆乳も計る。ヴィーブケの心配をよそに、学校での昼食にはプロテインバーを持って行き、半分だけ食べることを自分に許した。少なくとも、彼の姿がフラッシュバックすることはなくなった。少なくとも、通りを歩くときにストレスを感じる対象は、恐怖の記憶でなくパンのことだった。背中に刺さるナイフ。恐怖はサンドイッチに挟んでしまえばコントロールできた。そうすれば忘れられた。

父を許すのも簡単ではなかった。トロントに行ってお前のケツを蹴り上げてやる。わが子が安全を求めているとき、愛を、保護を必要としているときに、父は暴力を振るうと脅した。未成年の僕が大胆にもインターネットで年上の男とやりとりしていたから怒り狂ったのだ。あのときの僕がケアに値しなかったのなら、保護や愛に値しなかったのなら、いったいいつ値するのだろう？　父の一言は、あの男の脅しや執着、僕の腕を撫でた指の感触よりもずっと長く、僕の体内に残り続けている。

7 蛭《ひる》 ― LEECHES

両親を仕事場に連れてきてはならない、ということは早い段階で学んだ。ケープ・ブレトンにあるマクレーン家の前庭で、僕は小さな木のブランコに座って『ピット・ポニー』のワンシーンを撮影していた。そのとき共演していたショーン・スミスは洞察力の鋭い俳優で、控えめだが繊細な演技に長けていた。一緒にブランコで揺れながら、すすまみれの手をした彼の演じる役が僕の役を慰めるシーンだった。僕はショーンが好きだった。ハンサムで、少し不愛想だが優しかった。子供と仕事をするというのは大変なことだが、彼の寛大さと忍耐力に感謝した。

父はこっちから見える場所にいた。僕の意識が撮影中のシーンから、1970年代のニコンで白黒写真を撮る父へと移る。体が固まって殻を閉じた、またあの凍りつく感覚だ。僕ができるはずのこと、つまり、ありありと画面に伝わってくると大人たちが言ってくれた素直な感情表現が、父の存在を感じた途端にできなくなってしまうのだった。

同じような感覚は母が見ているときにも起こった。トムボーイらしい見た目がもう可愛くなくなる年齢にさしかかった頃のことだ。変わらなければならないというプレッシャーがあらゆる方向からにじり寄り、常に僕を否定し続けていた。母は僕がゲイでないことを祈っていたのかもしれない。僕には自分のスペースが必要だった。

11歳のとき、撮影中は姿が見えないようにしてくれと両親に頼んだが、それだけでは不十分だった。感情、感覚、大好きなあの興奮の中に自分を解放できなかった、途中で止まってしまうのだ。結局、両親には来なくていいと言った。理由ははっきり説明できなかったが、二人がそれで気分を害することはなかった。恐れながらも自分がちゃんと必要なものを求めたこと、そしてそれを聞いてもらえたことに驚いた。両親はほっとしたのかもしれない。二人ともフルタイムで働いていたので、どうしても来られないということも珍しくなかったから。

『ピット・ポニー』第2シーズンの撮影中は、馬の世話をしているリーとジェリー夫妻、そして二人の16歳の娘ファロンが僕の面倒を見てくれた。親切な彼らは僕を一緒に住まわせてくれた。一家の自宅は撮影現場の近くで、シドニーから車で20分ほどのリーチズ・クリークには牧場を持っていた。一家の敷地内の川で一緒に泳ぎ、僕は水から上がったときによく男の子たちが濡れた髪を右側に振り上げる動きを練習した。体に蛭《ひる》が吸いついたが、気にせずつかんで摘み取った。『スタンド・バイ・ミー』に登場する少年たちになった気分だった。彼らが怖がっていた蛭は僕には平気だったけれど。なんだか勇気が湧いた。白いTシャツ姿のリバー・フェニックスみたいになるという夢に近づいたかな、と。

仕事では1904年の少女の格好で演技しなければならなかったが、あの時期は僕を少年としての自分に近づかせてくれた。新しい場所で、大人たち、それまで僕を知らなかった人たちといられた。背中を押して、ちっぽけな僕を肯定して、息をつかせてくれる本当の友人たちができた。自分らしく存在する機会を、クールで人と群れない牧場の若者になる機会を得られた。撮影中も私生活でもこうして自由でいられたことは、演技にも反映された。リラックスしていた。幸せだった。

両親が仕事場に来ることはほとんどなくなった。来るときでもただその場所に来ただけで、撮影現場には入らせなかった。これによって僕の身に及ぶ危険が増えたのは確かだけれど、最悪の子育て段階にある親たちを他に見ていたので、自分は経験せずに済んでよかったと思う。大人たちが過保護という形態のネグレクトでわが子をじわじわと蝕んでいくのを見てきた。そんな親がもし作品の登場人物なら、台本には最初に「大げさに」と指示が書かれるだろうが、実際の彼らはわが子を見てもいなければ耳を貸してもいない。彼らにとってすべての価値は仕事、イメージ、フォロワー数の中にある。それは、演技のあるべき姿とは正反対だ。演技とは自我を崩すことであって、優しく撫でて満足させてやることではない。そんなことをしていたらキャリアは途絶える。

この道に進んだことに不満はなかったけれど、自分の中に健全な境界線がないことはやはり良い結果をもたらさなかった。思春期になり、演じても楽しくない役柄を演じることが多くなるにつれ、孤独感、不安、わけがわからないという感覚は増した。自分を繋ぎとめておくのに必死だった。知らない街で、友達もおらず、一人でホテルに泊まっている、そんな人間を餌食にするのはたやすい。捕食者は本能でそういう獲物を嗅ぎつけるのだろう。ネットで知り合ったあのストーカー男のように。孤独な子供は格好のターゲットだ。

10代の頃、僕を手なずけて性行為に及ぼうとした監督がいた。彼からの頻繁なメッセージは自分を特別な存在に感じさせたし、本を贈ってもらったこともそうだった。ある夜、クイーン・ウエストの《スワン》にディナーに連れて行かれた。テーブルの下で僕の太ももを撫でながら、彼はこう囁いた。「君から来てくれないといけない、僕からは行けないから」

その少し前に撮影した作品でも、スタッフの一人に同じようなことをされた。撮影の合間に何気なく話しかけてきて、アートや映画やスタンリー・キューブリックについて語った。土曜日の午後に出かけようと誘われた。雨の中を散歩した後、彼は僕の腕をつかんで部屋に行こうと言った。体を引き寄せられると、硬いペニスが当たるのを感じた。

18歳になる直前、初めてロサンゼルスで映画を撮った。それまでアメリカで撮影した経験はなく、ロサンゼルスに来ること自体初めてだった。バーバンクのバーラム大通りの先の丘に佇むオークウッド・アパートメンツに泊まった。ニール・パトリック・ハリス、キルスティン・ダンスト、ジェニファー・ラヴ・ヒューイットといった元子役スターたちも泊まったことで有名な場所だ。敷地内はいつもステージママとステージパパであふれていた。

そのとき撮影した映画『ハードキャンディ』は、有名俳優のパトリック・ウィルソン演じる売れっ子写真家のジェフが14歳の少女とオンラインでチャットするところから始まる。あのストーカーとの出来事を考えれば、とんでもない筋書きだ。いちゃつくような若いおしゃべりを経て二人は実際に会い、ジェフはBMWミニで少女ヘイリーを自分の家に連れていく。観る者はヘイリーのことが心配になる。二人は酒を飲む。写真を撮りたがるジェフの口調はだんだんと苛立ちを帯び、攻撃性が覗く。しかし、立場は逆転する。ジェフはヘイリーの作ったスクリュードライバーを飲んで気を失い、目が覚めると椅子に縛りつけられている。

ヘイリーは自分と同じ年齢の少女が誘拐され殺害された事件にジェフが関与していると考え、自白しなければ去勢すると告げる。優等生の彼女が独学した、シンプルかつショッキングなやり方で。ヘイリーはジェフの局部を大きな氷の袋で冷やす。ジェフは痛みに悶え、その手は青くなっていく。自分はいっさい関与していないと必死に訴え叫ぶが、聞き入れてはもらえない。ヘイリーは去勢処置をして、ジェフの睾丸をキッチンの流しに捨てる。ゴミ処理機が自分の睾丸をすり潰す音がジェフの耳に聞こえる。

結局、ヘイリーが実際にその処置をしたわけではないことがわかるが、ジェフは事件への関与を認める。「僕は写真を撮っただけだ」と彼は言う。ただのペドフィリアだったのだ。

この映画はほぼすべて、オークウッド・アパートメンツの近くの小さなスタジオで撮影した。ウォルト・ディズニー・スタジオ、ワーナー・ブラザース、ニコロデオン・アニメーション・スタジオ、そして巨大なポルノ産業が拠点を構えるバーバンクは、世界のメディアの中心地とされることも多い。『ハードキャンディ』の大部分はセットを使った撮影だった。ジェフの家の内装はすっきりとミニマルで、ミッドセンチュリー風のクールな雰囲気だった。流行に敏感なプロフェッショナルで、ミニが愛車の繊細な男。道など踏み外しそうにないイメージだ。

この映画の撮影スタッフの中に、いつも小さなクロスワードブックを持ち歩いている男性がいた。一番難しいやつだよ、と言っていた。のちに彼は自分でも映画を撮るようになった。彼は面白くてちょっと変わっていて、僕に優しかった。一緒に本について話し、映画やマイナーで暗いグラフィックノベルについても語り合った。彼の瞳の輝きは、ちゃんと自分を見てくれている、支えられていると感じさせた。魅力的だとさえ思った。

映画は18日半ですべて完成にこぎつけた。みんなで身も心もくたくたになりながら駆け抜けた。終わったときには僕もふらふらだった。打ち上げはロサンゼルスのダウンタウンにある高層ビルの会場で開かれた。制作に関わった全員の間には、何かを協力して作り上げるうえでまさに求められるような、他では得がたい仲間意識があった。みんなで酒を飲み、踊り、涙ぐみながらお別れをした。

クロスワード好きの例の友人がオークウッド・アパートメンツまで送ってくれることになった。そびえる高層ビル群の間を車で抜ける。もう時間はかなり遅く、101号線に乗るときに僕は窓に頭をもたせかけた。夜の高速道路の光が好きだった。

彼がオークウッドに車を停めてセキュリティコードを入力すると、ゲートがゆっくりと開いた。彼は僕を玄関まで送り、さらに部屋の中にまでついてきた。やけに近くに立ち、僕の背中に体が触れていた。甘い声でささやきながら僕の両肩に手を置き、寝室へと導いた。僕は張りついた笑顔のまま硬直した。自分より背の高い彼が眼鏡を外す間、どうすればいいのかわからなかった。彼は僕をベッドに横たえた。僕のズボンを脱がせながら、彼は「君のアソコを舐め回したい」と言った。僕は凍りついた。行為が終わると、彼は僕と一緒にベッドにいようとした。いくらか解凍されていた僕は、やめて、出て行ってと言った。彼はソファで寝た。

18歳になって僕の境界線はさらにほころび、発行に同意してはいないはずの暗黙の許可証となった。ある作品の撮影が始まったとき、スタッフの一人が週末にアパート探しをしようと言ってきた。ありがたい申し出だったが、何か変な感じがした。彼女の仕事上の立場の枠をはるかに超えた行動だ。それでも、ずっとホテルに滞在していた僕はそこから出たかったし、少なくともちゃんとした冷蔵庫が欲しかったので、イエスと答えた。彼女は黒のアウディで迎えに来た。

僕たちは最初の物件に着いた。ロビーで会った人物にエレベーターで最上階へ案内された。彼女はその人物に、私たち二人だけで中を見て回らせてほしいと言った。僕たちはほとんど家具のないその部屋に入り、案内人は廊下で待っていた。寝室は二つあったが、不要だし孤独を増長させるだけだと思った。アパートの中は不気味なほどがらんとしていて、二人の足音がうるさく響いた。特に見るようなものもなく、そこにいるのがいっそう無意味に感じた。

空っぽのリビングルームでソファの前に立っていると、体をつかまれた。彼女は僕の顔に自分の顔を押し付けて、キスのようなものをした。また体が凍りついた。次の瞬間、僕はカーペットの上にいた。背中に当たる床が硬い。僕は嫌だと言うことも抵抗することもなく、ただ硬直していた。カーペットに横たわったまま、何も声を出さなかった。彼女は服を着たまま僕の上でセックスの動きを始めた。最初はゆっくり、それからスピードを上げ、グラインドする彼女の体重が僕の背骨を床に押し付けた。彼女は顔を背けて目を閉じ、その顔には汗がにじんでいた。息遣いが荒くなり、やがて喘ぎ始めた。僕は動かずにただ天井を見上げ、やがて目を閉じ、彼女がイくときにまた上を見た。女性とキスをしたのはまだ2度目で、イくところを目の前で見たのは初めてだった。

この関係は続いた。彼女が僕のアパートまで迎えに来て、自分のアパートに連れて行き、同じようなことをした。僕がベッドで凍ったように動かず横たわり、彼女が上に乗って僕に触れ、中に入ってくる。僕が硬直し、麻痺した感覚に呑まれてこっちから触れられずにいることに彼女はよく戸惑っていた。そしてアウディに戻り、最終的に入居を決めた寝室一つの清潔なアパートまで送ってもらった。職場のトレーラーでもセックスをした。わけもわからないまま、彼女の膝に乗って。

2年後、別の映画を撮るために同じ街に戻ってきた。彼女との記憶はまだ残っていた。僕に乗る彼女の荒い息遣い、汗ばんだ体。イくときに反らせていた背中。撮影の半分以上が終わったある日、夜明けに現場に着いた。トレーラーに向かう途中、黒いアウディが停まっていることに気づき、心臓が止まりそうになった。まさか、と思った。いや、やっぱりそうだ。

「ダレンが今日は休みだから、別の人に代わりに来てもらってるんだ」と撮影スタッフの一人が言った。

僕はトレーラーに潜り込み、呼吸を落ち着かせようとした。そのとき、ドアがノックされた。開けると、そこに彼女がいた。立って笑顔でこっちを見上げている。

「ハイ！　入っていい？」

僕は彼女を中に入れた。

「会えて嬉しい！　あのときは楽しかったよね？」

え？　と思ったが、実際には何も言わなかった。

「楽しかったよね？　音楽とか聴いて楽しんだじゃない、ね？」

彼女の目は大きく見開かれていて、笑顔の裏にほとんど隠れていたが恐怖心が透けて見えた。

「うん」と僕は答えた。

8 パーティーでの有名俳優 FAMOUS ASSHOLE AT PARTY

27歳のとき、ハリウッドヒルズに住む友人の家に数週間泊まっていた。夜に誰かが僕の家に来て門のところにバラの花を置いていく、ということが何度も起きていたからだ。僕の好きな作家やミュージシャンの言葉から引用したメッセージを書いた紙を残していったが、自分の正体はまったく明かさなかった。意図不明の謎めいたメッセージにはもう慣れていたが、監視カメラを設置するまでの間に一時的に家を離れることにした。丘の一番上に建つ友人の家からは街を見下ろせた。夜になると眼下に光の海が広がった。何時間でも座ってその景色を見ていられた。きらきらと舞い踊る赤い光が、血のようにロサンゼルスの血管を流れる。

その家からはあまり出なかった。家主である友人は仕事でいなかったし、僕はまだ直近の失恋の傷が癒えていなかった。無理にでも何かをせずにいられなかった。ある日、仲のいい別の友人の誕生日を祝うため、西へ少し車を走らせた。パーティー会場である友人宅に到着し、ユニークな間取りを眺めた。とんでもなく高い天井はまるで教会のようで、ロフトにはキッチンとダイニングエリアがあり、広いリビングルームを見下ろせた。1940年代頃に建てられたのだろう、ドールハウスのようなその古い家の家主はとてもおしゃれな人だった。リビングルームの脇には大きなウッドテラスがあり、備え付けられたベンチに座れば木々や隣の家が見えた。その友人はとても顔が広く人気者なので、パーティーは大いに盛り上がり熱気にあふれていた。みんな全力でこの時間を楽しみ、やがて当然ながら警察が来て静かにするよう注意された。

そのときは2014年で、僕は2か月前に人権団体ヒューマン・ライツ・キャンペーンがラスベガスで開催したイベントで同性愛者であることをカミングアウトしたばかりだった。LGBTQ+の若者に焦点を当てた年次イベント、「Time to Thrive」でのことだ。バレンタインデーの朝、マネージャーと一緒にラスベガスに飛んだ。バーバンク空港で飛行機に乗るとき、僕の不安はもはや通常のレベルを振り切っていた。ほとんど言葉を発することもなく、ただじっと宙を見つめていた。機内では取りつかれたようにスピーチの原稿を読み返した。そうすればまるで感情を使い果たせるかのように。たまに意味もなく目を通す、キッチンの引き出しに入れっぱなしの古いテイクアウトメニューを読むみたいに。ホテルに着いてからはベッドに体を委ねることしかできなかった。テレビも見ず、携帯電話も見ず、ただ両腕で自分の体を抱いた。時間はヘドロのように粘っこく、いつまでも進まなかった。

ステージ裏で待つ間は、両手を組み合わせて握りしめ、下を向いて、パニック発作を起こさないように必死だった。ステージ上で倒れたらどうしよう？倒れることはなかった。感情やカタルシスに呑み込まれることなく、どうにかスピーチをやり遂げた。終わったあとには全身の力が抜け、浮遊感に包まれた。やりきった。でも、緊張が完全に解けたのは、空港に向かう車に乗ったときだった。あまりの安堵に嗚咽した。やっと言えたんだ。

かつては一生背負っていくのだろうと思っていた荷が肩から降りた。人生を通して、あれほど重要で心に癒しをもたらした瞬間は少ない。まだ目的地は遠いけれど、そこに近づける一歩だった。

盛り上がる友人の誕生日パーティーで、僕は2か月前に感じたばかりのあの明るい気分になろうとしていた。外のテラスのベンチに座ってテキーラソーダをちびちびと飲んだ。久しぶりに会う友人や知人、新しい出会いもあった。楽しい時間だった。そのとき、一人の知人がすでにかなり酔っぱらった状態で到着した。彼がテラスに出てきたので挨拶をした。ときどきジムで顔を合わせることのある人だった。だが、今夜の彼の雰囲気はいつもと違い、とげとげしかった。彼はまず僕の性格について悪口を言ってきた。まあ別にどうぞという感じでやり過ごしたが、やがて別の領域にも踏み込んできた。

「お前がやりたいことはわかってる。俺はバカじゃないんだ。お前がやろうとしてることなんてわかるぞ」やたらと近くに立って、座っている僕を見下ろす。

「僕がやろうとしてること?」僕は冷静に答えた。とにかく、その攻撃的な態度、悪意に満ちた笑みの意味がわからなかった。

「とぼけるなよ。お前がしたいことなんて明らかだ。注目されたいんだろ」

この口調、この身振りは何度も見たことがあった。何気ないふうに相手を威嚇するときのそれだ。自分の力を誇示するために。それでも、彼が何を言いたいのか理解するのには一瞬かかった。

「僕がゲイだってこと?」

なぜだかさらに調子づいた彼はベンチで僕の隣に腰を下ろし、攻撃を始めた。

「そんな事実はない。お前はゲイじゃない。男が怖いだけだろ」冷酷な口調に大きな声、しかし笑みを浮かべてそう言った。ほくそ笑んで。相手をするだけ無駄だ、かえって面倒なことになる。それでも彼はしゃべり続けた。周りの人たちは止めたが、彼が止まらないので諦めてしまった。

僕は立ち上がってテラスの反対側に行き、その場から離れようとした。しかし彼はついてきて再び隣に座り、体をすぐそばに寄せてきた。

「男が怖いだけさ。男は捕食者だからな、だから怖いってだけだ」

まるで自分の意見以外なんの意味もないような話しぶりだ。知恵を授けてやると言わんばかりの。空疎な言葉が次から次へと彼の体から吐き出され、僕は自分の肘を盾にするようにして身を縮めた。

もう嫌がらせをやめてくれ、向こうへ行ってくれ、すごく不愉快だ、と言って僕は再び立ち上がり、建物の中に入った。彼はまたもや後ろをついてきた。小さなソファに座ると、彼もそこに座った。家の中では映画『スプリング・ブレイカーズ』のサウンドトラックが流され、みんなスクリレックスの「Scary Monsters and Nice Sprites」に合わせて激しく踊っていた。

Look at this（見てみろ）
I'm a coward, too（俺も臆病なのさ）
You don't need to hide, my friend（友よ、隠れなくていい）
For I'm just like you（俺も同じなんだから）

「お前をファックして、ゲイじゃないってわからせてやるよ。ケツの穴を舐めてやる。ライムみたいな味だろうな。お前はゲイじゃない」彼はうわごとのようにしゃべり続けた。どんなふうに僕をファックするのか、どんなふうに体を触って舐めるつもりかを説明し続けた。自分は哀れな女を抱くのが好きなんだと言って。

なぜあっちへ行けと強く言わなかったのか、周りの人に「なあ、もうやめとけよ」と言う以上のことを求めなかったのか自分でもわからない。とりわけ親しい友人たちもその場にいて、僕たちのやりとりを見ていた。権力というものはおかしな方向に働く。彼は当時も今も、世界屈指の有名俳優だ。

僕は立ち上がってトイレに向かった。彼がついて来ているのではないかと不安になりながら、個室のドアを閉めて鍵をかけた。便座に腰を下ろし、窓の外に目を向けた。テラスのライトがかろうじて木々に届いている。必要以上に長くトイレにとどまってから、手を洗ってパーティー会場を後にした。

あのやりとりはかなりの間続き、多くの人が現場を見たり会話を耳にしたりしていたので、翌日にはパーティーにいなかった友人から連絡が来た。あの場にいた別の友人からメッセージがあったのだという。「あの人、昨日の夜エレンにひどい態度だったらしいね」

数日後、僕はジムの2階でトレッドミルに乗っていた。一人で走りながらニュースを見ていたら、彼の声が聞こえてきた。僕が2階にいることをどうやって知ったのかはわからないが、彼が飛び跳ねるように階段を上がってきた。

「君に謝れってみんなに言われてるんだけど、僕は何も覚えてないんだ。僕は全然そんなやつじゃない、偏見なんてないよ。なんであんなことになったのかわからない。すまない。何も覚えてなくてすまない」

僕は走るのを止めなかった。スピードも落とさなかった。

「あなたはゲイの人たちを受け入れられないんですね。僕にひどいことを言ってましたよ。あなたに何が起きようかなんてどうでもいいですけど、誰もあの場面を撮っていなくてラッキーでしたね」と僕は答えた。

「ゲイの人たちのことはもちろん受け入れてるよ。本当だ」

両足がランニングベルトを蹴る。

「どうだか」

彼は立ち尽くしていた。繰り返し謝っていた。その後も何度か彼と顔を合わせたが、向こうはいつもほとんど挨拶しないし、僕もしない。

この業界では他にも何人かの人たちから嫌悪感を、あるいは敵意さえを感じた。その攻撃性は〝ジョーク〟の裏に隠され、酒のせいにされ、セクハラもなかったことにされた。

元担当エージェントの事務所にいた日のことを覚えている。ＶＩＣＥからドキュメンタリーシリーズ『ゲイケーション―世界のＬＧＢＴＱ事情―』の話を持ちかけられてわくわくしていた。数か月後には日本で初回エピソードを撮影する予定だった。その事務所に所属する大物エージェントの一人が部屋に入ってきたとき、僕はその話をした。

「はいはいわかってるよ、君はゲイなんだよな!」と彼はあしらうように答えた。

まるでこういう活動は押し込めなければならないというかのように、自分自身が経験したことのないものを認めたがらず、耳を傾けようとしない。権力を振りかざしながら、一方で自分には権力なんてないと言う。当時の僕は自分のために立ち上がって意見することができなかった。ただ受け入れて、心の中にしまい込んでいた。

ゲイであることをカミングアウトする少し前、ある役のオファーを断るよう説得された。「君のためにならない」からと。つまり、今も世間から同性愛者だろうと思われているのに、その役を演じれば確実に同性愛者だと思われるから、仕事を続けていきたいならもうありのままの自分でいられなくなるぞ、ということだ。それまでも何度と繰り返されてきた会話、また新たなシチュエーションだというだけ。エージェントとのその電話を切り、僕は泣き出した。もう心の容量は限界で、あふれ出す寸前だった。マネージャーに電話した。もう無理だ、もう隠すことも嘘をつくこともできない、内側から食い破られそうだと伝えた。

「Time to Thrive」のステージではこう言った。


自分を何かしらの枠にはめるというだけではありません、将来のことも心配になるものです。大学、仕事、あるいは身の安全についても。そんな未来を思い浮かべて、一体これから自分に何が起こるのだろうかと考えるたび、毎日少しずつ押しつぶされそうになる。そんな毒は、苦痛は、とても不公平なものです。

もし私たちが、自分と違う相手を攻撃し合う代わりに、たった5分かけて互いの美しさを認め合うことができたら。難しいことではありません。こっちの方がずっと簡単で、ずっと良い生き方です。究極的には、それが命を救うことになる。でもやっぱり、決して簡単なことではないですね。何より難しいかもしれない。他の人を愛することは、自分を愛し、受け入れることから始まるものだから。

２０１４年のカミングアウトは、決断というよりもむしろ必要に駆られてしたことだけれど、これまで自分のためにした行動のうちでも特別大切なことだったのは確かだ。その後にはまた違った種類の弱さがむき出しになることもあったが、それでも充分に価値があった。一歩前に進めたのだ。隠れたまま感じる痛みより、生きながら感じる痛みの方がいい。胸を張って心をさらけ出し、かつては不可能だと感じていた形でこの世界に存在できた——他の人たちと手をつないで。でも、奥底には虚無感が潜んでいた。ひそひそとささやくあの声が聞こえてくるのだ。その声は今もまだ生々しく耳の中で鳴り続けている。

9 ピンク・ドット PINK DOT

2022年の春。友人とのランチを終えてウエスト・ハリウッドのホテルに戻っていた。サンセット大通りを東に歩きながら、マディシンにメッセージを送った。1か月前に共通の友人の紹介で出会った人だった。当時も今もマディシンは賢くて思いやりのある楽しい女性で、彼女とは奔放かつ安全なセックスができた。僕が経験した中で最も自由なセックスだったかもしれない。この新しい体が自分という存在の足場を与えてくれたおかげだ。自分には無理だと思っていたようなことを楽しめた。これほどクィアを感じたことはなかった。誰かが僕の男性器と女性器に喜んで触れてくれて、それを僕にも楽しませてくれるというのは、なんという解放だろう。体が凍りつくあの感覚、心の奥底の暗い感情、逃げ出したいという気持ちはもう湧いてこなかった。

マディシンがホテルの部屋に着くとすぐに僕たちはキスを始めた。磁石が引き合うようなその力に身を任せて。彼女を膝に乗せると、その手が僕の頭に添えられて優しく髪を引っ張った。何時間もセックスをした後、ぐっすりと眠った。僕はたいてい6時頃に目が覚めるので、彼女を起こさないようにそっと部屋を出た。コーヒーを飲み、パソコンの前に座って原稿を書いた。朝の早い時間は好きだ。静かで、ある種の健全な孤独感がある。自分を取り戻すような。

ホテルはサンセット大通りに面していた。そこには6日間滞在し、コロナ禍で会えていない友人たちに会うつもりだった。すべてのハローとグッバイがいまや新鮮に響いた。このときは3年前から住んでいたニューヨークシティから飛行機で来ており、ニューヨークに引っ越す前は10年間ロサンゼルスに住んでいた。LAでは、ハンコック・パーク、ビーチウッド・キャニオン、スタジオ・シティ、そして今回のホテルからほど近いニコルス・キャニオンと、色々な場所に住んだ。ウエスト・ハリウッドはLAのLGBTQ＋エリアとして知られている。サンタモニカ大通りには、シスジェンダーで同性愛者の白人男性向けの店を中心にクィア・バーが軒を連ねる。他の通りにもいくつもの虹が並ぶ。

午前中はずっと原稿を書いていた。9時半にマディシンもテーブルに来た。彼女のスウェットパンツとヴィンテージTシャツ姿に興奮した。僕はスウェットパンツに目がないのだ。それぞれ座って仕事をした。二人で過ごす時間は心地よかった。時が自然に流れ、頭が冴え、無理している感覚もなく、沈黙も気にならなかった。

僕たちは原稿を書き、セックスをし、適当に食べて、昼寝をし、4時頃になって僕はようやく外に出てサンセット通りの真向かいにあるコンビニ《ピンク・ドット》に行った。ピンクと水色のカラフルな外観と、よく店の正面に停まっている配達車両で知られる店だ。青地にピンクの水玉模様で、屋根にプロペラ帽子の飾りを載せたヴィンテージのフォルクスワーゲン・ビートルで商品を配達するのだ。

ホテルの出口からサンセット通りとラ・シエネガ通りが交差する南東の角までの短い距離を歩いているとき、長身の男とすれ違って一瞬目が合った。彼は片手にフローズンドリンク、もう片手にビニール袋を持っていた。交差点を前に信号が赤に変わり、車がサンセット通りを猛スピードで走っていく。そのとき、その男が振り返ってこっちに向かってきた。

「こっち見んな、ホモ野郎！　ホモ野郎！」彼は繰り返しそう叫んだ。「ホモ野郎」と言う声をどんどん荒らげながら。その歩道で近くを歩く人はいなかった。

男は1メートルくらい離れた場所に立って僕を見下ろしていた。僕の体はフリーズした。見てないよと言う隙さえなかった。男はひたすら怒鳴り続けた。今僕が走り出したり何か言ったりしたら、それが何かの引き金になってしまうかもしれない。だから、前を見たままじっと立って、できる限り気にしていないふうを装った。もちろん気にはなったし、むしろショック状態だった。その行動が功を奏したのか、男は少し東への方へ歩き始めた。僕はスマホを取り出してマディシンに電話した。通話なら顔を上げていられるからメッセージじゃない方がいい。震えながら今起きたことを説明し、ピンク・ドットまで来てくれないかと言った。しかし、その電話が引き金になってしまった。ようやく信号が変わって道路に降りると、男が再びこっちを振り返った。

「俺の話をすんな、ホモ野郎。俺のこと言ってんだろ。ぶん殴ってやる！」

男は怒鳴りながら後ろからこっちに走ってきた。マディシンは電話越しにすべて聞いていた。

「ゲイ根性を叩きのめしてやる、ホモ野郎」

男はスピードを上げて近づいてきた。今度こそ僕も走った。追いつかれる前にピンク・ドットに辿り着こうと。パニックが湧き起こるその感覚、丘の上でジャスティンと一緒にいたときの記憶がフラッシュバックした。あるいは数年前にウエスト・ハリウッドで別の男に「ぶちのめしてやる、醜いダイク野郎。警察が来る前に殺してやるよ」と叫ばれた記憶。そのときは友人のアンジェラと一緒に彼女の車で急いでその場を去った。あるいは、18歳のときに10代の女の子たちに取り囲まれて逃げたときの記憶。「今日ってハロウィンじゃないけど。なんであんたレズビアンの格好してんの？」と、距離を詰めながら彼女たちの一人がそう威圧した。あるいは、ポーラと焚き火のそばにいたときに酔っ払った友人の友人が絡んできたのをかわした記憶。僕たちが寄り添っているのに腹を立て、「俺たちの目の前でやらなくていいだろ！」と声を荒らげた。仲裁に入った他の人たちに追い払われ、ようやく彼はふらふらと立ち去った。

「こういうときに銃が必要なんだよ！」すぐ背後で男がそう叫ぶ中、僕は必死でピンク・ドットのドアを開けた。

「助けて！　この人が怒鳴ってきて、僕をホモ野郎と呼んでぶん殴ると言ってくるんです」言葉が口から飛び出した。肩越しに何度も後ろを振り返る。

息が切れ、声が震えたが、なんとか抑え込もうとした。男は入り口のすぐ外に立っていた。デスクの後ろには店員が二人いた。そのうちの一人がドアの方へと走り、男に向かって立ち去れと大声で言いながらドアをロックした。男はしばらくその場にとどまっていたが、やがて歩き去った。カウンターの女性店員が水はいりますかと僕に尋ね、深呼吸をしてと促してくれた。

「ここであんなことをするなんて」と彼女は言った。「大丈夫ですか？　何かお持ちしなくてもいいですか？」

僕は大丈夫ですありがとうと言ってから、彼女のアドバイスどおり深く息を吸って神経を落ち着かせた。

こうした瞬間は大体割り切れるようになった。シャットダウンするのだ。肩をすくめて。『アンブレラ・アカデミー』の第3シーズンの撮影期間だった半年弱前に、トロントのクイーン・ウエストで浴びせられたビールのように、背中を伝わせて流してしまえばいい。そこもクィア・

フレンドリーな地域だ。そのときは友人のジェネシスと歩いていたときにすれ違った男が、振り返って僕たちの後頭部にビールを浴びせかけた。

「ホモ！　ホモ野郎！」と言いながら男は立ち去った。苛立ちが毒のように喉の奥に這い降りてきた。このとき僕は反射的に振り向いた。それまで振り向かずにやり過ごしてきた分の怒りがついに沸騰した。

「お前、今ホモって言ったか？　ふざけんな！」僕が大声でそう繰り返すと、歩道に立っていた数人がこっちを見た。ジェネシスに頼むから落ち着けと言われた。男は立ち去った。

このときのことはよく思い出す。自分には怒りを表に出す権利があると思っていたあの男の態度と、それに対する僕の反応。この社会では、怒りと男らしさはとても密接に結びついている。僕自身の人生ではそれを変えたい。

必死にピンク・ドットのドアを開けたときにマディシンとの電話を切ったことを忘れていた。通りの反対側でこっちに来ようとしている彼女の姿が見えた。見る限り男はどこにもいなかったので、僕は助けに来てくれたことに感謝を示し、あらゆる方向を確認しながら歩道の彼女のもとまで歩いていった。ホテルの部屋に戻るまでの短い距離を歩く間もずっと周囲を警戒した。

たった今起きたことを話す僕を彼女は抱きしめた。朝とは違う触れ方で。

10 インディー映画 THAT LITTLE INDIE

30歳になって初めてタトゥーを入れた。そのタトゥーの意味は、俳優としての初期の経験にまで遡る。右肩のすぐ下のところに「C KEENS」と彫った。最も大切な親友の一人、キャサリン・キーナーのニックネームだ。彼女と出会ったのは『ハードキャンディ』の後、『ジュノ』の前という重要な時期で、忙しかったけれど僕の知名度はまだあまり高くなかった。ロサンゼルスというなじみのない広い地で不慣れな生活を送っていた。次の役作りのために調べものをし、恐怖で眠れない夜を過ごしながら、共演者と打ち解けて信頼し合えるようになることを願っていた。僕にとって自分自身と役とを切り離すのは難しく、このときの役は特に苦しかった。

キーナーと最初に会ったのは、ビーチから歩いて数分の場所にあるサンタモニカの彼女の自宅だった。当時19歳の僕は、彼女と共演する映画『アメリカン・クライム』の主演契約を結んだばかりだった。脚本担当兼監督のトミー・オヘイヴァーがハリウッドのハイランド大通りにあるホテルまで迎えに来てくれた。西へ40分車を走らせてキーナーの家に行き、そこでしばらく会うことになっていた。作品や登場人物について話をし、何よりも互いのことを知るために。どちらも簡単な役ではなかったから。

家はこげ茶色の古いクラフトマン様式の住宅だった。サンタモニカではまず見ないほど広い裏庭付きの。裏庭には小さなツリーハウスがあり、ブランコがぶら下がっていた。庭を囲む柵の上には背の高い生け垣が伸びていた。その庭だけが小さな別世界のようだった。

彼女のような有名俳優の相手に抜擢されたことは、まったく非現実的だった。ずっと憧れていた俳優と一緒に映画を撮るなんて。裏門から敷地に入るときの僕はとんでもなく緊張していた。ほとんど口もきけなかった。

クールに見えるような服を選んできた。ヴィンテージのTシャツに、黒のジャケット、破れたコンバース。キーナーは大きな笑顔を浮かべながら、聞き慣れたあの声で僕たちを迎えた。ダメージジーンズにオーバーサイズの白いTシャツ姿の彼女からは、温かさと誠実さがにじみ出ていた。キーナーは率直な性格で、堂々とした態度がセクシーだった。

バルコニーに上がり、そこからさらに屋上へ上った。ユーモアのセンスが一致して、彼女のものとすぐわかるあの笑い声があふれた。太平洋を眺めながら、一緒にこれからのことを話した。自分がまだ若いうちに大人とのやりとりで経験するような、見下した態度や適当にあしらうようなトーンを感じることはまるでなかった。言外の気楽な空気があった。彼女のような人に会ったのは生まれて初めてだった。

緊張が解け、自分の存在をしっかり感じられた。キーナーの気遣いや守ってくれようとする気持ちはこのときすでに伝わってきた。まったくの何気なさの中で。彼女とはあっという間に仲良くなったが、そんな短い時間で築かれた関係にはこのときの映画の撮影が19歳の僕に与える影響を和らげてくれるほどの力があった。

『アメリカン・クライム』は、１９６５年にインディアナ州史上最もひどい虐待を受けた16歳の少女、シルヴィア・ライケンスをめぐる事件の実話に基づいている。映画は残酷だが、実際の物語はさらに凄惨だ。僕はシルヴィア役にキャスティングされた。

シルヴィアの両親は移動カーニバルの従業員で、遠方での仕事の際には娘二人をガートルード・バニシェフスキーに預けていた。キーナーが演じたガートルードは7人の子を育てるシングルマザーで、貧困に苦しみながらインディアナポリスに住む隣人たちの洗濯を引き受けてどうにか生計を立てていた。ほとんど食事にありつけないガートルードの顔はやせ細ってごつごつと鋭く、体は熊手のようにがりがりだった。鎮静剤や強い酒に依存する彼女の気分は極端から極端へと激しく浮き沈みした。シルヴィアの両親は、シルヴィアと妹のジェニーをガートルードと子供たちの家に週20ドルで預けた。

最初の支払いが遅れたとき、ガートルードはシルヴィアとジェニーに怒りをぶつける。二人を地下室に連れて行き、前かがみにさせて激しく鞭を打つ。それから虐待はエスカレートし、ガートルードは自分の子供たちにも参加させる。作品中でも特に恐ろしいシーンでは、ガートルードがシルヴィアに他の子供たちの前でコーラの瓶を自分の膣に突っ込ませる。

子役たちの前でそのシーンを撮ったわけではない。子役たちはそのシーンに映るカットだけを撮った。カメラにもガートルードがシルヴィアの腕をひねる様子だけを映した。

だから、コーラ瓶のシーンのクライマックスはシルヴィアが地下に続く階段へと引きずられていく場面だ。泣き叫びながら階段から投げ落とされ、コンクリートの床に頭を打ちつけて深刻な外傷を負うがそのまま放置される。

それまで出演した他の映画にも、暴力的・性的・肉体的な理由から撮るのが難しいシーンはあった。しかし、今回は桁違いだった。この映画の各場面は筆舌に尽くしがたいほど残酷だ。10代の僕には、今のようにあっさりオンとオフを切り替えるスキルがなかった。仕事を仕事としてうまく割り切れなかった。撮影したときの気持ちがいつまでもこびりついて、体から切り離すのに時間がかかった。

その生涯の幕引きが近い頃、シルヴィアは体に焼印を押された。ガートルードが彼女の上にまたがり、子供の一人がシルヴィアの両手を頭上で押さえた。２００７年にサンダンスで映画が初公開されたとき、このシーンを見て劇場で気を失った人がいた。無理もない。シルヴィアも間もなく死んだ。苦痛の刻まれた肉体を残して。

シルヴィアの体は衰えていき、やがて壊れた。実話だとわかっているからこそ、具体的な内容を知るといっそうはらわたが煮えくり返った。僕はシルヴィアの役から逃れられず、彼女の人生を自宅に連れて帰った。

アパートで一人になると、僕は部屋をうろうろと歩き回った。歩いては座り、また立ち上がって歩く。窓の外を眺め、振り返って洗面所に行く。また窓辺に行き、座ってタバコを吸う。タバコを吸い終わる。バックパックを持って外に出る。逃げなきゃ、という気持ちが絶えず奥底から湧いてくるのが新しい日常となった。立ち止まるのは危険すぎる、その隙に逃げたい気持ちが飛び出してくるから。飢えを原因の一つに死ぬ役を演じることで、消えたい、自分を罰したいという欲求に身を沈めやすくなった。

全然食べてないじゃない、と心配そうな、しかしほとんど責めているような鬱陶しい口調で言われたときには、「映画のためだから」と答えた。

証明するよ、僕に必要なものなんて何もないってこと。そんな小さな声が、不自然な笑みを浮かべるようにして自慢げに言うのだった。

シルヴィアは苦痛に悶えながら、指先が擦り切れるまでコンクリートの床を引っ掻き、裂けるほど唇を噛みしめていた。遺体が発見されたとき、その顔にはまるで口が二つあるようだった。

お腹がすいた。

あと2時間したら食べられる。

何を食べよう?

蒸し野菜と玄米を……半分だけ。

食べられる時間まであとどれくらい?

あと1時間45分。

夜、シャワーを浴びて火傷やあざのメイクを洗い流した。自分が恵まれていることを再認識させられる。自分の愚かな痛みを彼女の痛みに重ねるなんてとんでもない。

ペトゥラ・クラークの「恋のダウンタウン」を繰り返し聴いた。シルヴィアが殺された1965年の大ヒット曲だ。

And you may find somebody kind to help and understand you（あなたを助け、理解してくれる優しい人がきっと見つかる）
Someone who is just like you and needs a gentle hand（あなたと同じように、助けが必要な人）

歩きながらこの曲を聴いた。サンセット通りを走るバスの中で。家の中で、窓辺に座ってタバコを吸いながら。もはや強迫的に、僕はそんなふうに曲を聴くことがある。ときに奇妙な理由で。

サンセット通りまで坂を歩いて下り、西へハリウッドに向かうバスに乗る。ヴァイン通りとの交差点近くで降り、新品および中古のレコード・CD・DVDを販売する倉庫のような大きさの店《アメーバ・ミュージック》にふらりと入ることがよくあった。品定めする客が硬いプラスチックのケースをめくっていくカタカタという音が、店内で流れる最新ヒット曲の一定のリズムと同じように耳を満たした。そうしていれば時間が過ぎた。

演じたキャラクターたちからはさまざまな形で影響を受けた。当然だ、別の人間の経験を探求するのだから。共感して、心を開いて、できるだけすべてを吸収し、感情の解放を待つ。その訓練に終わりはない。目を閉じれば、想像を絶する深い絶望に襲われる。シルヴィアはどうやってあそこまで生き延びたのだろう。諦めてしまうことなく。それが拷問というものなのかもしれない。ぎりぎりまで引きずり降ろしてから引き揚げるのだ、何度も何度も。

僕はシルバーレイクにある2階建ての一軒家が賃貸に出していた上の階に滞在していた。大きな窓から街の美しい景色が見える、寝室一つの部屋だった。その家が建つルシール通り沿いの丘は、サンセット通りから遠くないが離れ小島のようで、上り坂は長く急だった。僕は一人ぼっちだった。当時、ロサンゼルスに友達はほとんどいなかった。

キーナーに黒のセダンに乗せてもらい、かつてバスター・キートンの邸宅だった家の裏庭で開かれた独立記念日のバーベキューに連れて行ってもらったことを覚えている。僕が言葉にできない苦悩を抱えているのを察して、助けになろうとしたのだと思う。彼女の友人であり、僕が崇拝していたミュージシャン、カレン・Oの向かいに座った。彼女の『Show Your Bones』は、当時の僕が聴いていた音楽を代表するようなアルバムだ。しかし、食事も飲酒もストレスで、バーベキューでは視線をあちこち飛び回らせながら頭の中はカロリー計算でいっぱいだった。

この頃、なんとなく付き合っていた男性がいた。ディナーに出かけても、僕はいつもぼんやりとメニューを見つめていた。何も食べたくなかった。列車内のレストランに入ったときにはメニューにパスタしかなかったので、何も注文せず店を出て彼に家まで送ってもらった。

「もう色々割り切れたよ」そう言い残して彼は車で去っていった。

「僕、ゲイだと思う」一度、セックス中にそう言った。心を閉ざして、行為に集中せず、演技すらせずに。

「違うよ」と彼は答えて腰を動かし続けた。

僕はほとんど食べず、睡眠もほとんど取らず、撮影現場でもまともな精神状態ではなかった。強迫的にタバコを吸った。煙と一緒に思考を全部吐き出してしまいたかった。あるいはカート・ヴォネガットの言葉どおり、「多くのアメリカ人がタバコを大量に吸う主な理由について、公共の保健機関は決して触れようとしないが、それは喫煙が確実にかつ威厳を損なわずに死ねる方法だからだ」。

撮影はどんどんつらくなった。特に恐ろしいシーンを撮った後にはキーナーの家に泊まらせてもらうこともあった。彼女の家では大切にされていると感じられた。よく一緒に焚き火台のそばに座ってテキーラを飲んだ。音楽を大音量で流してひたすら踊れば、まだまだ未知の冒険が待っているのだと思えた。僕たちは、彼女が僕を殺す映画を撮るために出会った。現実世界では、彼女こそが僕にとって唯一の救いだった。

あの映画を撮り終える頃には、僕の体重はかなり減っていた。まだときどき暮らしていたハリファックスに戻ってからもどんどん減り続け、ついには38キロまで落ちた。腕はあまりにもガリガリで、テイクアウト用コーヒーカップのカップスリーブに手を入れれば肘を越えて肩まで通った。どんどん衰えていった。その年のハロウィンにはカップスリーブの仮装をし、外側に「やけどに注意」と黒の太いマーカーで書いた。

どんな言葉をかけられても、心配そうな顔をされても、バターたっぷりのお菓子を勧められても、僕の目には入らなかった。見ることを拒絶していた。あそこまで自分の体を痛めつけるのは、助けを求める叫びだったのだろう。それなのに、いざ助けが来れば強い憤りを感じた。どうして今さら？　と。なんとも理不尽な問いかけだ。自分を悩ませているものについて、誰にも話したことはなかったくせに。

実家に帰ったとき、母の顔には全面にパニックが浮き出た。その目に浮かぶ心配に心を締めつけられた。それまでに見たことのないようなつらい表情、それをさせているのは自分だ。僕の体型はもはや異常で、一目でやつれ方がわかるほど低体重だった。こけた頬が自分でも怖かった。

母を安心させたい、守りたいという気持ちが、食への向き合い方を変えた。食べたい、そう思った。食べなきゃ。母にこんな思いをさせたくない。

そうしてやっと食べる気になったのに、食べられなかった。サンドイッチを一口食べようと準備する。豪華な具ではない、シンプルなものだ。でも、喉が締まり、うなじに汗がにじみ、奥底から湧き上がる恐怖で胸がいっぱいになった。あっという間にパニック発作に陥り、飲み込めなかった。食を常にコントロールすることに執着するあまり、コントロールする力をまるで失ってしまっていた。きつく締め上げられすぎた僕の体は、当然ながら、もう限界だった。

入らない。入らない。入らない。

毎日は食べ物を口にする予定の瞬間を中心に回っていた。隠しようもなかった。僕の顔はまるで屍のようで、体は骨と皮だった。ストレスから逃れられず、不安がいつもつきまとった。そして、シルヴィアを振り払えないでいた。いつも彼女のことが頭から離れなかった。あんなに引きずる役は他になかった。地下室のフラッシュバック。飢え。自分の嘔吐物を食べさせられる経験。むなしい悲鳴。

「いつものブロッコリーにチーズソースをかけてみてはどうですか?」セラピストが悪気なく提案した。

セラピストのオフィスはダルハウジー大学のキャンパス近くにあった。白い部屋で、額に入った資格証明書が飾られている。セラピストは眼鏡をかけていて、髪はウェーブのかかった明るい色のロングヘア。顔にはほほえみが常に張りついていた。

「ナッツをおやつとして持ち歩くのもいいですよ」

彼女との会話の中心は、僕が朝食にいつ何を食べるべきか、間食にいつ何を食べるべきか、夕食の皿に何を盛るべきかについてだった。運動は禁止で、腕立て伏せも何もしないようにと言われた。とにかく食事のことだけ。僕にとってそれは食事以上のことだったけれど。

ハリファックスの数少ない友人も避けるようになった。恥ずかしかった。「女優」として地元を離れ、また舞い戻ってくる。そんなありきたりなパターンだ。社交不安はすでに生活のすべてに広がっていて、心の健康が蝕まれるにつれて孤立感が強まり、友人にメッセージを一言送ることさえ無理だった。計画を立てるということ自体が不可能だった。

孤独はいつも僕にとって欠かせないもので、周囲と本質的かつ根本的に断絶、解離する手段だった。自分という存在から遠ざかって、きっと周りの人たちは自分に消えてほしいのだ、幻想としての自分しか求められていないのだと思った。

しばらくは仕事ができなかった。セラピストも両親も休養を勧めた。とにかく演技は一番やりたくないことだった。このときの自分はあまりにも脆く不安定で、大きな音がするだけで体が跳ねていた。肩にそっと触れられるだけで身がすくんだ。しかしやがて、世間から離れている、一人でいるということが初めて耐えられなくなった。それまでは一人になりたくてたまらなかったのに、いまや手の届くものすべてに縋った。かすかにでも感じ取れる優しさすべてに。

基本的にはセラピストが決めた食事スケジュールに従った。食事時のストレスは消えず、自分の状況がいかに危険なものになってしまったかを思い知れば知るほど不安が増大した。うわべの心配はやめてほしかった。「話」や詮索はうんざりだった。そして、どうしてもやりたい役に出合った。妊娠したティーンエイジャーの役だ。僕はその映画『ジュノ』に集中し、自分が抱える問題の核心から目を逸らそうとした。

それまでの生活の中に間食などはありえず、寝る前に何かを食べるなど考えられなかったが、無理やり食べた。体重は増え始めた。ブルーベリーとアボカドとプロテインパウダー入りのスムージーを飲むとガスが出やすくなった。間食を取り入れ、以前のように食べ物を噛んで飲み込んで消化できるよう体を少しずつ訓練した。冷静でいられるように、酒を入れなくても行動できるように。理想的ではなかったが、少なくとも体重はいくらか戻っていった。

『ジュノ』の最終選考であるスクリーンテストの会場はロサンゼルスだった。自分が何かに向いていないときは誰よりも先にそれがわかるが、今回はレアケースで、台本の5ページ目に行き着く頃にはもはやこの役をやらないなんて考えられなかった。ディアブロ・コーディが書いた脚本をハリファックスの自室の床に座って読んだ。彼女のウィットに富んだ表現はまっすぐでリアルで、言語の新たな可能性を切り開いていた。演じる側としても見る側としても、こんなキャラクターをずっと求めていた。これならできる。

まだ痩せすぎてはいたがだいぶ体重の戻った僕は、母と一緒にロサンゼルスに飛んだ。一度は16歳という若さで家を出て自立したのに、いまや移動するのに母親についてきてもらう子供に戻ってしまった。一人で行動するのは危険すぎるし、リスクは取らせられないと考えたセラピストの善意の提案だったが、最高の判断ではなかったと思う。自分がクィアであることを僕が確信していくにつれ、母の否定も大きくなっていた。

教師になる前、母はエア・カナダで働いていた。客室乗務員ではなく、地上職で。母は昔からずっと飛行機に乗るのをとても怖がる。離陸するときは目を閉じて体を固くする。乱気流で揺れれば、心臓が飛び跳ねて体中を震わせる。そんなとき僕は、大丈夫、すぐ収まるからと声をかける。母が怖がっているのを見ると、母の苦しみが透けて見えると、胸がぎゅっと締めつけられる。彼女の人生にはそういう瞬間がたくさんあったから。

飛行機が巡航高度に達した。僕も不安でそわそわする。いったん飛行機に乗れば座っているしかなく、座席に押しつけた体には逃げ場がない。オーディションの台本をひたすら読み返した。頭の中で会話を反復し、何度も文字にして書き出した。こうすると覚えやすいのだ。母はようやく落ち着き、映画に集中していた。

ハリファックスからトロントに飛び、そこからロサンゼルスに向かう便ではマイケル・セラと彼の父親に会った。最終審査では台本のうち30ページを読むことになっていて、ほとんどがマイケルと一緒のシーンだった。それまで経験した中で最も長丁場のオーディションだ。それでも、ドラマ『アレステッド・ディベロップメント』を一気見したばかりの僕は、そこに出演するマイケルの独創的ながら土台のしっかりしたユーモアと素直な感情表現に興奮していた。互いに機内の真ん中くらいの席で、マイケルと父親は通路の反対側に座っていた。挨拶を交わした彼は、静かだけれど優しさがにじみ出ていた。

離陸後、マイケルはすぐに食事用トレイを下ろし、組んだ腕に頭を載せて眠った。機体が着陸の準備を始めるまでずっとそのままだった。僕はそれを感嘆と困惑の念と共に見ていた。どうしてあんなにリラックスできるんだろう？　座席の背もたれを押してさらに倒すと、母の膝が不安げに上下するのが見えた。

最終審査の前からすでにこの役は僕に決定していると暗に伝えられていたが、合格の連絡をもらったときは興奮で胸がはち切れそうだった。喜びで心を満たしてくれるキャラクターに出会うことは少ない。そんな夢のような役に選ばれたのだ。

当初はスクリーンテストの2、3か月後に映画の撮影が始まる予定だったが、結局開始は延びた。僕にとっては回復する時間が長く取れたので好都合だった。まだ自分の中で制限はしていたが、食事との付き合い方は以前よりずっと良くなり、仕事も助けになった。撮影現場にいると癒された。前のように家に帰っても拷問シーンのフラッシュバックがつきまとうことはなかったし、体にエネルギーを補給することを心がけた。全快とまでは言えないが、本当に良くなった。以前は何にも意味を見出せなかったけれど、意味のあることに集中できるようになった。それまではうつですっかり干からびてしまっていたのだ。

心地いいと思える仕事だった。自分の体の外で演技をして、終わってから自分自身へ這い戻ろうとするのではなく、地に足を着けて取りかかることのできる役だった。普段なら役のための髪型、衣装、メイクはまるで悪夢だった。しかし皮肉なことに、妊娠したティーンエイジャーを演じたこのとき、初めて撮影現場でほんの少しの自主性を感じられた。膨らんだ偽のお腹をつけていたが、女性化される感覚はなかった。僕にとって『ジュノ』は、二元論を超えた可能性の象徴だった。

バンクーバーでの撮影中はサットン・プレイス（業界ではときに「スラットン・プレイス」とも呼ばれる）に滞在した。バンクーバーのダウンタウンに建つ広く古めかしい内装のそのホテルには長期滞在用の部屋があり、俳優が泊まることも多い。

母と僕は寝室二つのスイートルームに泊まった。１９５４年にニューブランズウィック州セントジョンで聖公会の牧師の娘として生まれた母がいるからこそ、初めて合意の上で性的関係になった女性と出会ったときは少し面倒だった。

オリヴィア・サールビーを見た瞬間、思わずはっと意識を奪われた。存在感があって大胆で、茶色の長い髪がスローモーションのようになびいていた。僕と同い年なのに彼女はずっと大人びていて、有能で芯の通った人だと思った。性にもオープンで、当時の僕とはまるでかけ離れていた。それでも相性の良さは明らかで、その感覚に引き込まれた。オリヴィア相手だと情けないほど尻込みしてしまった。彼女の方がずっと経験豊富だった。僕はいつも心を閉ざしていて、何かを受け入れることは珍しかった。でも彼女といると居心地がよくて、自分の殻を破り始めた。僕たちはすぐに仲良くなり、たくさんの時間を一緒に過ごした。

僕たちは彼女のホテルの部屋で立っていた。バックミュージックはビリー・ホリデイ。彼女は昼食を作り始めようとしていたが、ふいにこっちをまっすぐ見て単刀直入にこう言った。

「私、あなたにすごく惹かれてる」

「あ、うん、僕も君にすごく惹かれてるよ」

その瞬間、僕たちは激しくキスを始めた。それが始まりだった。

僕はオリヴィアのすべてを欲した。それまで抱いたことのない、希望に満ちた欲望だった。誰かにイかされるのはほとんど初めてで、そのときに心を開くのはまったく初めてだった。やがて僕たちはいつでもセックスをする関係になった。彼女のホテルの部屋、職場のトレーラーの中、あるときはレストランの小さな個室で。何を考えていたのだろう。バレやしないと思っていた。オリビアと親密になることで僕の羞恥心は消えていった。彼女の目には羞恥心など微塵も見えず、それが羨ましかった。自分を惨めに思うのをやめたかった。

母が疑いを抱いていたかどうかはわからない。おそらく、ただのあっという間に仲良くなった友人だと思っていただろう。事実ではある。それでも、オリヴィアの存在はなるべく隠していた。彼女が僕の部屋に来たのは確か1回だけだ。

ときどきマイケルの部屋にも遊びに行き、一度ジョナ・ヒルも来た。二人の出演する『スーパーバッド 童貞ウォーズ』は撮影が終わって公開を控えている時期だった。部屋にはマリファナとジン。マイケルは格好いい小さなキーボードを取り出してジョナと一緒にいじっていた。マイケルは撮影がないときはよく音楽を作っていて、とにかくいつも完璧でムカつくほどクールだった。みんなでマリファナをして、バンクーバーをうろついた。歩いて辿り着いたスタンレーパークは、とんでもなく巨大な緑のオアシスだった。思わず跪きたくなる、巨人のような木々。ベイマツやベイスギなど、中には高さ75メートルに及ぶものもあった。そんな瞬間のすべてが、僕にとってまったく新しい冒険だった。

『ジュノ』の制作に関わることで僕は活力をもらい、刺激を受け、強くなった。僕たちはカーリングのリンクで（とてもカナダらしい打ち上げ会場だ）互いに別れを惜しんだ。帰るときは胸が苦しかった。トロントで飛行機を乗り換え、ハリファックスに戻る便に乗る。モルディ・ピーチズの曲を聴きながら、飛行機が雲を抜けて降下する。窓の外を見つめると、眼下には木々と湖と川しかない。

あのインディー映画はどうなるだろう？　そうぼんやり考えていると飛行機が滑走路に着陸し、突然の揺れに思わず体が跳ねた。

11 ただの冗談 ONLY KIDDING

11歳のときから28歳でゲイであることをカミングアウトした数か月後まで、嘔吐したことは一度もなかった。7月4日、ブルックリンの友人宅で開かれたパーティーで、花火を見るために屋上に上った。バン、バン、バン！　空を見上げると川の向こうで黒い背景に色が弾け、月がおかしな人間たちと人工物を不思議そうに見下ろしていた。そのとき、頭がくらくらして耳鳴りがし始めた。

まさか、吐くのか？　と思った。記録がついにここで止まるのか、『となりのサインフェルド』のクッキーのエピソードみたいに？

メスカル酒とデザートが口から飛び出し、胸にぼたぼたと落ちた。

それまでは吐けないことがとてもつらかった。11歳は、体が僕の同意なしに少年から少女へ変わっていくのを感じた年齢だった。大人になっても、性別不合があの鬱陶しい歌、いつの間にか歌詞を覚えてしまっていたあるヒット曲を頭の中で歌うたび、「10歳の少年になりたい」としょっちゅう言っていた。自身で経験したことのない人に性別不合を説明するのは難しい。それは頭の奥に響くひどい声だ。みんなも聞いていると思いきや、実際はそうではなかった。

自分が自分の肉体の中に存在していると感じられたのは11歳までだ。その後、心は居場所を失って頭上を漂い、体へ戻りたいと必死に願った。それはある種の出発であり、偽装という殻の中にアイデンティティを閉じ込める人生の始まりだった。多くを知りすぎたその男に、証人保護がついたのだ。

その殻を少しずつ破り、繊細な層にひびを入れて再構築を試みたが、結局はすべて粉々にしてしまった。あのヒットソングは20年以上頭の中でループし続けた。今はもうめったに聞こえることはなく、シャッフルで音楽を流しているときにたまに耳に入ってきて驚くくらいだ。歌詞はほとんど忘れた。本当によかった。

吐けないからといって、具合が悪くならなかったわけではない。14歳のときには、ノバスコシア州サッカー大会の練習日の前日にひどい食あたりをした。父の家でトイレに駆け込んだ。朦朧としながら、壁に掛けられた飾り用の小さなハンドタオルに頭をもたれさせた。意識が現実からトイレへと吸い込まれて流されてしまいそうだった。その頃は大腸菌検出による食品の大量回収がニュースになっていて、自分も何か食べてしまったのだろうかと思った。

やがて排泄が止まったので、カウンターに手をついてなんとか立ち上がった。一歩、二歩。鏡に映ったのは、空っぽで青白い、かろうじて人間であるかのような見慣れない顔だった。視界がぼやける。頭がくらくらし、トイレを出て電気を消すと世界が横に回転し、目の前が真っ暗になって……ドサッ！　僕は意識を失って思いきり床に倒れ、顎が衝撃の大部分を受け止めて脳が揺さぶられた。デニスとリンダの部屋からほんの1メートルの場所だった。父に助けは求めなかった。二人の眠りを妨げたとか、食べるべきじゃないものを食べたとかで叱られたくなかったからだ。

ガンガンと響く頭で自分の部屋に這い戻り、ベッドによじ登ろうとしていたとき、リンダが部屋に来た。床に倒れたときの音を聞いたのだろう。父はいなかった。

「何してんの？」とリンダは冷たく笑った。それから冷やした布とバケツを持ってきてもらい、僕は返事代わりに軽く吐いた。

翌朝、母はサッカーの練習には行きなさいと言った。あの地方チームに所属していると、すべての練習が選抜テストだった。チームはノバスコシア州で最高の選手を集めていたので、いつメンバーから外されてもおかしくなかった。参加することが重要で、サッカーは何よりも優先された。加えて母は、僕が女子たちと一緒に走る姿を見て安心していたのかもしれない。

僕の背番号は16だった。好きな数字だった。好きだと感じた理由は大人になってから初めて気づいたが、それは毎月の後半を過ごす母の家に帰る日だった。最初のうちは、リンダの家に行って任天堂のゲームをしたり義理の兄と遊ぶのは基本的に楽しかった。しかし一緒に住むとなると話は別で、リンダは僕に対する嫌悪感を募らせているようだった。夫が最初の結婚から連れてきたお荷物が鬱陶しかったのだ。それでもリンダは好き勝手できた。僕は大人になるまでリンダにされた仕打ちを父に話したことはなかったし、一度たりとも彼女に歯向かったことはなかった。仕方のない報いだと感じていたのだろう、自分がこんな目に遭うのは当然なのだと。父も知っていたけれど、何もしなかった。

「リンダとの喧嘩の90％はお前のことだった」と父は何年も経ってから言った。僕の知らないところでちゃんと僕を守っていたと主張して。

多分、僕を嫌悪していたのはリンダだけじゃなかったのだろう。きっと父もそうだった。結婚を望んでいたわけでもない、別れようとしていた相手との間に子供ができてしまったことにいら立ち、常に神経を張りつめさせていた。

あの家で育つのが嫌だった。大人になってからも、あの家に戻らなければいけない機会があると不安が山火事のように胸に燃え広がった。父の山小屋で大きな石がたき火を囲むように、強固な何かで火の拡大を食い止めようとした。しかし体は言うことをきかず、エネルギーが暴走した。速まる脈を過剰なまでに抑え込み、必死で明るく振る舞って、不安を隠していることを隠し、常に気を遣いながら楽しんでいるふりをした。

実家に足を踏み入れてあの匂いに包まれると吐き気がした。靴を脱ぎ、2階に向かって大きな声で「ハイ!」と呼びかけるが、そのまま後ろを向いて出て行きたかった。吐き気の理由がわかるほど長居したくなかった。

あの家族はいつもみんなで僕をからかった。リンダには「スキッドマーク(=下着の汚れ跡)」というあだ名をつけられた。あるとき、1980年代前半に父の父親がセーブル川沿いに建てた小屋にみんなで泊まった。森の入り口から1キロ近く入ったところ、小さく開けた場所に建つ小屋だ。外便所を除けば、他に建造物は何も見えない。水道も電気もなく、細い黄色のロープをつけた銀色のバケツで井戸から水を汲むと、バケツが井戸の壁に当たる音が下から大きく響いた。

小屋の近くにはビーバーの一家がいて、泥と木の枝で作った見事なロッジに住んでいた。古くから流れる曲がりくねった川は広大な草原を抜け、やがてまっすぐな細い川へと姿を変える。森で水の流れは速くなり、ビーバー一家がこしらえたダムを小さな急流が勢いよく通過する。森で遊んでいると、ビーバーの歯がイエローバーチの木をかじった痕をよく見つけた。

一度だけ、ビーバーが水から完全に上がった姿を見た。「泳ぐ岩」と名付けた岩の上に兄と姉と一緒に座り、ビーバーが岸に上がってくる様子を川の対岸から眺めた。想像していたより長さも太さもある胴体を、短い後ろ足とババドックの手のような水かきのある幅広の前足が支えていた。体重30キロ、体長約1．2メートルに達することもあるビーバーは、北米大陸最大のげっ歯類だ。そのサイズとなれば当時の僕よりも大きい。

子供時代はずっとビーバーを観察していた。夕暮れ時になると、その体が川の中にすっと現れる。大きくて力強い、平らな尾が水を叩く。響き渡るエネルギー。自分の居場所を主張する行動だ。イングリッシュ・ブレックファスト・ティーのような黄色味がかったダークブラウンの川を泳いで……バン！　と突然音を立てる。僕はパニック状態で、脚をへし折られるかもしれないと怯えながら岸まで犬かきをした。ノミのように強い歯が僕の大腿骨をとらえ、カバノキのように砕いてしまうかもしれない。ビーバーは幅2メートルを超える木でも5分でかみ切れるのだから。

小屋は小さな2階建てで、すべて木造だった。キッチンにはクロム仕上げの小さなテーブルが一つあった。小屋の真ん中、キッチンと小さいソファの間には薪ストーブがあり、草原に面した窓の前には椅子が二つ置かれていた。僕はよくソファに膝立ちして窓辺に肘をつき、草原を軽やかに走る鹿たちを眺めた。そして一度だけ、はるか遠くに……

「熊だ！」デニスとリンダが2階の小さなバルコニーから叫んだ。

スコットとアシュリーと一緒に窓に駆け寄ると、確かに熊がいた。しかし熊は踊るように跳ねながら逃げて行った。僕たち人間の方が恐ろしい存在なのだと改めてわかった。

みんなでリビングルームでくつろいでいるとき、リンダはよく僕の失態や恥ずかしい行動を目ざとく見つけてはみんなの前で発表した。まるでキャンバスに描き出して見せるみたいに、のちに僕たちに贈っていた自作の抽象画のように。

「スキッドマーク」とリンダが言うたび、みんなが笑った。いじめっ子集団さながらに、全員で僕をその名で呼んだ。由来は明らか、下着についた排泄物の汚れだ。僕は会話に加わらず、黙って言わせておいた。

珍しくその場から離れて静かに折りたたみ式はしごを登ったときのことはよく覚えている。潤滑スプレーが必要な蝶番の突き刺すような音は、まるで全部僕のせいであるかのようで、いっそう惨めな気持ちになった。みんなの笑い声が耳の中いっぱいに響き、僕はさらに肩を落とした。

自分のソファベッドに横になった。寝袋にもぐりこみ、斜めの屋根と床との境界線に顔を向ける。目を閉じて、みんなに聞こえないように小さな声で泣いた。義理の兄と姉がこんな扱いを受けるのを見たことはなかった。家族全員から目をつけられてからかわれて、恥ずかしさのあまり幼い体で立ち上がって部屋を出て行くなんて。小さな心の中は傷のオンパレードだ。

はしごがガタガタと音を立てて軋み、父がやってきてそばの床に座った。身がすくみ、背中に手を置かれると心が奥の方へ引っ込んだ。

「みんなふざけてるだけさ」と小さな声で父は言い、僕の背中を撫でた。「ただの冗談だよ」

父はごめんとは言わなかった。たったの一度も。みんなにやめろとも言わない。「大丈夫？」

と聞いてくることも決してない。

「わかってる」と、僕は鼻をすするのを隠しながら笑っているような声を出した。

成長するにつれ、苦しいときや何かに恐れているとき、普段演じている「幸せな」自分から
逸脱したネガティブで不安定な感情があるときは、父とリンダのところに行きたくなくなった。

いつもそんな感情を押し込めていた。息を止めれば感情は腹の中へと浸み出ていき、そこに
落ち着いてくれる。


1990年代後半、僕はレガッタ・ポイント周辺をローラーブレードで走るのが好きだった。

「ローラーブレードをするとき、一番難しいことは？」

「両親に自分がゲイだと言うことだね」

この有名ジョークが大好きなのはよくないことだろうか？

私道から出て左に曲がり、スピネーカー通りを下る。膝をバウンドさせながら公園と平行に
走っていると、カーカーというカラスの鳴き声にカモメのコーラスが加わってセレナーデのよ

うだった。ゆらゆらと停泊するボートが鳴らす鐘の音はまるでチャイム楽器だ。

右側の爆発事故記念碑を通り過ぎると、錨がいつもそこで待っていた。アンカー通りを曲がって左手のタウンハウスを過ぎ、ブロックを一周してスピネーカー通りに戻る。スピード、空想、屋外のプライベート遊びを楽しんだ。敵から逃げるスパイ。愛する人のもとへと疾走する少年。金メダルを狙うオリンピック選手。

スピネーカー通りは平坦な道から始まり、カーブして下り坂になる。スリリングだが怖すぎるわけではないその坂を下るのが好きだった。しかしある日、何かにつまずいたのか、車輪に小石が挟まったのかして、体が宙を舞った。曲がることも止まることもできず、思いきり歩道の縁石に突っ込んだ。地面に叩きつけられたとき、片脚が逆側にねじれた。引き延ばされるような、裂けるような、形容しがたい痛み。股間から痛みが広がった。開いた口からはそれまで聞いたことのない音が奥底から体を突き破るようにして漏れ出た。声帯の下のどこかから、洞窟で響くような、獣の声のような。

僕はショック状態だった。体の自然な防御反応だ。立ち上がろうとしたが無理だった。そこは静かな住宅街で、外には誰もいなかった。立とうとすると焼けるような痛みが両脚を襲い、僕は再びしゃがみ込んだ。むき出しの膝をコンクリートに引きずりながら、ゆっくりと這って家へ向かった。

ようやく家に着き、私道を通って玄関に辿り着いた。家にはリンダしかいなかった。恐怖が腹の中で渦巻いた。こういうときに彼女の助けを求めたくなかった。

なんとかローラーブレードを脱いた。無言のまま、体は冷たく空っぽな感覚だった。姿を見られるのも物音を聞かれるのも嫌だったので、こっそりと2階に向かった。2階に着き、3階に向かうため方向転換した。リンダはキッチンで食事の準備をしていた。僕も彼女も何も言わない。自分の部屋に入ってドアを閉めると、ズボンが濡れていることに気づいた。股間はびしょ濡れだ。ズボンを下ろすと下着は真っ赤に染まっていて、布は血でぐしょぐしょだった。パニックになりながら震える手で慎重に下着を脱ぐと、血のこすれた跡が太ももについた。白いパンツはもはや暗い色のビロード下着のようだった。

呼吸は短く、息を吸って吐くだけで精一杯だった。洗面所に行って体を拭いた。真っ赤な下着を置いて、キッチンへ降りた。

「リンダ?」

少しの間が空く。

「何?」僕に対するいつもの苛立った口調でリンダが返す。

魂の抜けた体から勝手に言葉が出てきた。「ローラーブレードで転んで、下着に血がついてる」とあくまでシンプルに言った。

リンダは肩をすくめた。僕の喉はフリーズし、叱られるのが怖くてそれ以上言葉を出すことができなかった。催眠術にかかったように3階へ戻った。しかし、血まみれの下着を見ていると、やはりどうでもいいことではないと思った。リンダに見せるために下着を持って戻った。リンダはキッチンのアイランドとオーブンの間に立っていた。両手で下着を掲げる。それを見たときの彼女の顔はまだ思い出せる。血に濡れた子供用下着のグロテスクさに思わず目を見開いていた。

彼女はすぐに動き出し、幸いすでに帰宅途中だった父に電話をかけた。三人で車に乗り込み、近くのクリニックに向かった。後部座席に座る僕の前では、慌てた様子の二人が小声で何か話し合い、たまにこっちを振り返っては前に視線を戻していた。

茶色いロングヘアの医師が優しく迎えてくれて、冷静にかつてきぱきと動いていた。僕はまるで夢を見ているように朦朧とし、今にも気が遠くなりそうだった。医師と二人きりになり、上半身は服を着たまま下半身の服をすべて脱いで診察台に横たわった。医師は手袋をはめた手を動かしながら僕に話しかけ、次に何をするかを逐一教えてくれた。僕は天井の照明を見つめ、焦点の合わない目でたまに医師の方を見た。膣の中に指を入れられ、歯を食いしばって息を止める。医師は何が起こったのか詳しく説明してくれたが、覚えているのは「何かが裂けた」ということと、裂けた何かが自分の中にあるという冷ややかな実感だけだ。幸い、裂け目は縫わなくても溶けるテープで修復できる程度の小さなものだった。治療を終え、僕は呆然とした状態でデニスとリンダのもとに戻された。

その後何年も経ってから、あの件のせいで自分の膣はどこかおかしくなったかもしれないと心配になった。初めてそう思ったのは16歳、ケネスという素敵な男の子と付き合っていたときだった。彼とはハリファックスのクイーン・エリザベス高校でお互い10年生のときに出会った。

ケネスはギターが弾けて、バンドを組んでいた。彼のバンドはよく「パビリオン」で演奏していた。パビリオンはコモン都市公園にある音楽ホールで、パンクライブを中心に全年齢対象のショーがよく開催されていた。観客がモッシュで体をぶつけ合うその場は、思春期のフェロモンであふれかえっていた。ケネスの家は学校から歩いて15分ほどのところにあった。彼のバンドはその地下室でよく練習をし、ドラム担当は弟のスカイラーだった。僕にとっては音がうるさすぎたが、必死で格好つけていた僕は平気そうに振舞った。

ケネスは優しくて繊細でキュートだった。高い頬骨とキラキラした目が特徴の個性的な顔をしていて、ダークブラウンの髪は細く柔らかかった。僕はたいてい彼の家にいた。彼の母親のことはとても好きだったが、家にいないことが多く、いるときも僕たちが何をしているか気にしていないようだった。優しい人で、ただの10代の子供としてでなく一人の人間として話してくれた。10代の経験の完全性を、大人はすぐに忘れてしまうものだ。

僕たちはよく2階でいちゃつき合っていた。彼と触れ合うのはそんなに好きでもなかったけれど、嫌でもなかった。キスはまあまあ。ドライハンプ［服を着たまま性器をこすり合わせる行為］も悪くない。僕はイくふりをした。ベッドでのケネスは素敵だったし、きっと今も誰かの献身的で寛大な恋人であることは確かだ。でも、いざセックスをしようとすると、彼のペニスは入らなかった。「濡れる」ということが起きなかったから。何度も試してはやめるを繰り返し、やがて試すのをやめた。彼のような優しい人が相手でよかった。他の人とだったら違う結末になっていたかもしれない。

　ローラーブレード事故のときに自分の膣に何かが起こり、何も中に入れられなくなってしまったのだと思った。みんなは「やる」とか「バージン」とか「イく」とか話していたけど、僕には理解できなかった。みんなもふりをしているのか？　と思った。

　僕は男性とのセックスを避け、一方で心の底の片思いは抑圧した。単純に男性とのセックスに興味がなかったこと、単純にやりたくないのだということを当時の僕の頭は理解できなかった。まったく普通の感情であり反応だったのに。

　初めて婦人科の診察室に入って事情を説明すると、医師はまず子宮頸部細胞診をするのがベストだと考えた。医師の脇には研修医が立ち、動きを真似ながら措置を観察していた。上げられ大きく開かれた脚の間で、冷たい金属製の検鏡が中をこじ開けて膣内部を引き離した。火花が骨盤から内臓へと走り、恐怖と爽快感が入り混じった感覚が駆けめぐった。痛みではなく、その感覚を初めて経験する体にとっての不快感だった。中を探られる新奇な感触に体がむずむずした。身をくねらせては固まらせてを繰り返した。

医師は僕の膣に何もおかしいところはないと言った。異常なし。当時、その結果は歯がゆかった。もう体のせいにはできなくなるから。起き上がって膣をしまい、セックスを充分に経験すれば、これは楽しいんだと自分を納得させられるかもしれない、と思った。

初めての婦人科検査が終わろうとするとき、研修医がこっちを見た。

「『ハードキャンディ』の演技、すごく好きです」と彼女は言った。

苦い表情をしないようになんとか笑顔を作り、礼と別れを言って診察室を出た。

12 ローラーダービー ROLLER DERBY

２００８年、『ジュノ』の出演者として初めてアカデミー賞授賞式に出席したとき、ようやくここまで来たと感じた。受賞を狙えるということではなく、受賞式前の数か月にわたる宣伝活動がやっと終わるのだと。数々のパーティーに出席し、笑顔でインタビューを受け、身振り手振りも話し方も変えて選ばれた役を演じる日々が終わる。もうすべて終わりにしたかった。この映画に関してだけでなく、役者という仕事ごと。

受賞シーズンが終わったらイギリスで映画を撮ることになっていた。有名な本を原作にした映画で、僕は誰もが羨むはずの主役に選ばれた。このプロジェクトが話題に上がるたびにエージェントは大チャンスだと興奮気味に言い、最新情報や他の出演者候補について知らせてきた。僕は19世紀半ばの女性の衣装を着た自分を想像した。ドレス、靴、髪型のイメージが目の前に浮かんだ。賞レースのために仮面をかぶり続けた後の僕には、もう抱えきれなかった。この役を引き受けたら自殺したくなるだろうと思った。

衣装のせいで役を受けられないと代理人たちに説明するのは簡単ではなかった。顔がこわばって片側に歪んだ。俳優のくせに。映画の衣装合わせではいつも心がかき乱され、内臓を爪で切り裂かれる思いだった。写真撮影やプレミアのためのフィッティングでも、気分は急降下して憂鬱の渦を深く落ちていき、不安感がざわめいた。身もだえするような苦しみはうまく言葉にできず、ほんのわずかをようやく伝えても、なだめるような口調で僕を操ろうとする人が増えるだけだった。あるいは、あれは哀れみの口調だったのだろうか。

服は太ももや胸に食い込み、90年代に流行ったリストバンドのように素早く体にまとわりついた。僕が女性らしい服を着ているのを見て、まるで奇跡的な偉業を成し遂げたかのように周りの人たちが目を輝かせる様子が不快だった。カンヌで『X-MEN: ファイナル ディシジョン』のプレミア上映のためにゴールドのタイトドレスを着たときの彼らの歓喜の表情は一生忘れないだろう。

「すごく綺麗だから」

「とにかく堂々として」

違う自分を演じる私生活だけでも息苦しかったのに、スクリーンでも役を演じるのはもう限界だった。いつも追放を恐れて真実を押しのけていたが、心は沈んだまま惨めな仮装に囚われていた。空っぽで目標もない抜け殻。いつものように不満を自分にぶつけ、食べ物に執着し、拳で自分の頭を殴った。まるで頭蓋骨を叩けば、しつこくつきまとう目に見えない力を弾き出せるかのように。

結局、その映画の出演は辞退した。

その代わり、僕はドリュー・バリモアの映画監督デビュー作『ローラーガールズ・ダイアリー』のブリス・キャヴェンダー役に食いついた。映画は、テキサス州の小さな町に住む17歳の少女ブリスがローラーダービーに魅了される物語だ。天才マーシャ・ゲイ・ハーデン演じる母親に言われるまま、ブリスは幼い頃から美人コンテストに出場させられているが、母の期待には沿えず、そんな毎日から抜け出したいと夢見る。ある日、ブリスは両親に嘘をついてローラーダービーのチームに入る。ダービーの世界は彼女を受け入れ、支え、「ベイブ・ルースレス」というダービーネームを与えられた彼女に、自分らしくあれと励ましをくれる。名優クリステン・ウィグ演じるマギー・メイヘムが言うように、あなた自身のヒーローであれ、と。

僕はブリスに共感した。クィアであることを隠す日々の中に到来した、ローラーダービーを学べるというチャンスの魅力には、ハリウッドのぎらつきに対する嫌悪感も勝てなかった。何か月もカメラの前やメイク用トレーラーにいる必要なく、ダイナミックなスポーツを新たに学べることは生きがいになった。運動は昔から好きだったが、その感覚はだいぶ失ってしまっていた。もう一度昔の運動神経を取り戻したいと思った。

ただし、ローラーダービーを学ぶのはたやすくなかった。コーチにはＮＰＲの有名司会者で「悪の車軸」の異名を持つアレックス・コーエンがついた。彼女は優しく励ましてくれたが、一方で厳しさもかなりのものだった。練習場所は、女子ダービーチーム「ＬＡダービー・ドールズ」がかつて使っていた元工場だった。外壁は白レンガで、転べばその音は洞窟のように広い内部で反響した。カナダ人の義務としてアイススケートは子供の頃からやっていたし、ローラーブレードでも何年か遊んでいたので、その経験が役立てばいいと思った。確かに大部分で役には立った。コースは斜面になっていて、最初は入るのも出るのも一苦労だった。でも、いつかはタックルを受けたりつまずいたり転んだりしながら、斜面を急降下してはターンして上ってができるようになるはずだと想像してわくわくした。これからそんな体験が待っているのだ。

このときはまだポーラと付き合っていて、長期間離れることは考えるだけでつらかった。春にローラーダービーを練習し、夏はずっとミシガンで撮影予定だ。ポーラはノバスコシアに住んでいたので、これほど遠くまで気まぐれに会いに来ることはできなかった。僕の方も、週に5日はフィジカルトレーニングで3日はアレックスとの練習、とロサンゼルスでのスケジュールが詰まっているから、急に帰省することも現実的ではない。長い時間かけて移動して短い期間だけ帰っても、余計に孤独とストレスと悲しみを感じそうだった。

ロサンゼルスの景色にはまだ慣れず、いつまでも行き場のなさを感じていた。『ジュノ』の出演者として活動した数か月間の受賞シーズンに抱えた孤独感が抜けず、その感情の名残がパニックを引き起こすこともあった。もともとはとにかく一人になりたい人間だったのに、一人でいることが怖くなった。屈辱的だった。ここまで頑張ってきたのに、いまだ不完全でうまく機能できない自分がいるのだ。

ポーラと話し合い、僕のトレーニング期間中はロサンゼルスで一緒に暮らすことにした。付き合って1年が経つ僕たちはハリファックスでは同棲していたので、また離れ離れの日を過ごすのは嫌だった。僕のアシスタントとして働けば彼女の収入がなくなることはないので、昼間にトレーニングの場所まで送ってもらい、終わったら迎えに来てもらった。夏の終わりにはポーラはノバスコシアに戻ることにした。当時はパティという名前の茶色と白の毛をしたチワワを二人で飼っていて、僕がトレーニングをしている間にポーラは渋々ながら散歩に連れて行った。パティは芸能界が好きではなく、ポーラと僕以外の誰とも関わりたがらなかった。いつも僕たちの膝の上から離れず、誰かが近づけば唸り声を上げていた。僕たちは可愛がっていたが、過去に何かつらい経験をしたのだろう。ポーラをアシスタントにすれば、二人の関係を誰にも知られず活動を続けられると思った。

秘密にしたまま一緒にいられる。きっとうまくいく。自分にそう言い聞かせた。

ハリウッドの北、101号線近くの丘の上に建つ奇妙な家に僕たちは住み始めた。お互い住んだことのないような家だった。デザインのために安全性を犠牲にした華美な建築。派手でモダンでピカピカの、『Dwell』誌の見開きに載っていそうな住宅だった。まるで、秘密の恋人同士をテーマにしたハリウッド映画だ。ロケーションは完璧、あとはドラマが展開されるだけ。

ダービーのコースでは激しく動き回っていたが、家ではなかなかモチベーションを上げられなかった。本の1段落さえ読み進めるのに苦労した。それまで楽しんでいたことが何一つ刺激にならなかった。自分を偽りながらどうにかやっていったが、心は死んでいた。急に知名度が上がり、どこにいても存在を認識されることに気が滅入った。すごく嫌だった。〝ジュノ〟に会おうと興奮気味に近づいてくる人たちと、穴の中にずっと隠れていたい僕。パパラッチは、ひどく体調を崩したパティを動物病院から連れて帰るときに病院の外にもいた。ときにはスーパーの中にまでついてきた。白いホンダ車に乗った女性がほぼ一日中僕たちの後を追って写真を撮り続けていたこともあった。そんなことがあるたび、僕たちが付き合っていることがわかってしまうだろうか？　という不安がしばらく残った。僕は家から出たがらず、ロサンゼルスに知り合いのいないポーラはいつも僕と一緒にいた。

この地で僕が性的指向を公にしていないことをポーラは強く不満に思っていた。喧嘩のとき僕はつい自分をかばい、彼女がまだ家族にカミングアウトしていないことを持ち出した。大半が僕のせいになるのは不公平だと思った。少なくとも僕は色々とうまくいくように計らって、一緒にいられる方法を探っているのに。ノバスコシアでは、寝室一つのアパートに一緒に住んでいても彼女の両親は僕たちが恋愛関係にあると思っていなかった。彼らと疎遠なわけではなく、僕もしょっちゅう会いに行っていた。ポーラの両親はとてもいい人だったけれど、同性愛嫌悪は強かった。信心深い人たちだったので、特に聖書が関わればそう簡単に考えが変わるものではない。僕の母は確かに知っていたけれど、がっかりはしていたし、その悲しみを生んでいるのは同じ聖なる源だった。でも、やがて母は変わり始めた。彼女の中で古い物語が崩れ、新しい物語のためのスペースが生まれた。僕がゲイであることをカミングアウトしたとき、ポーラはヒューマン・ライツ・キャンペーンのイベントで行なった僕のスピーチを両親に見せた。父親は立ち上がって部屋を出て行き、母親はポーラを見て「あなたはエレンがゲイだって知ってたの?」と尋ねたという。

ロサンゼルスで、僕たちはどっちのせいでカミングアウトできないのかをめぐって喧嘩になった。実際、よりつらい立場にあったのはポーラの方だ。僕は現実から目を背け、なんとかうまくやっていこうと必死だった。家族関係のことはつらかったがどうにかなった。しかしハリウッドというフィールドでの試合はまったく別の話で、いつも変わり続ける不可解なルールに満ちていた。そして、僕の状況は以前とは違った。彼女は前のままだけれど、僕の環境は変わった。嘘をついて隠れるようにと周囲から言われていた。シスジェンダーでストレートの俳優がクィアやトランスの役を演じて絶賛されるのを見ると困惑した。賞にノミネートされ、受賞し、「勇気ある行動だ！」ともてはやされていることに納得いかなかった。

「私が担当する俳優みんなに言っていることだけど、私生活はあくまでプライベートの範囲に収めるように」とマネージャーからたびたび言われたが、彼女が担当する他の俳優たちは配偶者とレッドカーペットを歩いたりインタビューで異性愛者であると話したりしていた。恋人と腕を組んで街を歩く姿をパパラッチに撮られるのはごく普通のことで、むしろ知名度アップのために奨励されてさえいた。一方の僕には、もっと女性らしく見せるようにというプレッシャーがいつもあった。イベントにはドレスを着て、ハイヒールを履いて、カジュアルな格好をしないよう言われた。これは、僕のキャリアを後押しするマネージャーの計らいだった。心の中ではちゃんと僕を気遣い、芸能界の一員へと変われるよう指導し、僕があらゆるチャンスを手にできるようにしてくれていた。その役になりきることができず、自分さえ見失っていたのは僕だ。非現実的な空間で一人、立ち尽くしていた。

　ハリウッドは同性愛の利用を踏み台にしている。しまっておくべきときはしまい込み、役に立つときには引っ張り出し、うまく扱えていると自画自賛する。ハリウッドは道を切り開いたりしない。世間の状況を見て反応し、はるか後ろをゆっくりとついてくるだけ。たくさんの秘密が埋まっているクィアの世界の深さ、そこに与える影響に関心などない。僕はクィアであることを罰せられたが、嬉々として大っぴらに他者を食い物にする人たちは守られ祝福されていた。

「この世界は、残酷さがごく普通のありふれたものに見えるように、そしてそれを覆そうとする願いが奇妙なものに見えるようにねじ曲げられている」と、サラ・シュルマンは傑作『Ties That Bind: Familial Homophobia and Its Consequences』（未邦訳）の中で述べる。

厄介事ばかりに包囲され、どうすればポーラとの関係がうまくいくのかわからなくなってきていた。

ローラーダービーを学びながらカミングアウトせずにいることには、同性愛とこのスポーツが密接に結びついていることを考えると特別な皮肉がある。それでも、この新たなスキルの習得に身を投じることは、ストレスだらけだった当時の生活に何かを楽しめる余裕を与えてくれた。

ドリューも映画の製作準備の合間にローラーダービーを習っていたので、一緒に楽しむことができた。そこに個性派役者のゾーイ・ベルも加わった。ゾーイはものの5分ほどで習得していた。恐れ知らずの彼女は楽しい雰囲気にあふれ、そのエネルギーはいつも陽気でおおらかだった。一緒にトラックを疾走し、競争し、ぶつかり、笑い合い、転んでは起き上がった。実際、不安を取り除いたのは転倒の経験だった。何度か激しく転んでみれば、パッドが守ってくれるし案外平気なのだとわかるものだ。

それからすぐにジュリエット・ルイス、イヴ、クリステン・ウィグも加わった。みんな懸命に練習した。全員が同じくらい本気で、互いに支え合った。新しいこと、特にダービーのような難しいことを一緒に学ぶ経験を通して、僕たちの絆はすぐに深まった。それが目に見えるほどいい空気を生み出し、作品の中にもはっきりと表れた。本当に素敵なチームだった。あの時間を経験できたことに今も感謝している。

僕たちが充分に上達すると、本物のダービー選手たちが練習に加わり、実際の試合で行なわれる多人数でのぶつかり合いを体験させてくれた。彼女たちとの実戦練習はとても怖かった。初めて本物のプロ選手たちが練習に来たときには、スケート靴の紐を結ぶ手が震えた。トラックを回るだけでも大変なのに、僕の体格の2倍ある女性たちが腰をぶつけてくるなんて。ヘルメットとマウスガードが恐怖心を隠してくれることを願った。始まれば、何かを考えている時間はなかった。タックルをよけてはぶつかり合い、やがて緊張が解ければ爽快感が勝った。選手たちと一緒にプレイすることで僕のスキルは飛躍的に上がった。自分の足を信じられるようになれば、もううつむかずに顔を上げて、その瞬間からゾーンに入れる。思考から本能へとシフトする。当時の自分にとってなじみのあることではなかったけれど、他の人と一緒に恐れに立ち向かうというのはなんと特別な経験だろう。努力が報われ、仲間意識が芽生えるのをその身で感じられる。でも、そんな絆と信頼があっても、ポーラがただの友人やアシスタント以上の存在であることを打ち明けるまでには時間がかかった。その前からすでに明らかだったかもしれないけれど。

撮影のため、僕たちは夏の初めにミシガンに移った。物語の舞台はテキサスだが、撮影は主にミシガン州のデトロイト、アナーバー、イプシランティ、フランケンムースで行なわれ、テキサス州オースティンでは1、2日だけ撮影があった。

さらに多くの役者が加わり、トレーニングは続いた。1日の始まりにはヨガと自重筋トレのクラスが交互に入っていた。雰囲気は和やかで、全員が本気で取り組み、疲れていても笑い合って楽しんだ。しかし、僕はみんなとは根本的に異質だと感じた。高校のサッカーチーム時代を思い出したのかもしれない。体と心が一致しないだけじゃなく、エネルギー的にも場違いな存在だと思った。いつも輪の中へ誘われていたのに、完全にはつながることができず、縁の辺りをうろうろしていた。

一日中スケート靴を履いて撮影する疲れからちょっとおかしくなった頭で、クリステンと僕は撮影の合間に『未確認生物』というタイトルのミュージカルごっこをして遊んだ。元ネタは、ニューヨーク州モントークに漂着した未知の生物に関するオンライン記事だった。それが

「未確認生物」と呼ばれていたのだ。僕たちは滑走しながら、感情たっぷりにドラマチックな身振りをした。疲労で錯乱ぎみのまま、コースをぐるぐる回りながら即興で歌を作った。決めゼリフは、「未確認生物だぞ！！！」という実にシンプルなものだ。両腕を上げてそう叫んだ。飽きることはなかった。少なくとも僕たちは。他のキャストやクルーたちにとっては違ったかもしれないけれど。

いつも連絡を取り合ってきたというわけではないが、人生の大事な瞬間、僕が本当に誰かを必要としているとき、クリステンはいつもそばにいてくれた。彼女はすべてを明るく照らしてくれる。自分の問題を始めて打ち明けたロサンゼルスの仲間は、クリステンと、ブリスの親友パシュを演じるアリア・ショーカットだった。話そうと思っていたわけではなく、勝手に言葉が飛び出した。撮影が終わって何か月も経った後、ハリウッドにあるドリューの家で開かれたパーティーで一緒にいたときだった。

僕たちは立っておしゃべりをしていた。みんな会話に熱中していた。僕は迷子になったような、その空間から切り離されたような気分だった。その頃はほとんど自宅アパートから出ていなかったし、自宅にいても何もできていなかった。よくテレビをつけたままソファに横になっていたが、テレビを見ているわけではなかった。食べ物に執着していた。自分自身の存在を終わりのない重荷であるように感じて、友人に連絡して会う予定を立てるのも怖かった。叫ぼうとしても声が出ない悪夢みたいに、スローモーションで沈んでいった。口を大きく開け、何度も叫ぼうとするが……静寂だけ。そして沈んでいく。

僕はクリステンとアリアを見た。アリアと初めて会ったのは、彼女のオーディションで僕が他の役の台詞を読み合わせたときだ。ドラマ『アレステッド・ディベロプメント』をすべて観ていた僕はすでに彼女の大ファンだったが、実際に目の前にしたらさらに圧倒された。まっすぐで、リスクを恐れず、自然なコミカルさのある彼女は難なくオーディションをこなした。互いの相性のよさはすぐにわかり、自由にふざけ合えた。アリアとは実生活でも親友になった。

「僕は惨めだよ」飛び出た言葉は、まるで自分でない誰かの発言のようだった。パーティーに今やってきたばかりの誰かが背後で言ったかのような。

「えっ？」二人の視線が僕に向いた。

それから僕は話し始めた。自分を痛めつけていて、隠し事がもう限界で、人間関係も崩れ、家から出られない。カミングアウトなんて一生無理だと思っていた。今の僕がこんなふうに生きているなんて、あの頃の僕には考えられなかった。こんな未来が来るなんて当時の僕に伝えたら、ありえないと言って笑うだろう。なぜあの瞬間に感情があふれたのか、はっきりとはわからない。ただ、二人を信頼し、二人が自分を大切にして守ってくれていると感じ、二人なら何も決めつけたりしないとわかっていたのは確かだ。クリステンとアリアは、僕にありのままの自分でいさせてくれる、少なくとも自分らしくあるために手を貸してくれる人たちだった。僕の真実を支え、真実を覆い隠す虚構を取り除く手助けをして、自由を感じさせようとしてくれた。それでも、手を差し伸べられても、僕にはとても時間がかかった。嘘が終わって、また嘘が始まり、自分自身を騙し、抑圧と自傷を正当化した。嘘をつくと報われて、秘密を明かせば罰せられていたから。

「僕との関係を終わりにするか、続けるか、君が決めていい。でも、これが僕の現実で、人生なんだ。カミングアウトすることは一生できない。他に何て言ったらいいかわからないよ」ハンコック・パークのワンルームアパートでポーラにこう言った。本格的にロサンゼルスに引っ越して初めて住んだ場所だ。

このときは本当にそう思っていた。数年後もまだ同じように感じていた。

不安が尽きることはなかった。体重はどんどん減り、パニック発作のせいで家から出られなかった。運転するのが危険だと感じる日も多かった。何に対しても異常にやる気が出ず、あまりにも無欲だった。初めて本当に命を救われたセラピストに出会わせてくれたのはマネージャーだった。

「カミングアウトできるところまで、一緒に進んでいきましょう」新しいセラピストは23歳の僕にそう言った。

「いえ、それは無理です」僕は何も考えずそう答えた。クィアな生き方と同じように、自然と口から出てきた。

ジェンダーの話になったとき、僕は話すことができず、ただ泣いていた。触れるには熱すぎた。ジェンダーにきちんと向き合えるようになるまでには、ここからさらに10年かかった。選択の余地がないほど追い込まれるまで。最後の分かれ道に行き着くまで。

13 バケツ ― BUCKETS

『ローラーガールズ・ダイアリー』の撮影が終わりに近づくにつれ、閉鎖的な生活を終えてポーラと一緒にロサンゼルスに戻ることを考えると心がざわついた。ハリウッドからできるだけ離れたかった。

僕は、今の地球の環境、そして人間が環境に与えた壊滅的影響に対して強い関心があった。ハリウッドの世界にどっぷり浸かるにつれ、仕事のために各地を飛び回るようになり、豪華なホテルでの滞在中では使用済みタオルは浴槽に投げ入れておけば交換してもらえた。

サステナブルな暮らし方について学べる場所をインターネットで探した。どうすれば人間が自然と共存できるのかを知りたいと思った。そして、オレゴン州ユージーン郊外にある「ロスト・バレー」という場所を見つけた。組織のウェブサイトには次のように記されている。ロスト・バレーは学習センターであり、青少年および大人を対象にサステナブルな暮らし方の実践法を教えています。私たちはサステナビリティ教育において総合的なアプローチをとり、環境保護、社会、そして個人という面から学生の成長を促しています。

さまざまな講座を検討した結果、「パーマカルチャー・デザイン認定コース」を受けることにした。ポーラも一緒に受けるという。1か月間は映画の世界から遠く離れ、同じ目的のもと集まった人たちと共同生活をしながら学ぶことになる。何でも好きな服を着て。

オレゴンへ出発する1週間前、ポーラはやっぱり行かないと言った。1か月も故郷を離れたくなかったのだ。すでにハリファックスの自宅に帰っていたポーラにとって、その地は居心地がよく、勝手知ったるコミュニティがあった。このところのポーラは僕の後をついて回ってばかりで、自分の意志で動けていなかった。それ以前の慣れ親しんだ生活に戻りたかったのだ。

彼女なしでロスト・バレーに行くことを考えると、恐怖心でいっぱいになった。一人で見ず知らずの人たちの中に入っていくなんて。未知の状況にたった一人で足を踏み入れるのももちろん怖いが、いまや会ったことのない人たちが自分のことを知っているのだ。その新たな現実が不安と気まずさを一段階上げ、うまく折り合いをつけられるかわからなかった。それでも、ロスト・バレー、受講するコース、学びの空間、今の生活から切り離された時間は僕が切望していたものだったから、くだらない恐れなんて押しのけて行きたかった。

「鍵はいつだってポケットの中、私はいつも自分にそう言い聞かせてる」とドリューは言った。「迷ったとき、躊躇したとき、怖くなったとき、ポケットの鍵でいつだってそこから出て行けるんだって思い出すようにしてるの。出て行っちゃえばいいんだって」

だいぶストレートな提案だが、僕には思いつかなかった考え方だ。今でもこの言葉は自分に言い聞かせているし、効力を失ってはいない。

ポートランドで飛行機を乗り換え、ユージーンへ飛んだ。ロスト・バレーを訪れるのは翌日の予定だったので、その日はモーテルに泊まった。無事に旅を終えて神経はいくらか落ち着いていたが、ストレスが再び忍び寄ってきて、周りに誰もいないのに社交不安が湧いた。どさっとベッドに横たわると、一番上の毛布が肘にこすれた。リモコンを手に取って寝返りを打ち、テレビをつけると、『E.T.』が放映されていた。僕は思わず笑顔になり、ウィンクさえしそうになった。わかるよ、と伝えるみたいに。僕はシンクロニシティが大好きだ。そこにどんな意味があろうと、それに気づいて乗ってみる。

『E.T.』は昔から大好きな映画で、腕には有名な台詞をもじって「EP PHONE HOME」とタトゥーを入れているほどだ。おそらく年に1回は観ているが、いつ観ても号泣する。小さい頃、主人公のエリオットになりたかった。トランスであることをカミングアウトした後の初めてのハロウィンでは、赤いパーカーを着て、エリオットが履いていたものにそっくりなスニーカーを偶然持っていたのでそれを履いた。そうやってエリオットの仮装をし、仲間たちとマンハッタンの街に繰り出して人生最高のハロウィンを過ごした。願いは叶うものだ。

　翌朝にモーテルで目を覚ますと、空気は湿っぽく、外は静かに霧が立ち込めていた。大きく息を吸う。荷物はあまり持ってきていなかった。バックパック一つで東欧を1か月旅した経験から、荷物を小さくする方法は学んでいた。迎えのタクシーが到着し、僕は鞄を後部座席に置いて乗り込んだ。

　オレゴン州に来るのは初めてだった。高速道路を走る車から外を眺める。『E.T.』を観たおかげで緊張は薄れていた。教会、ガソリンスタンド、灌漑施設、整備工場を通り過ぎていると、ノバスコシアを思い出した。田舎の美しさを見るとすぐに心が故郷に戻る。車は高速を降りて右折し、ラトルスネイク・ロードに入った。森に飲み込まれ、新しい世界へとうねる道を下っていく。木々の他には何もなく、小川が合流しては分かれていた。車はまた右折してロスト・バレー・レーンに入った。施設の敷地の下で降り、運転手にありがとうと言ってから別れを告げた。

　みんな大きな笑顔と温かな視線で迎えてくれた。これから生活する場所に案内される。かつてそこで男子サマーキャンプが行なわれていたときに宿泊棟として使われていた建物だ。木製の二段ベッドは、天井まで届かない薄い壁で仕切られていた。下段のベッドのそばにはサイドテーブルがあり、ドア代わりにカーテンがかかっていた。荷物を開け、携帯電話は電源を切って置いておいた。洗面所は共同だった。便器を使うのは小ではなく大のときだけ。小をするのは便器の横、臭いを抑えるために木くず（炭素源）を入れられたバケツの中だ。臭いが抑えきれなくなったらバケツを外の巨大な堆肥場に持って行って中身を捨てた。尿は優れた窒素源だ。もちろん、便も堆肥になる。ただ、尿よりもちょっと厄介で、色々と計画が必要なのだ。

他の受講生たちもその日のうちにやってきた。みんなで自己紹介をし、お互いのことを知り合った。出身はさまざまで、アメリカのオレゴン州やインディアナ州、マレーシア、韓国、そしてノバスコシアと各地から集まっていた。数は10人ちょっとだった。ロスト・バレー自体は常設のコミュニティでもあり、このときは他にも10人ほどがそこで生活していた。いわゆる「エコ・ビレッジ」に来るのは初めてだったが、多くの面で想像どおりの場所だった。生物多様性、うねって交ざり合う緑でいっぱいの庭、モノカルチャーとは無縁の畑。これほどコンパクトなスペースで育てられるとは思えないほどたくさんの食べ物が生産されていた。さまざまな植物が互いに気をかけながら共に成長していた。鶏は鶏小屋の中を走り回り、餌として放り込まれた堆肥をつつき、食べたり掘ったりひっかいたり糞をしたりした後、やがて鶏小屋は数メートル離れた別の場所に移される。小屋があった場所の土は新鮮で栄養分たっぷりだ。そうして循環サイクルが完成する。

ロスト・バレーでの食事は、ほとんどが敷地内かその近くで採れた食材から作られたものだった。その新鮮さ、色、匂い。まるでハリファックスのファーマーズマーケットの中に住んでいるようだった。あんなにおいしい野菜はほとんど食べたことがなかった。カボチャを一口かじれば思わず目を閉じて言葉を失い、庭で採れたジャンボニンニクのローストをフォークでつぶすだけでつばが出てきて……大地の甘さがとろけて口の中いっぱいに広がった。じっくり味わうと、心が落ち着いた。30メートル先で収穫された、あらゆる栄養。そんな料理を口にして、体中の細胞が「ありがとう！」と叫ぶのを感じた。初日の夕食前には（その後も毎日昼食と夕食のたびに）テーブルの料理を全員で囲み、手をつないで目を閉じた。少しの時間をかけて、一つの集団として感謝を表した。お互いに、地球にこうして座って植物や穀物や水に命を与えてもらえるという幸運に対して。呼吸をし、世界とつながって自分の存在を感じ、自分を見つめ直す瞬間だ。ばかばかしいと言うのは簡単だが、僕はとても気に入った。「いただきます」に近い、それでも異なる祈りの捧げ方だ。コースが終わってもこの儀式は続けていこうと思ったが、この種の悟りは残念ながら日常社会に戻るとたやすくすり抜けていってしまうものだ。

居心地がよかった。誰も『ジュノ』のことなど気にしていなさそうだった。むしろこういう仕事をしている人間のことはあまり好きじゃないだろうし、だからこそ興味がないのだろうと思った。ハリウッドとパーマカルチャーは相性が悪いのだ。しかし、初日の夜、夕食を終えてみんなでお互いを知る時間を過ごしているとき、誰かが音楽をかけた。『ジュノ』の最後に流れる曲、モルディ・ピーチズの「Anyone Else but You」がスピーカーから流れてきた。恥ずかしさがこみ上げてきて、思わずまぶたをぎゅっと閉じた。このときはみんなの視線から逃げ出したくてたまらなかったが、打ち解けるためには必要なことだったのかもしれない。映画のことを少し話し、それから演技のことをもう少し長く話した後は、自分らしくいられた。それがあのときどんな意味を持ったにしても。

あのグループは、地球と人類の未来を気にかける、温かく協力的で情熱的な人たちの集まりだった。ロサンゼルスの友人たちにこの種の問題について話してもほとんど相手にされなかったし、本を贈ってもまず読んでくれそうにはなかった。資源の乱用や、気候危機がすぐそこに迫っていること、最も弱い立場にある人たちが最初に影響を受けること、その結末が想像を絶するものであること、社会の崩壊が差し迫っていることとその中で僕たちがすべきことについて話すと、みんな大げさだと言うように笑うばかりだった。

「過剰反応だと思うよ」というのがおおかたの反応だった。

「レズビアン・ヒッピーめ」と言う友人もいた。

懸念も共感も引き出せず、聞く耳を持ってもらえないことに、僕はもどかしさを感じ落胆した。豊かさが特権意識をもたらし、特権意識は無知でいるからこそ保たれる。僕が正しいと思って下した判断は、自分の罪悪感やロサンゼルスでの自分自身の不必要な消費を減らすための手段だった。

ロスト・バレーにいると元気をもらえた。たくさんの豊かな会話に囲まれ、共通の目的にフォーカスし、知識を得て、謙虚になれた。僕は恵まれていた。たいていの人は1か月も仕事を休んでオレゴンまで講座を受けに行くことはできないのだから。

毎朝、日の出と共に起床した。鶏の声を目覚ましに、鳥や虫の大合唱がぼんやりとした意識の立ち上がりを称えてくれた。僕は二段ベッドの下段に寝て、上段には誰もいなかった。起きるのは他のみんなよりも早く、服を着替えて忍び足でトイレに向かった。しゃがんでバケツに用を足す。コーヒーを飲んだ後は便器を使うかもしれない。手と顔を洗う。洗面所に鏡はないので、いつものように睨みつける必要もない。1日のうち、朝食だけはみんなで囲むことのない食事だった。慌てて起きる必要なく、静かに過ごしたい人はそうできる。僕は一人で小さな図書室などに行って、オートミールとリンゴを食べながら、おしゃべりが始まる前の静かなひとときを過ごした。1日はたいてい座学から始まった。排水の再利用、貯水、庭の設計、堆肥の作り方、薬用チンキ剤、発酵、コブ材で小屋を建てる方法など、あらゆることを学んだ。情報量の多さに圧倒された、というか、自分の知識の少なさに圧倒された。本当はすでに持っているべき知識なのに、と悲しくなった。僕の頭は、自分たちと地球を病ませるシステムの型にすっかりはまり、接続されてしまっていたのだ。

現実にはそうして接続されることの恩恵を受けてきたが、この新たな学びを得ることで社会の支配から解放されるような気がした。自分の体が拒んでいるにもかかわらず、それまではずっと必死にそのシステムに入り込もうとしてきた。自分自身からも周囲の世界からも遠く離れられるこの場所にいれば、心が安定して希望を感じられた。

社会に植えつけられる不足感も、直線的な成長などという幻想もない。真にこの世界を観察し、思いやり、関わっていく方法。この場所には自己を超えた夢があり、小学校で教わったこと――親切にして、協力して、地球を大切にして、分かち合う――と何ら変わらない理想があった。資本主義とは相容れない概念、忘れることを促されてきた考え方だ。

講座ではパーマカルチャーの原理について学んだ。パーマカルチャーとは、「パーマネント（永続性）」と「アグリカルチャー（農業）」を組み合わせて1970年代に作られた造語である。自然との再生的で相互的な関係を育むというその基本理念は、先住民の科学と知恵に由来する。パーマカルチャーは、僕たちがつながり合っていること、そして地球上の土地や自然サイクルと協調して生きていく方法を教える。心を落ち着けて、周囲の環境に目を向け、耳を傾け、観察すればいいのだ。自分の考えや期待を押し通すのではなく、何をすべきなのか、どのようにして意味ある判断や調整をすべきか、風景に教えてもらおう。一息ついて、調和を見つけよう。自然は時間をかけるものだし、僕たちのどんな成長もそうだ。自分の行動が及ぼす影響を見ることができれば、その観察に基づいてよりよい決定ができるかもしれない。サイクルに逆らうのではなく、サイクルと共に生きよう。パーマカルチャーとは、循環の輪を作ることだ。無駄を出さない収穫。僕たちの行動が地球のあり方に反映される。人類として、僕たち一人ひとりがどのようにエネルギーを利用し、蓄えるべきか。エネルギーを守り、享受し、分かち合うための最良の方法は何か。循環を止めないために。

3日目、最後の一人の受講生が遅れて参加した。講座が始まる少し前まで1か月ほどここいたという。彼が戻ってきたことを大歓迎する雰囲気が感じられた。もともとは、ボランティアと農場をつなぐ草の根団体として1971年に立ち上げられた「WWOOF (Worldwide Opportunities on Organic Farms)」の一員として来ていたとのことだ。メンバーたちでニューヨークシティからバイオディーゼルのスクールバスで国を横断してきたのだという。彼も仲間と一緒に一度はロスト・バレーを離れてポートランドに滞在しようとしたが、やはりパーマカルチャーのコースを受けようと決めて一人で戻ってくることを選んだのだ。

僕は彼と自分との間に糸の存在を感じた。まるで一目惚れだ。イアンは小柄だが存在感があり、あふれんばかりの魅力を湛え、物知りな目をしていた。ニット帽をかぶり、その中には束ねた赤毛の長髪が隠されていた。束をほどけば、たてがみのようなその髪はお尻まで届く長さだった。身振りを交じえながら話す彼の動きは個性的で、熱く、センスたっぷりだった。言葉はウィットに富み、鋭く、スパイスがきいていた。僕はずっと笑っていた。彼に惹かれ、すでに何かがつながっていて、もつれを少しほどけばもっと近付けそうだった。

「今週末、一緒にポートランドに行かない？」僕は何気なくそう言った。

そのときはコンピュータールームで、人口密集地に住む人々によるパーマカルチャーの実践法を研究していた。僕は都市型パーマカルチャーの事例を探し、実際にその地を訪ねてみたくなった。それに、片思いしている女性にも会いたかった。

「いいね、乗った」とイアンは言った。

そうして白いセダンをレンタルし、出発した。イアンとはまだ互いのことをほとんど知らなかったけれど、問題はなかった。一緒にいると楽で、細かいことは抜きにして楽しもうという暗黙の了解があった。

僕たちの親愛と友情はこの旅で深まった。車内という狭い空間に強いられたというわけではないけれど、そのおかげで距離が縮まったのは確かだ。まだお互いのトラウマ的な過去を打ち明け合ってはいなかったが、話をするうちに自然と見えてきた。特定の種類の羞恥心を理解してくれる人とこれほど強固な絆ができたのは初めてだった。互いの子供時代、家族、失恋、故郷の共通点について話した。今生きている環境は違ったけれど、多面的かつ似たようなつらい経験があった生い立ちが僕たちを結びつけた。一緒に苦しみの領域に足を踏み入れるようでもあったが、そこは仲間意識と癒しを得られる場でもあった。彼を知ることで、僕の中で何かが変わった。支えられ見守られていると感じ、警戒心を解いてリラックスできた。真の友人を前に。

二人とも、つかの間の休息だけでなく新たな視点を必要としていた。安らぎを求めながら、つらい気持ちにも向かい合う。安息、そして自分のクィアネスとつながりのあるコミュニティを求めて苦しみの層をかき分けていくリスク。他の世界の価値観を離れ、自分たちを古い観念に縛りつけない視点を切望していた。

ポートランドに着いて最初に訪れたのは、コンパクトな敷地に建つ小さなクラフツマン様式の自宅をパーマカルチャーの楽園に変えた女性のもとだった。彼女はゴミをいっさい出さずに生活し、庭で育てている食用植物の種類の数を聞くだけで圧倒された。鶏とウサギを飼い、貯水・浄水システムを利用していた。養蚕用の木まであった。こんな環境は見たことがなかった。家の中も案内してもらい、排泄物を堆肥化する方法を聞いた。一つのバケツに尿を、別のバケツに便を貯める。僕の記憶が正しければ、半年ごとに二つのコンポスト容器を入れ替えながら、自然が魔法の化学反応を起こして廃棄物を新鮮で肥沃な土に変え、そこで新しいものが育つのを待つのだという。地下の貯蔵庫には缶や瓶に入れた保存食がびっしり詰まっており、まさに壮観だった。

ポートランドに来るのは初めてだったので、どこに泊まろうか迷った。そしてそれは、片思いの相手にメッセージを送る完璧な口実となった。イアンと僕は勧められたホテルにチェックインし、バックパックを降ろして一つのクイーンサイズのベッドに一緒に寝転がった。イアンを見て、かわいい人だな、今何を考えているのだろう、と思った。惹かれていたのは確かだが、好奇心と言った方が近い。短時間で急に仲良くなるとこの二つを混同しがちなのは不思議だ。

二人でワインバーに行き、僕の片思いの相手と彼女のパートナーに会った。四人で窓際のハイテーブルについた。僕の目はテーブルの向かいに座る片思いの相手に釘付けだった。聡明で面白く多才でセクシーな彼女の口元から目が離せなかった。彼女の所属するバンド、スリーター・キニーの楽曲「Entertain」のミュージックビデオで彼女を見たときからずっとだ。

キャリー・ブラウンスタインと初めて会ったのは、２００８年に僕が出演した『サタデー・ナイト・ライブ』のアフターパーティーでのことだ。スリーター・キニーは昔から今も大好きなバンドだ。12年生のときには、学校が終わったら母が教師の仕事から帰ってくる前に家でスポーツブラとショーツだけになり、ブラインドを閉めて、リビングルームにある母のステレオにアルバム『The Woods』をセットした。ＣＤのカバーのデザインも好きだった。劇場の床から森が生え、木製の舞台を囲む重厚な赤のカーテンはほぼすべて開かれている。再生ボタンを押して、どんどん音量を上げた。ジャネット・ワイスのドラムが鳴った瞬間、その音は引き潮のように聴く者を引き込む。体が波に呑まれ、浮き上がり、ゆらゆらと揺れて、別世界へ入っていった。

On the day the duck was born（アヒルが生まれた日）
The fox was watching all along he said(ずっとその様子を見ていたキツネが言った)
Land ho!（ランド・ホー！）
Land ho!（ランド・ホー！）

コリン・タッカーの声、非現実的な響きさえ持つその掠れたシャウトに乗って、僕は全力で踊り、頭を振り、大の字で飛び跳ねたりとあらゆる動きをした。アルバムが終わるまでフルスロットルで休みなく家の中を暴れまわり、手足を振り回しながら夢中でエネルギーを放出した。汗をしたたらせながら床に倒れ込み、腕立て伏せを20回し、階段を駆け上がっては駆け下り、また腕立て伏せをした。「Entertain」はスリーター・キニーの中でも特に好きな曲だ。キャリーの声、あの独特の咆哮が僕にやる気を与え、違う場所へと連れて行ってくれた。骨の髄にそれを感じた。

Hey! You look around they are lying to you!（ほら、周りを見ればみんな嘘をついてる）
They are lying, ha, they are lying!（みんな嘘をついてるんだ）
Can't you see it is just a silly ruse?（くだらない策略だってわかんない？）
They are lying, I am lying, too!（みんな嘘をついてる、私も嘘をついてる）
And all you want is entertainment,（あなたが欲しいのはエンターテインメントだけ）
Rip me open, it's so freeing, yeah（私を切り裂いてごらん、すごく自由になれるから）

学校から帰ると、ほとんど毎日こうやって曲を聴いていた。スリーター・キニーの『The Woods』とピーチズのCDをかけることが一番多かった。懐かしい、幼きクィアだった時期。外の世界から切り離されたその空間にいれば、体から心を思いきり解放できた。つながりを呼び覚まそうとした。もっといい表現ができたらいいのだけれど、スピリチュアルな感じがした。音楽に包まれて、自由に跳ねまわった。

2階に上がったときには母の部屋に寄った。ベッドの左側には全身鏡があった。下着にスポーツブラという姿、前髪は汗でべとべと。体を右に向けながら頭を左に向けて横から見た自分

そうなもの。の体を観察し、そのたびに驚いた。息を吸い込むと膨らむ、いつも締めつけられているかわい

キャリーとはいい友達になり、今もそうだ。当時お互いに抱いていた羞恥の感情、心の傷と内なる葛藤が僕たちを結びつけた。それぞれの自己嫌悪が距離を縮めたのだ。

「自尊心がある限り、人はみんな自分が嫌いなんだよ」あるときのキャリーのそんな言葉に僕は笑った。

秘密を打ち明けることに怯え、僕たちの正体をこじ開けて覗き見る権利が自分たちにあると思っている他者の欲望に憤慨した。こっちの準備が整う前どころか、まだなんと言うべきかさえわからないうちから迫ってくるのだから。それでもキャリーとは、確かに親愛が訪れたという喜びを分かち合えた。羞恥から癒しへと変化する絆。

最後までキャリーから目を離せなかった。空のワイングラスがテーブルに並ぶ。最後の一口を飲む彼女の口元を見つめた。

その夜、イアンと僕はぐっすり眠った。同じベッドで寝ることに何ら問題や気まずさはなかった。翌日は、かつて住居のなかった人たちが暮らす小さなコミュニティへと車を走らせた。ホームセンターからの寄付とボランティアのおかげで活気づいているそのコミュニティは、パーマカルチャーを主眼の一つとしていた。木材や物資が持ち込まれ、それを使って小さな住宅

が建てられていた。食料はあちこちで育ち、巨大な貯水タンクがそびえ、堆肥場もあった。僕たちはありがたくも温かく迎えられ、コミュニティがどのように進化してきたのか、パーマカルチャーの原理をどのように生かしているのかを教えてもらった。

イアンは僕の中に詩的な感覚をもたらし、心を開く強さを与え、それまで知らなかった形で心を安定させてくれた。僕がまだ詳しくなかったアートや文学について話し合った。僕は本からたくさん情報を得たいタイプなので、ビル・マッキベン、デイビッド・スズキ、ナオミ・クラインなど、さまざまなジャンルのお勧めをいつでも求めていた。12年生のときには大学への進学を考え、トロント大学を受けようと思った。しかし、自分が何を勉強したいのかははっきりせず、一度時間をおいて考えた方がよさそうだった。数週間後に『X-MEN』への出演が決まり、1年以上ぶりに仕事をすることになった。結局その後は休みなく働き続けることになった。学ぶことはとても好きだった。ただ、それは自分が興味のある対象に限られ、そうでなければやる気はなかなか起きないのだけれど。自分の無知を知り、偏見と白人至上主義に根ざした環境で養われた価値観に代わる新たな視点が欲しかった。高校卒業後は何の学校にも通わなかったので、ノンフィクションを中心に貪るように本を読んだ。自分の成長と進化を止めるのが嫌で、止まることをとても恐れていた。今でも成長を目指して努力は続け、独善的な考え方に呑まれないよう自分に言い聞かせている。いつだって学ぶべきことはあるのだから。

イアンとの旅の終わり、帰りの車内で聴くためのCDを買いにレコード店に寄った。そこには新譜を試聴できる場所があった。僕は視聴用の大きな格好いいヘッドフォンをつけて、エミリアナ・トリーニのアルバム『Me and Armini』に収録されている「Fireheads」を聴いた。曲はこう始まる。

Somebody's got a long way to go.（長い道のりを行かなきゃならない）
You're not sitting by the phone no more.（もう電話のそばに座ってなんかいない）
You're gonna throw it away, crash it on a rock.（そんなものは岩に投げつけて壊してしまえ）
Yeah, so you can live your life.（そうすれば自分らしく生きられる）

僕たちは白のフォードに乗り込み、ユージーンに戻るため南へと走った。トリアーニのアルバム、彼女の歌声とサウンドに夢中になった。心をトリップさせるくらいの高揚感、そこに織り込まれる深い感情、美しさと苦悩の融合。その後もイアンと旅をするときはいつもこのアルバムをかけた。長い物語の始まりだ。あの週末のポートランドへの冒険は、自分たちの好奇心に従う方法、チームを組んで創造的な相棒になる方法を理解し実験する機会となった。僕たち二人とも、果たして自分が手にできるのかはわからないながら、自分がここに存在するという感覚を切望していたのだと思う。それぞれが抱える羞恥の嵐からは抜け出せなくとも、一緒ならできることがはるかに増えると感じた。

アルバム『Me and Armini』の最後を飾る「Bleeder」は、僕たちが最もよく聴いた曲だ。トウヒやモミの巨木が並ぶうねった道を進む僕たちを彼女の歌声が包み込み、ロスト・バレーに着いて車を停め、エンジンを切る直前に曲はフェードアウトして終わった。静寂、崇敬、魔法がかかったようなその瞬間を全身に感じる。一緒に同じ音楽を聴く経験がもたらす絆。想像力が再び目覚める感覚、閃光を感じた。希望を感じた。

一方、ポーラと僕のコミュニケーションは崩壊していた。僕が電話をあまりかけなくなったせいが大きい。電波が悪いからと言っていたが、半分は嘘だった。理由もわからずいらいらして、それがいやみな態度に表れた。自分だけの自由があるこの場所にいると、荷が降りた気分だった。ここまで気持ちよく自分の存在を感じられるのは本当に久しぶりだった。身勝手なことだが、このときは恋愛よりも自分自身の冒険と新しい友情の方が大事だった。

ロスト・バレーで最も大切な思い出の一つは、ザワークラウト作りというシンプルなものだ。収穫したばかりの数えきれないほどの緑色のキャベツを刻んで、真摯で誠実な人たちと一緒に食べた。彼らの人生の旅路はみな、痛みと喜び、トラウマと癒しを経ながら紆余曲折し、そのすべてが今この場所につながっていた。

細かく切ったキャベツを複数の大きなバケツに入れた。塩を加えた後、キャベツを何度も拳で叩いて砕き、水分と分離させた。みんなで音楽を聴きながら、話をしながら、少なくとも数か月は保存のきくその料理を作った。缶詰にすれば数年もつ。水分が浮いてきてキャベツ全体がぎりぎり浸かるほどになったところで、皿を表面に置くと、手袋のようにぴったりとフィットした。その上に重しとして石を乗せる。それから保存庫で2週間ほど発酵させれば、ザワークラウトの出来上がりだ。なんと崇高な交流の形だろう。そこには目的があり、栄養もある。

パーマカルチャー・コースの終わりには、ささやかな卒業パーティーとして演芸会が催された。イアンが投票で司会者に選ばれた。彼の社交的な性格にぴったりだ。彼はコートニー・ラブに扮して司会をすることにし、他のみんなにもなんらかの仮装をするよう誘い、ほとんどがその誘いに乗った。僕たちはドレスやロング丈のシャツやかつらであふれかえったチェストを掘り返した。イアンは長い赤毛をもじゃもじゃの金髪ウィッグで隠し、彼の膝上までしか届かない白いスリップを着た。役になりきるセクシーなその姿は見ていて楽しかった。僕はカート・コバーンの仮装をしたが、破れたジーンズと白いTシャツと大きなフランネルシャツはすでに持っていたので衣装を借りるまでもなかった。

イアンはいっさい手を抜かず、見事にショーをまとめた。そのカリスマ性と軽快な話しぶりに僕たちは笑い、みんなで脆い心を開いて楽しみを分かち合った。ビールやテキーラやワインを酌み交わしながら、歌を歌い、詩を朗読した。僕はギターで自作の曲を演奏した。シンプルだがまっすぐな歌だ。あの部屋を満たしていた優しさに名前はないが、そこで初めて知り合った人たちとの、友好を超えた絆だった。まるで魔法だった。

翌朝、僕たちの多くは昨夜の酒でぐったりしていたが、みんなで外で輪になって立った。互いに手をつなぎ、順番にそこで過ごした時間を振り返り、別れを告げた。僕は初めのうちは冷静で、穏やかな気持ちと感謝に満たされていたが、やがてとめどない悲しみに呑まれた。涙が流れ、鼻水が顎を伝い、それをウインドブレーカーで拭い続けた。ロスト・バレーで過ごした時間、それは久しぶりに本来の自分に近いところにいられた時間で、なんらかの世界と一緒に存在していると感じられた時間だった。もちろん、心はどこにいてもついてくるもので、思考は相変わらず僕を嘲笑ったが、その声はずっとずっと静かだった。

この場所では自分を再び見つけてそっと近付くことができた。新たな強さを感じ、学びを得て、痛みをもう少しだけ表現することを自分に許せた。しかし、ロスト・バレーの外、鏡のない森を出て容赦ない数の車と広い芝生が埋め尽くすロサンゼルスに戻ると、この状態を保つのは難しかった。

パーティーの締めくくりはイアンと僕のデュエットだった。折りたたみ椅子に座り、僕はギターを膝に置いた。キャンドルの灯りがみんなの顔を照らし、優しく励ますようなその目を輝かせた。僕はイアンを見て、彼も視線を返した。互いの緊張が透けて見えた。僕はほほえみ、彼もまたほほえんだ。わかってるよ、と言うように。僕たちはコートニー作曲の「Doll Parts」を演奏した。途中で動画を撮っていたはずだが、どこかにいってしまった。でも、その方がずっといい。すべてが始まったあの瞬間の中、共有する記憶の中に残っているのだから。

14 U-Haul ―― U-HAUL

初めて母に自分のセクシュアリティについて話そうとしたときは、あまりうまくいかなかった。僕は15歳で、自分が女性に惹かれるということを受け入れつつあった。女性のことを考えるのは一人のときに限っていたけれど。

検索ワード：僕はゲイ？
どうすれば自分がゲイかどうかわかる？

同世代の男の子たちから目をそらす必要はなかった。彼らを見ても興奮しないから。意識は特定の女の子たちの方に向かっていたので、その子たちを避けなければならなかった。きっとバレバレだ、と心配した。

車の助手席でうつむきながら、勇気を振り絞った。母の方を向いた。母の目は道路を見ていた。顎まで届かないくらいの長さのシルバーのイヤリングが車の動きに合わせて揺れている。

「お母さん、僕、ゲイなのかも――」

「そんなものは存在しません！」僕が言い終わる前に母は大声で言った。

体から空気が抜けるような感覚がして、助手席のシートにずんと沈み込んだ。僕は頭を垂れた。母はまた前を向き、お互いにそれ以上何も言わなかった。

年齢が上がるにつれ、僕が可愛いストレートの女の子にはならないことがはっきりしていった。学校でのいじめがエスカレートするのと同時に、見た目を変えるようにという母からのプレッシャーが強まり始めた。僕も努力はした。それでも本来の姿に戻り始めると、母の喜びと安堵は消えて失望に変わった。

母は僕に男の子とばかり遊ぶのをやめさせたかった。

「ティナが好きなんでしょ、週末一緒に何かしたら?」母はよく何気ないふうにそう言った。それが軽い提案以上のものだということを、まるで僕が知らないかのように。

高校に入ると、仲のいい友人たちよりもサッカーチームの女の子たちと会うことを母は促した。全身黒の服を着てフードやニット帽から紫や緑や青色の髪を出した子たちとはつるんでほしくなかったのだ。変わり者、アーティスト肌……いや、現実を見よう、クィアたちだ。あるとき、そんなグループとマリファナを吸っているのではないかと疑った母は（それは正しかったけれど）、もうあの子たちと付き合ってはいけませんと言った。体育会系の子たちだって激しい飲酒をしているのを知っていたくせに。僕たちも全然飲まないわけではなかったが、中心グループの子たちのような量ではなかった。今でもジョー・バドゥンの「Pump It Up」を聴くたび、酒と汗と性欲の臭いが充満した２００３年のサウスエンドのリビンググルームにタイムスリップする。アメリカンイーグルのシャツの脇の下についた汗のしみ、テレビで見るミュージックビデオのように男にお尻を擦りつける女の子たち。胃洗浄を受ける人が出ない方が珍しかった。

イメージのためなんだろう、といつも感じた。僕が地獄に落ちるからというより、母のエゴのためだった。母はサッカーチームの他のお母さんたちと同じものが欲しかったのだ。娘が。20歳のときにポーラと恋に落ちるまで、自分のセクシュアリティについて再び母に話すことはなかった。というか、そのときもセクシュアリティの話をしたわけではなく、「ある女の人と恋をしていて、名前はポーラっていうんだ」と言っただけだ。

もう一度挑戦したのは24歳のときだ。「僕はゲイなんだ。母さん、わかってるだろ？　僕はゲイで、男の人と結ばれるつもりはない」女性と同棲を始めたとき、ついにそう言った。

二人目のガールフレンドに出会ったのはドリューのサプライズバースデーパーティーで、僕自身もちょうど24歳の誕生日を迎えた頃だった。ポーラとの遠距離恋愛がついにうまくいかなくなって別れてから2年が経っていた。その子とはすぐに意気投合し、その夜じゅうそばを離れたくなくて、恥ずかしげもなく後をついて回った。とにかく面白い人で、最高のシニカルさを交じえながら皮肉なジョークを言うのだった。彼女が視界から消えるたびに探している自分がいた。セクシーで少しいたずらっぽく笑う彼女の瞳にうっとりした。体の動かし方、自然と醸し出るクールな雰囲気。彼女もクィアだが自信にあふれていて、俳優である彼女が出演している映画も僕は好きだった。あんなふうに自分から連絡先を交換したのは初めてだった。

パーティーはバーが閉まる夜中にお開きとなった。でも、引っ込み思案の僕はその子にメッセージを送ることも誘う計画を立てることもできなかった。大人になって以来、そんなふうに女性に誘いをかけて自分からきっかけを作った経験はなかった。時間は過ぎていくけれど、彼女のことが頭から離れなかった。ぼんやりとコマンドキーとNのキーを押して開いた新しいウィンドウで彼女の名前を検索し、仕事をほったらかしにしたまま画面を見つめてスクロールした。会ってから1か月が経とうとしていたが、「やあ、今度何か食べにでも行かない？」と声をかけるだけの勇気が出なかった。その代わり、映画のプレミア上映という口実を使って彼女と彼女の親友を招待した。充分あからさまだが、プレッシャーは少なかった。

それは、『インセプション』の次に出演した映画『スーパー！』のプレミアだった。自前のコスチュームでスーパーヒーローになる主人公をレイン・ウィルソンが演じ、僕はその「若き相棒」リビーを演じた。ヒーローの格好をした自分が玄関に立ってレインをセックスに誘うシーンが来たとき、僕は思わず顔をしかめた。立ったままミニスカートの上から自分の股間を撫でて「もうぐっしょりよ」と言い、レインに体を押しつける自分の姿。クソッ、なんでこんなシーンを演じて、しかも好きな人をここに招待したんだ、と後悔した。片思いの相手に見せるべき映画じゃなかったことをなぜか忘れていた。それでも彼女と親友はアフターパーティーに来てくれた。二人とも優しく、褒め言葉をかけてくれた。僕は緊張で震えていたけれど、二人が気づいていたかどうかはわからない。

ぎこちなくも僕の作戦は成功し、翌日にはメッセージをやりとりした。デートの計画を立てたが、約束の日まではまだ2週間もあり、僕はそれまで待てなかった。そしてまたもや不適切な行動に出た僕は、彼女を招くことだけを目的にアリア・ショーカットにパーティーを開いてもらった。会場に現れた彼女は、黒のジーンズにコンバースの靴、赤いフランネルシャツという格好だった。彼女を見た瞬間、ポーラと別れて以来の高揚感に包まれた。パーティーではみんなで「ランニング・シャレード」ゲームをして大笑いした。どうしても彼女の印象に残りたかった。失敗はできない。ゲームの休憩中、僕は彼女と一緒に短い廊下に立っていた。周りからは切り離された小さな空間だった。並んで壁に寄りかかっていると、彼女が近づいてきて肩が触れ合った。僕たちは笑顔で床に視線を落とし、隣同士で体をぎゅっと寄せた。

　僕はあっという間に、そして激しく恋に落ちた。お互いにデートの間隔を空けようとはしたが、すぐにほぼ毎晩会うようになり、それからはありがちな発展をした。このときの僕はビーチウッド・キャニオンに住んでいて、彼女の自宅は101号線を少し走った先のバレーにあった。うちに来客向けの家具はあまりなかった。リビングルームには壊れたソファベッドが壁際に置かれ、クッションがいくつかと固い椅子が2脚あるくらいだった。マグカップは一つしかなく、冷蔵庫はだいたいいつも空っぽだった。だから、基本的には彼女の家で会った。彼女の家のリビングはちゃんとしていて居心地のいい家具があり、寝室にはテレビがあった。ウォークインクローゼットは僕には到底無理な整理整頓具合だった。

　彼女と付き合って初めて、常にクィアな友人たちに囲まれるようになった。高校では、僕らのような人間はたまに噂が流れてくる程度で、僕自身もまだ必死に隠していた。《リフレクションズ》にポーラと行ったときと、アリアと行ったパリのバーで神経をすり減らしたとき（詳しく語るにはページが足りない）以外、ゲイバーにも足を踏み入れたことはなかった。クィアコミュニティに属したことは一度もなく、どうすればその輪に入れるのかは謎であるどころか不可能だと思えた。そんな居場所を持たないことの影響はとても大きかった。孤独の苦しみ、自分だけが感じているんだと思っていた羞恥と苦痛。若き日の自分はかわいそうだ。まるで逆さまにしたジュースグラスの縁を伝う小さな虫だ。もっと早くからクィアやトランスの仲間たちと一緒の時間を過ごして、私もそう感じる。でもそんなふうに感じる必要はない。あなたがそんなふうに感じる必要はないんだよと言ってもらえたら、どんなに違っただろう。それが羞恥心を消す魔法の消しゴムになるわけではないけれど、色々と近道ができたことは間違いない。

今回も、僕が性指向を周囲に隠していることが恋人との関係を息苦しくした。彼女にとってつらいことだったが、僕は「ごめん、カミングアウトはできない」という短い理由以外言えなかった。

ある朝、彼女をリハーサル現場まで車で送った。僕が銀のミニクーパーを停めてＰＪハーヴェイの「Let England Shake」の音量を下げると、彼女はハンコック・パークの歩道に下りた。黒いサングラスがすでに照りつけていた太陽から彼女の目を守っていた。

「愛してる」と彼女は言った。

「僕も愛してる」と僕は答えた。

僕が車から見送る様子を彼女の同僚に見られていたが、僕の顔は見えなかったようだ。同僚から僕との関係について聞かれた彼女は、プライベートなことだと返した。運転席にいたのは君の秘密の恋人なんだなと同僚は冗談まじりに言い、その後も仕事場で僕はそう呼ばれていたという。

ある晩、ボン・イヴェールの着席ライブで彼女が僕に腕を回してきた。僕の体は板のようにこわばり、顔はじっと前を向いたまま、目は踊るようにあちこちを泳いだ。ライブ後にお互いに両手を振り上げるような激しい口論をするはめにならないためには、腕をどけてくれとは言わない方がよさそうだと思った。ライブ会場で再び誰かに体を抱かせるのは、それから3年以上先のことだ。

彼女のことを電話で母に話した。あなたは男の人が好きでしょうとか元彼もいたとかの話をされた後、僕は女の人と付き合っていると言った。母の「わかってる」という言葉はしぼんだような響きだった。まるでそうしないと僕がその失望を感じ取れないとでもいうかのように。

ポーラと別れた後の2年間は男性とも付き合おうとした。高校時代と同じように、自分は男性と付き合うことができて、その関係を楽しめる、少なくとも耐えられると自分に納得させたかった。クローゼットの中は息苦しくて生きづらかった。羞恥の感情に焼かれ、疲れ果て、孤独で憂鬱だった僕は、たくさんの人が望むような自分になりたいと願った。それが唯一の選択肢だと思えた。

『インセプション』の撮影中、レオナルド・ディカプリオの友人ピーターが現場を訪れ、僕にとって素敵な出会いとなった。ピーターは誰に対しても優しく、その目は周囲への気配りで輝いていた。次にレオに会ったとき、僕はピーターが好きだと言った。それに対し、彼も僕のことが好きだとレオは言った。初めてのデートは、レオとレオの母親と4人でユニバーサル・スタジオに行った。アトラクションでピーターと僕はそばに座り、太ももが触れ合った。母は大喜びだった。祈りが通じた！ と。

しかしピーターとの関係は長く続かず、確か1、2か月ほどで終わった。まるで高校時代の再来だ。

彼女と僕は同棲を始めるのが早すぎた。多分、少しだけ。タイミングがうまく重なりすぎたのだ。彼女が最初に買った家を売ろうとしているとき、僕は最初の家を買おうとしていた。ちょうど僕が新しい家に引っ越すとき、彼女の家の売却手続きが完了した。そこで僕たちは考えた、とりあえず一緒に住んでみるのはどうかと。彼女が次にどうするか決めるまでのお試し期間だ（という名目で自分たちを納得させようとした）。U-Haul［レズビアンカップルがすぐに関係を発展させて同棲を始めるというステレオタイプ］とは違う。

同居して物理的に一緒に過ごす時間が増えたこともそうだが、感情の動きが一致していることも僕たちの恋愛に火をつけた。しかし、僕も彼女も自分の感情をうまく理解したりコントロールしたりするすべをまだ知らなかった。少なくとも、僕から見て正しい方法は持ち合わせていなかった。そうして僕たちは関係を行き詰まらせ、やがて焼き尽くしてしまった。

僕はひどい終わらせ方をした。表面上はこっちから無理やり別れた形だった。ちゃんと終わらせなければいけないのに、それができなかった。離れたいという気持ち、喉の奥のもやもやした感情を、自分でもどこかわからない場所に押し込んでしまった。ベッドでよじるように身を引き、鼓動は乱れた音を立てた。体が示すうるさいほどのメッセージは彼女にも聞こえていた。僕はときに情熱的に愛を伝え、二人の未来を語ることもあったが、唇の上で作られる言葉に混乱もしていた。体から切り離された口だけが、大きな足を生やしてぜんまい仕掛けでよたよたと歩く。冷静でい続けることが目標だった。そのためにできるだけのことをした。

そして、別の人に恋をした。その恋について彼女に嘘をつき、嘘はばれた。連休の直前だった。僕のせいですべてがめちゃくちゃになった。まるで、ドラマ『Lの世界』のホリデーシーズンスペシャルだ。そうして僕は、混乱に拍車をかけるとんでもない解決策を思いついた。彼女とよりを戻したのだ。あのときに無意識だったかどうかはともかく、それは罪悪感から来た行動だった。今ならわかる。そんな関係が1か月続いた。少なくとも、別れは僕から切り出した。うまいこと向こうに言わせたりはしなかった。当然ながら彼女は怒った。

彼女のことは心から愛していた。もっと大切にすればよかった。真実が見えなくなるまで自分を冷静にさせてしまうのではなく、ちゃんと踏み出せばよかった。炎の中に人差し指を入れ、ちらちらと炎が踊る指先を舐めて親指とこすり合わせると、火はかすかな音を立てて一瞬にして消えた。

僕の体は、まだしっかり探っていない感情、感覚、願望、欲求をため込んでいた。簡単な文章が頭の中には出来上がっているのに、外に出てこない。言葉は目の前に見えて、読めて、声になって聞こえるのに、口は従わなかった。おもちゃのぜんまいがただカチカチと音を立てるか、そんな音さえ出なかった。

『インセプション』を撮影していた22歳のとき、背中にいきなり帯状疱疹が出た。シスの男性ばかりのキャストの中で、僕は自分の役をどう演じればいいかわからなかった。みんな素敵な仕事仲間だったが、僕は場違いだと感じた。撮影が始まってからの2週間、きっとこの役はキーラ・ナイトレイに変えられる、それも当然だ、と冗談を言っていた。帯状疱疹は、言葉では伝えられない体のストレスを伝えていたのだ。

彼女と付き合うことで、ようやくゴールに辿り着いて悩みが解消して安心できるだろうと期待していた。彼女はカミングアウト済みで、クィア女性の仲間たちに囲まれていた。僕もそのコミュニティの一員となったが、それはむしろ性別不合を徐々に悪化させた。気持ちは落ち着かず、やはり場違いな感じがして、心の中をほこりが舞っていた。他者に投影した感情はピンボールのようにあちこちを跳ねまわり、僕は混乱した心を押し込んだ。そうして希望を見失った。

「どうしてこんな気持ちになるんですか?」僕はセラピストに泣きついた。いつもそうだった。

「どうしてこの虚しさは消えてくれないんですか？」

　失っていくエネルギーの大きさに人が気づくのは、そのエネルギーの出どころを知ってようやくだ。源泉がわかるまで、エネルギーは目に見えない。ぎりぎり手の届かないところにある思考の泉。今になってようやく、自分がどれほど蝕まれていたのか、自分を必死にコントロールしようとする飽くなき欲求に脳がどれほど支配されていたのかが理解できる。自分を孤立させるための監視塔がそびえ立っていた。

　15歳のときの車内での出来事を、母は僕とは違った形で記憶している。たまにあのやりとりを話題に持ち出していた母は、本当は僕に訂正してほしかったのかもしれない。あの会話をまた始めさせたかったのかもしれない。会話をした場所さえ、フォルクスワーゲン・ゴルフの車内ではなく公園だったと言っていた。

「ポイント・プレザント・パークに一緒に散歩に行ったのを覚えてる。小さい頃のあなたは本当に可愛くて、パ、パ、パーク・プレザント・パークって呼んでたよね。それはともかく、散歩中、あなたは話すのをすごく怖がってたけど、ついに話してくれて、でも私は悲しい気持ちで黙ってしまった。それから私は確か、『あなたの人生がつらいものになってほしくないの』って言ったよね。この社会でどんな扱いを受けるかを心配して。今はそう言ったことを後悔してる」

　最近になってようやく僕は母の記憶を訂正し、真の対話、癒しの対話の場を設けた。それはオプラ・ウィンフリーの番組に出演した後、自分がトランスであることを公表してから数か月後だった。母とこんな話をできる日が来るなんて、まるで思わなかった。正直なところ、母が受け入れてくれると思っていなかったし、母を傷つけたくなかったし、悲しむ姿を見たくなかった。でも、人は驚くべき変化をするものだ。

話を切り出したのは母の方だった。母にはその覚悟ができていて、僕も同じだった。僕たち親子はかつてないほど近い関係になった。変化し、成長し、苦労しつつ進んでいこうとする母の姿勢は力強く感動的だ。今、母は味方だ。息子に無限の愛を注いでくれる。そんな深く純粋な愛情を得られる僕は恵まれている。最も美しく、僕にとって意味があったのは、母の中で古いストーリーや信条が薄れて新たな価値観が咲くのをこの目で見たことだ。

何かが開いた。母は以前よりも恐れなくなった。母はいつも自己批判的で、自分について「愚かだ」とか「バカみたい」などの言葉を使って自虐するのを子供時代にもずっと聞いていた。それが今はもっと柔らかく穏やかになり、少なくとも自省や修正へと変わった。自分にはその価値があるとわかったのだ。古い構造が崩れていくのと同時に、母は新しい何かを築き上げることもできる。僕に無条件に注いでくれる愛が自分自身にも向くようになったのかもしれない。

15 〝ライアン〟 ── "RYAN"

26歳の頃には、僕が同性愛者であることはおそらくすでにほとんどの人が知っていたし、私生活ではかなりオープンにしていたから、あとはついに公にカミングアウトすることが最後の一歩だと思っていた。しかし、気づけばまた本気の恋をしていて、しかもそれはとても閉じた関係だった。このときの恋人は、それまでの相手とは違って僕よりも性指向を隠していた。もちろん、どんなことも程度の問題だし、人はそれぞれの人生の旅の異なる地点で出会うもので、互いの線路をつなぎあわせることはできない。その人とは2年近く付き合ったが、親しい友人たちでさえ僕に恋人がいることに気付かなかった。彼女の両親も知らなかった。僕はクリスマスに遊びに来たただの友達だと思われていた。彼女の姉と二人の友人だけが僕たちの関係を知っていた。外で触れ合うことは決してなかったし、夕食に出かけることさえほとんどなかった。僕の携帯電話に彼女は「ライアン」という仮の名前で入っていた。

あるとき、僕たちはニューヨークシティのバワリー・ホテルに泊まっていた。通りを挟んだ向かいでは、よくパパラッチが有名人を待ち構えている。帰るときはまず彼女が外に出てタクシーに乗り、角を曲がってイースト・サード通り沿いの裏口に回り、僕はそこから乗り込んだ。彼女がヨーロッパで仕事をしていた時期には会いに行った。彼女が泊まっていた巨大なビジネスホテルはおしゃれでモダンな雰囲気で、グレーがたくさん使われていた。注文したルームサービスの品が運ばれてきたときには、僕は文字どおりクローゼットの中に隠れた。ドアの下から光が差し込んでいた。テーブルがガラガラと運ばれてくる音、金属製の料理カバーが鳴る音、ありがとうと言う彼女の温かな声を聞いた。ときにこんな何気ない瞬間が鮮明な思い出になるのは驚きだ。

彼女はクィアという概念をよく疑っていた。本当にそんなものが存在するのだろうか、それとも、そんなことを考える余裕がある人間の特権が生み出したものにすぎないのだろうか。僕自身も、クィアなんて存在しないのではないかと感じていた頃には同じようなことを考えた。俳優をしている自分がカミングアウトすることは決してできないと信じ、何に捧げる祈りなのかもわからないまま、どうか男性を好きになれるようにしてくださいと祈った。思い返せば、僕も彼女のセクシュアリティを疑っていた。厳しく身勝手なやり方で、彼女にとってまだ出す準備ができていない答えを詮索した。腹が立ったが、彼女の事情は理解していたし関係は続けたかった。実際、いまだ自分のすべてに嫌悪感を抱いていた僕が本当に腹を立てていた相手は自分自身だった。

パーティーの場でも僕たちはほとんど目を合わせなかった。偶然ふと視線が合うだけでクィアな秘密がこぼれ出してしまうかのように感じた。

「えっ、人前ではお互いを見もしないの?」と親友の一人は言った。

あるパーティーのことを覚えている。僕は家に帰りたかったが、彼女が鍵を持っていたのでもらう必要があった。そうして僕らはステルス作戦を決行し、こっそりと素早く手のひらの上で取引をした。

「お互いにボーイフレンドを作るべきなのかも」ある晩一緒にベッドで寝ているときに彼女は言った。周囲をけむに巻くため、ということだ。そうすれば羞恥心と警戒心が和らぐというかのように。僕たちは互いに他の人と関係を持つことを認める付き合いだったので、まったく不合理な提案というわけではなかった。

「僕は無理だけど、君がそうしたいならすべきだね」と返した。「すべき」という言葉は鋭く響いた。こうしてピンが引き抜かれ、崩れていくまであとは時間の問題となった。

徹底的に隠れた恋人同士でありながら、僕たちはその関係を大いに楽しみ、用心しつつ冒険的なセックスをした。パシフィック・コースト・ハイウェイの高架下の岩の上で、ジョシュア・

ツリー国立公園の岩陰で、飛行機の中で。見つかってしまいたい、もうどうしようもなくなりたい、という無意識の願望があったのだろう。無理やりクローゼットの外に引っぱり出されてしまいたいと。

出会いは映画での共演だった。よく移動車の後ろの席に座って毛布の下で手をつないだ。本能のまま手を伸ばして。話して決めたわけじゃない。言葉は必要なかった。

初めて会ったときのことを覚えている。シルバーレイク大通りの《ラミール・コーヒー》で注文の品を待っていると、彼女が店に入ってきた。光り輝いていた——着ているワンピースも、笑顔も、顔から髪をよける仕草も。彼女のものの考え方に僕は感動した。すっきりと明瞭で、知的で、感情が伴っていた。堂々としていた。彼女の隣には親友が座っていたが、僕は彼女だけ見ていた。本について、社会運動について、集合意識について、自然の深遠なる知について話し合った。サンセット大通りのローレル・キャニオンを車で南に走ると、彼女が出演している最新映画のポスターをいつも通り過ぎた。巨大な彼女の写真を見て、この美しさは危険だ、事故を起こしそうだと思ったものだ。

彼女との関係は僕も公にしたくなかった。一緒にいたかったから。僕たちは互いを愛し、深く思いやり、有意義な時間を共に過ごした。とてもいい空気で、癒しさえあった。彼女の誕生日には二人ではるばるノバスコシアに旅行をした。南岸の父の故郷から遠くないセーブル川へ行き、そこから北上してパグウォッシュ郊外に友達が持つ小屋に泊まった。ハイキングをし、たき火で料理を作り、滝の下で泳いだ。午後には昼寝をして、目を覚ますとちょうど日暮れ時だった。彼女の大好きな時間帯だ。彼女は僕の頭を胸に乗せて眠り、僕は静寂と彼女の匂いに浸った。この時間を瓶の中に閉じ込められたらいいのに、と思った。恋をしているときの静かな切なさ、そしてリスクを感じた。それからノーサンバーランド海峡沿いを車で走ってケープ・ブレトンへ向かった。彼女は周囲にはメイン州で瞑想中ということにしていた。僕は地元の人たちに会いに行くと言っていた。

ハリファックスからトロントに飛び、エア・カナダのラウンジでぴったり寄り添って乗り継ぎを待った。その後の行き先はばらばらで、どこだったかは覚えていない。僕は無料のエスプレッソを飲み、彼女は僕が読んでいた本『Sex at Dawn』を手に取って後ろのカバー袖に文を綴り始めた。あふれる愛の言葉。僕がこれまで受け取った中で最も美しい手紙の一つだった。結局僕たちが終わってしまったのはとても悲しいことだ。

ずっと続けていける関係ではなかった。隠そうとするときはいつもそうだった。嘘、不安、嫌悪感。周りの人たちは「彼女がクィアだとは思わない」と言ったが、僕がクィアであることは間違いないと思われていた。この羞恥は彼女の手には負えなかったのだろう。最終的に彼女は自分にとってベストな選択をせざるを得なかったが、残念ながらそれは僕の心を打ち砕く結果となった。

〝ライアン〟に別れを告げられて間もなく、彼女とのことを知っている数少ない友人の一人が、いつまでも失恋に打ちひしがれていないで出かけようと励ましてくれた。アリアの友人サムが小さなゲームパーティーを開くという。行きたかったかといえば、ノーだ。でも、無理をしてでも自己憐憫をやめることが大事だと感じた。

「ライアンもいるかもしれないしね」と僕は冗談を言った。

「いや、誰とも友達じゃないはずだよ」

それは本当だった。

僕はアリアと一緒に、三角屋根のリビングルームに敷かれた柔らかいラグの上に座った。テキーラを飲みながら、なるべく明るい口調でしゃべり、肩を落とさないようにどうにかエネルギーを奮い立たせた。

15分ほどしてドアが開き、ライアンの姿が目に入る前に声が聞こえてきた。温かな光のにじむ、あの声が。そして、男性の声も。男性は背が高くハンサムで、金髪に近い色の髪を無造作にまとめたおしゃれなアーティストだった。立ち上がって彼女と目が合うと、部屋がぐにゃりと溶け出し、膝は今にも崩れそうだった。彼女は視線を外し、自分の腰に手を当てる恋人に意識を戻した。僕はできるだけ見すぎないようにした。

僕は金属製の手すりをつかみながら、まっすぐ螺旋階段に向かった。アリアも後をついてきた。コンクリート作りの丘の上のパティオに出る。煙草に火をつけ、動悸と手の震えを鎮めようとした。ほどなくしてライアンと恋人は他の数人と一緒に外に出かけて行ったが、ゲームのルールが説明されるときに戻ってきた。ちらりと見ると、恋人と一緒にいる彼女はとてもリラックスしていた。

僕はとても抱えきれず、具合が悪くなったふりをした。「やばい、食当たりしたかも」と手で口を覆いながら言った。

洗面所に駆け込み、鏡を見ないようにしながら時間が過ぎるのを待ち、顔に水をかけた。リビングルームに戻り、テーブルの上で腕を組んでそこに頭を横向きに載せた。アリアに背中をさすってもらっていると、ライアンの恋人がココナッツウォーターを持ってきた。もちろん、彼は僕たちの過去を知らない。親切な行動だったが、そのココナッツウォーターを取って投げ捨ててやりたかった。アリアが間に入ろうとした。やがて僕は立ち上がり、外に出て車を待った。秘密は守った。

もともと、一緒にゲームナイトに参加することさえ考えられなかった。それなのに、恋人に触れられ、それを喜び、僕とでは不可能だった生き方をする彼女を目の当たりにしてしまった。彼女の幸せを喜ぶべきなんだろう、そう自分に言い聞かせた。喜んであげたかったし、前に進みたかった。でも、あまりにもつらすぎた。心がぼろぼろに抉り取られた。
人は傷つけられ、自分も誰かを傷つけるものだ。

16 スピード | SPEEDO

9歳か10歳くらいのときに男女混合サッカーの最後のシーズンがもうすぐ終わるとなり、僕はパニックだった。両親にもう1年このチームでプレイさせてもらえないかとリーグに頼んでもらい、逃れられない女子チームへの移籍を引き延ばした。「友達と離れたくないから」というのが周囲の受け止め方だった。もちろんそれもそうだが、不当とも思える苦しみの理由はそれだけではなかった。リーグはもう1シーズンだけ混合チームへの所属を認めてくれた。しかしその後は女子チームに入ることになった。

審判にじろじろ見られるのは屈辱的だった。短髪姿でキックオフのためにボールをセットしていると、よく「男子はこのチームではプレイできないよ」と言われた。「女子です」と僕は答えた。本心からそう思っているわけではなかったが、他に言えることもなかった。

審判の顔いっぱいにわざとらしい笑みが広がった。

しかし結局、僕にとってはその辱めの方が、自分はこのチームにいるべきでないという感覚や、もう男女が一つのチームとしては競えないのだという深いところの理解の方が、次に起こることよりはましだった。

胸が膨らみ始め、スポーツブラが気まずくも話題に上がり、体のラインを完璧に隠してくれるオーバーサイズのTシャツを探さざるを得なくなった。姿勢は崩れ、猫背になっていった。自己嫌悪が高まり、同時に自信も失った。そして生理が来た。市街地から1時間半ほど離れたウェントワースという標高248メートルのスキー場で父とスノーボードをしているときだった。あの金属的な血の匂い、まるでロボットからオイルが漏れるような。父が店に行ってナプキンを買ってきて、僕は手こずりながらようやく下着の内側に取りつけた。毎月このオムツをつけるのか?　と思った。擦れを考えるとタンポンの方がいいけれど、だからといってタンポンを試すのは冗談じゃないと思った。

体重は自分でも理解できない形で全身に再配分されていき、ギャップの男の子用コーナーで買った服は僕を裏切り始めた。自分を見失っていった。他の男子と同じように自分が知る自分へとは変化できなかった。早くこの悪夢から覚めたかった。鏡を見るたびに気分が悪くなった。目を閉じては、とても幸せだった瞬間、自分自身がちゃんと見えた瞬間を探し、その自分をもう一度見つけたいと祈った。

　その頃、思いがけないところから希望が出現した。女子チームに入らなければならなくなるときまで、ティム・ペルツァーという名前の男の子とよく一緒にサッカーをしていた。ティムの両親は、彼が生まれた頃にドイツからハリファックスに移住していた。両親は共にエンジニアで、一家はホーリークロス墓地からサウス通りを挟んだところに建つ、雨よけポーチ付きの古く背の高い赤い家に住んでいた。お父さんはサッカーが大好きでとてもうまく、僕たちにアドバイスをくれて、守備が空いているスペースの使い方や重要性、動き方、細かいターン、ワンタッチプレイ、顔を上げて未知へと突き進むやり方を教えてくれた。

　外はうだるような暑さだった。当時の感覚では、だけれど。ノバスコシアの夏の気温は摂氏20〜25度くらいだが、湿度の高い日は32度まで上がることもある。その日は僕たち数人の少年がティムの家にいた。子供たちは裏庭でサッカーボールを蹴って遊んだが、親たちは早く疲れてくれと思っていただろう。ティムのお父さんが子供用プールを出してきた。記憶ではよくある小さなものよりも立派だったが、それは僕自身が小さかったからかもしれない。プールに水が貯められていく中、はっと気づいた。水着を持っていない。手元になければ忘れられたから、大嫌いな水着のことを。水泳パンツなら大好きだった。父は水泳トランクスと呼んでいた。そのダイレクトな言葉を呟けば、口の中に高揚感が湧き上がった。水泳トランクス。心地いい響きだ。

「予備があるよ」僕の心配を察してティムのお父さんがそう言った。「ティムかベンのを使うといい」

僕の顔がぱっと明るくなった。ティムかベンの水着？

煙草の匂いを漂わせる彼の後ろについて家の中に入った。2階に上ったティムのお父さんは、赤の小さなスピードの水泳パンツを持ってキッチンに戻ってきた。目の前に差し出されたその水着からは、白い腰紐が手を振るように揺れていた。

毎回水着を忘れて来よう、と思った。肩紐に吊り上げられた布がお腹を隠して体全体を覆う感覚がいつも大嫌いだった。濡れて貼りつくその感触に、閉じ込められているみたいだと身震いした。男の子たちは水の滴るトランクスをつまんで太ももから引きはがしていた。小さくタイトなスピード水着姿で、太陽の下スーパーマンのように輝いている子もいた。

「ほら、これを着なさい」

まるで神聖なお守りのように、床に落としてしまわないよう慎重に受け取った。絶対に汚したりしたくなかった。洗面所のドアを後ろ手に閉めるときには思わず力が入った。ナイロンとエラスタンでできたその深紅色の宝物に酔いしれた。両足を急いで穴に通し、そのスピード水着を引っぱり上げた。便器や浴槽のへりに上り、穿いた水着が鏡に映るようにした。腰紐を閉めて結び、まっすぐ視線を上げて勝ち誇ったような満面の笑みを浮かべた。

裏庭に戻り、水着を着る前と変わらずにみんなと遊んだ。伸びるナイロン生地が僕の胸を隠していないことは問題なかった。子供たちだけではしゃいだ。さっきとただ一つ違うのは僕の幸福感だった。はっと視界がクリアになり、すべての色と音が鮮やかさを増した。喜びが押し寄せてきた。

実物のスピード水着を見たのはまだそれが二度目だった。一度目はプリンス・エドワード島に行った8歳のときだ。車で3時間半かけて、ニューブランズウィックからコンフェデレーション橋を渡って島に入り、母の友人ブレンダの家を訪れた。ブレンダは島の北側のノース・ラスティコに農場を持っていた。僕たちの他にも数人が集まった。母の別の友人サンディも、僕より少しだけ年下の二人の子供を連れて来た。二人の叔父でサンディの弟カイルも一緒だった。

カイルは僕が子供時代に知っていた二人だけのゲイのうちの一人だった。彼はときどきテレビで見るようなゲイだった。見た目も、話し方も、仕草も……ゲイそのものだった。気づけば彼をじっと見ていて、感覚で察し、認識した。頭の中のフューズボックスが反応して小さな火花を散らした。

農場は50エーカーの肥沃な平地だった。敷地には白いシングル葺きの古く大きな家が堂々と建ち、その右手裏の納屋では鶏が飼われ、朝日がわずかにでも差し込めば寝床から起きてきて餌をあさった。巨大な古代豚のメイベルにはなんだか親しみを感じた。促されるまでもなく僕は何度もメイベルのもとを訪れ、近づきたいけれどその逞しさに怯んであまり近づけなかった。この生き物に理屈は通じないのだとわかっていたから。納屋の向かいには木が数本立ち、枝が突き出たり曲がったり丸まったりして、基地にするのに最高の空間を作っていた。僕は何時間も外で過ごし、隠れ家を築き、捨てられた古いホイールキャップを入り口の前に転がしてコヨーテの侵入を防いだ。自然の中にいるのは昔も今も大好きだ。

その休暇中、僕たちはキャベンディッシュにある小さな遊園地兼ウォーターパーク「レインボー・バレー」に行った。僕は泳ぐことやウォーターパークはさほど好きでなく、多分それは水着が関係していたのだろう（今、改めて水泳トランクスを履いて、もう一度ウォーターパークの楽しさを知ろうと思う）。一番人気かつ一番高いスライダーの上で並ぶときには、カイルがスピード水着姿で僕の後ろに立っていた。その滑らかな肌の上で水滴が光っていた。日に焼けた引き締まった体、胴体は夢のような美しさだった。ピチピチの水着に視線を落とさないようにしたが、どうしても見てしまった。後ろに並んでいた10代の少年グループと同じように。「ホモ野郎……」そうささやく声が聞こえた。聞こえよがしにつぶやく声だ。あの臆病者どもが。

カイルが体を縮め、肩を丸めて少しだけうなだれるのを見た。丈の長い水泳パンツ姿のあの少年たちは、彼のような、僕たちのような同性愛者を軽蔑し嘲け笑った。僕は何が起こっているのかわかったけれど、わからなかった。カイルは何も言わずに僕を見て、ようやく順番が来て下へ向かって身を投げ出すときにはほほえんだ。

実際、僕はスピード水着で泳ぐようなタイプではないが、初めて水泳トランクスを履いて胸も手術の痕もさらけ出したときは言葉で表現しがたい気持ちになった。トロントでのその瞬間は、僕がインスタグラムに投稿した写真に最もよく捉えられているのではないだろうか。これでもかというくらいの笑顔だ。

昔はいつも気温32度の中プールサイドでタオルにくるまっていたのに、今は自分のものだと感じられる体で堂々と立っていられる。

「水泳ジーンズはちゃんと持ってきた？」ロサンゼルスの灼熱の太陽の下で女友達のアパートの屋上に座っていたとき、友達はそう冗談を言った。

トロントのあの裏庭で泳いだとき、僕は足を蹴って腕を伸ばして、自分の体の隅々までを感じられた。水から上がり、濡れて太ももに張りついた水泳パンツをつまみながら、胸から水が滴り落ちるのを眺めた。プールから出てビーチチェアに腰を下ろし、横になって日光浴をした。

17 衝突 ― CRASH

大人になって実家に帰るときには、いつも心の準備をした。仕事でずっと演技をしているからこそ、私生活で演技はもうしていられないと感じた。演技の必要なんてあるべきじゃない。リンダのために、そして父のために取り繕ってやる必要はない。

よし、今度こそ何か言うんだ。今回こそ、自分のために立ち上がるんだ。

「そんなことを言わないで」

「どうしてそんな言い方をするの?」

そう練習した。演技とも言えたかもしれない。

でも当然ながら、実家に着いてしまえばすべてを出し切ることはできなかった。玄関を入り、ただいまの声が階段を上っておかえりが帰ってくる。スニーカーを脱ぎ終わりさえする前に、背中が痛み、不安が湧き、腹にガスが溜まり、胸が重く沈んだ。本能的な感覚、責めるような視線。それは僕の決意を奪い去り、リンダがクランブルに入れるピーカンナッツのように粉々にする。そうしてまるで操り人形となり、機械的な応答を繰り返し、現実感さえなくなる。今思えば、僕はリンダから愛されるため、そして父を満足させるためにあらゆる努力を尽くしていた。父にかばってもらえないのならそんな自分に問題があるはずで、もしもやっとのことで解決策を見つけられれば、そのときにようやく安心できるかもしれないと思った。やがて実家にはほとんど帰らなくなった。

代わりに、父がロサンゼルスを訪ねてきた。そのとき僕は25歳で、カントン通りの自分の家で暮らしていた。若い家族と年配の人たちが多く住むその静かな住宅街を僕は気に入っていた。自宅には寝室が二つあり、広い裏庭は急な坂になっていた。ジャスミンの香りが庭を満たしていた。空間をいっぱいに満たすその香りをライアンがとても好きだと知っていたから柵沿いに植えたのだ。インゲン豆の形をしたプールもあり、カリフォルニアの太陽の下で輝いていた。夜になると庭は鮮やかな紫色に照らされた（少し前に別れた恋人が色付きの電球を好んでいたからだ。別れた後も交換を忘れ続け、やがて電球は切れた）。

そこそこの広さのリビングルームには大きな窓があり、通りを見下ろせた。家具は少なく、ソファ一つとミッドセンチュリーの椅子を2脚、白塗りのレンガ造りの暖炉の前に置いていた。あとはこじんまりしたギャレーキッチンと、その左にトイレ、そして居心地のいい寝室が二つあった。

来る前、父は僕の子供時代について話したいことがあると言っていた。そう聞いて最初に思ったのは、リンダから受け続けた敵意と、父がそこに踏み込めないようだったことについて話すのか、あるいは、僕と二人きりのときとリンダが場にいるときとで自分の愛情表現が変化していたとようやく気づいたのかもしれない、ということだった。父にもリンダを彷彿とさせる圧力があるが、その現れ方は違う。彼にリンダの厳しい目つきはなく、むしろ柔らかな口調で空気を操り、望むものを手に入れるのだ。相手を冷たい自己疑念の中に浸らせ、安心させるように見せかけて体温を蝕む。相手はなぜだかそれに従ってしまうのだ。

どういう意味かと電話口で聞けなかったのは単純に驚きすぎたからだが、空港まで迎えに行くときには恐怖と希望が胸の中で交錯した。謝罪を受ける可能性、すべてについて本音で語り合うこと、ついにその時が来たという気がした。

父が訪れた初日か次の日、僕たちはホールフーズで食料品を買った後、駐車場に停めた車の中にいた。こっちを向いた父は、考え込んだような表情をしていた。

「話したかったことというのは、その、ずっと考えていたんだが……」と父は話し始めた。「長いこと罪悪感を抱えてきたけど、やっとそれを話せるところまで来たと思う」

予想していた形とは少し違ったが、それでもこれで清算してお互い前に進めるはずだという希望にしがみついた。

「君がまだ小さいときにお母さんと別れたことをずっと申し訳なく思っていた」それを聞いた僕の脳は混乱で歪んだ。「でも、そうしなかったらリンダとは一緒になれなかった」なぜ父がこんな話をしているのか、なぜそれを僕に話すのか理解できなかった。あの家でリンダと育った毎日、僕は自分をとても小さく無力に感じていた。父が話を続ける。「君のお母さんといたらこの人生は送れなかった。今手にしている愛と幸せを手に入れることはできなかった。お母さんのことはとても愛しているけど」

君のお母さんといたらこの人生は送れなかった。その言葉を頭の中で繰り返した。この素晴らしい人生、というわけだ。その瞬間、一つのことがはっきりした。父は何も見ていなかったのだ。僕を見てなんかいなかった。

胸が燃えるように熱くて、うまく息ができなくなったが、車内という空間からは逃れられなかった。この前に実家に帰ったとき、僕はようやく自分の経験と苦痛、あの家で育ったことの影響をいくらか話すことができていた。しかしここでまた、僕の感情は押しやられ消し去られ、腹の奥に思い一撃をくらった気分だった。

僕は固まったまま静かにじっと前を見つめ、頭はその後の会話を処理できなかった。何も話さなかったわけではないが、話せているとは言えなかった。この感覚は生涯ずっとついて回ってきた。目に見えない口枷にいつの間にか黙らせられるのだ。僕の不安定な心は仕事でも問題を引き起こしてきた。鏡に映る自分の顔、窮屈な服。死にたいと思う気持ちは本気だったが、実際に死ぬつもりはなかった、少なくとも意識下では。それに最も近くて便利な代替策は、すべてをシャットダウンすること、思考を停止させることだった。そうして停止させた思考は過去の記憶へ流れていくことも多い——ストレスの上にストレスを積み重ねて。

このときも思考は過去の瞬間に吸い込まれた。

「もっとはっきりしゃべってくれる⁉」

そのときは、ある有名写真家による豪華で権威ある撮影会に参加しており、折りたたみ椅子に座ってヘアメイクをしてもらっていた。到着したばかりの撮影現場は、それまで見たことないほどの仰々しさだった。音楽が鳴り響き、視界の隅ではフラッシュ装置のテストが行われ、最強におしゃれな人たちがたくさんいた。まるで映画のワンシーンだった。

尻込んで無口になりながら、現場に入ってスタイリストに紹介された。衣装のフィッティングはなかった。選択肢は一つだけで、それを着るしかなかったから。背中のジッパーが上まで閉まりきらないきつすぎる青のドレスが、かろうじて残っていた自信を根こそぎ絞り取った。そして、またうまくしゃべれなくなった。口から言葉は出るけれど、ぼそぼそと聞き取れない声で漏れるだけだった。

世界的に有名なその写真家が、自分の椅子をこっちに引き寄せて自己紹介を始めた。メイクアップアーティストはそのために手を止め、写真家は初対面の場らしい質問をいくつかしてきたが、僕はうまく答えられなかった。何かに支配されて体がこわばり、反応しなくなった。彼女の苛立ちは目に見えて増していった。初めは困惑しているようだった表情が、すぐに敵意を示すものに変わった。

「あんた、言葉話せんの？」彼女は鋭くそう言った。

その発言と同時に、彼女は少し後ろに体重をかけて片脚を上げた。膝を引き上げて後ろに引く。そして、力を込めて僕の椅子の横側を蹴った。ブーツの底が木製のフレームに当たる。強く。心臓が跳ねた。あっという間の出来事だった。**一体何が起こったんだ？**

僕は呆然としながら身を縮めた。彼女が歩き去っていく間、涙でメイクを崩さないように必死だった。アイラインがにじんではいけない、絶対に。彼女の蹴りに何か反応をしたかどうかは覚えていない。覚えているのは、メイクが完成し、髪を艶やかなウェーブに整えられ、衣装を着て写真を撮られたことだけだ。

車が僕の家の私道に入った。パニックが体を駆け巡ったが、その理由は自分自身にさえ説明できなかった。今思えば、父にとっての真実に対して反論しなければならないと考えるだけでもパニックに陥っていた。不安が骨の髄にまで広がった。

袋から食料品を出した後、僕は携帯電話と財布とサングラスを手に取り、予約しているセラピーに行かなければいけないと言った。予約時間を父に伝えていたことを後悔しながら。互いに緊張感を隠して、大げさなほど感じよく振る舞う。まるで劇中の役者たちだ、暖炉も単なる小道具で、何も本物じゃない。

「まだ2時間もあるじゃないか」

「わかってるけど、この時間帯に丘を越える道路は混んでるし、コーヒーも買いたいから」

ベンチュラ大通りに向かってローレル・キャニオンを走る間、体が震えた。勝手に右足が跳ね、膝が細かくがたついた。運転に集中し、足を落ち着かせようとした。フロントガラスの向こうを見るが焦点は定まらない。赤信号、青信号、切れそうなガソリン。左折してムーアパークに入る。アイスエスプレッソを3ショットに豆乳を追加して、BMWミニのカップホルダーに置いた。この後はベンチュラ大通りに入り、コールドウォーター・キャニオンを通ってバレーからビバリーヒルズのウィルシャー大通りにあるセラピストの古いオフィスに向かう。早めに着いて車の中でコーヒーを飲もうと思った。

震えがひどくなってきたので、ラジオをつけてNPRの穏やかな声にうるさい思考をかき消してもらおうとした。コーヒーも少しずつ飲んだが、カフェインが不安感を和らげることはなかった。汗をかいているのに寒く、胃がキリキリと痛んでトイレに行きたくなった。まるで映画のジャンプスケアだが、その緊張感がいつまでも続いた。道路に目を向け、運転に集中しようとした。

赤信号で停止し、前の車を追い越すために車線を変更しようとした。ロサンゼルスの道路で何度もやってきた単純な操作だ。しかし、僕の車の左前部が前の車の右側リアライトにぶつかってしまった。僕の車より相手の車への被害がはるかに少なかったのがまだ幸いだ。その黒いセダンの後についてベンチュラ通り沿いの駐車場に入る間は罪悪感で吐き気がした。運転をしていてこんなことを起こしたのは初めてだった。相手の女性は震えていて、僕は繰り返し謝った。

「メッセージでも打ってたんですか⁉」女性は当然ながら怒ってそう言った。

「いいえ、どうしてぶつかってしまったのか自分でもわかりません。本当にすみません」

僕たちは連絡先などを交換し、写真を撮った。保険が適用された。間違いなく僕の過失だ。

車に戻り、時刻を見た。羞恥心に打ちひしがれながらセラピストに電話した。

「エレン、こういうこともあるものよ。軽い事故なんて毎日どこでも起こってる。私もやったことがあるし」

彼女の言葉は僕の心をなだめ、胃の痛みを落ち着かせてくれた。今から向かってもある程度セラピーを受ける時間はあった。

セラピストの部屋のソファに座る僕は、両手で頭を抱えて罪悪感に苛まれていた。セラピストは落ち着かせようとしてくれたが、僕は受け入れることができず、彼女の言葉は入ってこなかった。それからどういう流れか、話は父のことに及んだ。

「お父さんがこちらにいる間、一緒にセラピーに来てもらうのはどう？」

彼女がそれを言い終わるか終わらないかのうちに、僕は静かに言葉を遮った。

「え？　無理です」言葉は鋭く響き、信じられないという小さな笑いと共に出た。演技でしかないような、自分でも予想外の反応だった。

彼女は理由を尋ねた。実際、絶対に無理だということ以外に理由はなかった。

父と正面から向き合ってなんらかの境界線を引くことを考えるだけで、血を吐きそうな気分になった。

車をどうにかしなければならなかったことで、帰宅後には少なくともいくらか気を散らせた。電話をして、修理のために販売店へ。父はかなりの車好きで、兄もその息子二人も整備士をしている。だから父はそっちの手続きに没頭し始めたので、すべて父に任せて僕も自分の世界に入れた。

その日は頭の中で何度も違う伝え方を繰り返した。それが自分の勇気を引き出すためだったのか、伝えるまでの時間を引き延ばしていただけかはわからない。でも、結局伝えられなかった。言葉が出てこなかった。感情は内に閉ざされ、もう少しで出せるというところで毎回押し戻されてしまった。

境界線をぼやかせば、やがてそこに迷い込んでしまう。あの瞬間僕は、自分が切望するもの、理解、あるいは説明さえ決して得られることはないのだと感じた。何かが欲しかったのに。最終的にこっちが話すまでには、それから何年もかかった。

18 直感 — INTUITION

12歳のとき、僕はトイレに座りながら状況を理解していた。その日は両親から、「演技仕事」は将来の道にはならないと言われていた。

「こんなこと、ずっとは続かないんだから。希望を持たないでほしい」と両親はよく言っていた。

無理もない。僕たちの日常は映画製作の世界などとはほど遠く、ハリウッドはもはや神話上の土地のようだった。両親は悪意があって僕の能力を疑ったわけではなく、現実的な意図から、先走ったり興奮しすぎたりさせたくなかったのだ。今は演技が楽しい経験でも、学校の成績やサッカーだってある。演技をキャリアにするのは無理だと。

でも、僕にはわかっていた。目の前がクリアになったあの瞬間は一生忘れないだろう。長い時間便座に座ったまま、何を見るでもなくすべてを見つめていた。脱皮するような、言いようのない感覚。あらゆる俳優のうち、ジュリア・ロバーツが頭に浮かんだ。のちに『フラットライナーズ』のリメイク版に出演したことを考えると嬉しい偶然だ。

きっとジュリア・ロバーツも誰かにそう言われただろう、そんな未来はありえないと。非現実的だ、難しすぎる、不可能だ。でも、確かに現実になったのだ。自分にも実現するとわかる、その未来が見える。この心で感じる。

この思いは誰にも言わなかった、自分だけの小さな秘密として、心の奥底で感じていた。あの瞬間以来、自分はずっと演技を続けていくと信じて疑わなかった。オーディションに落ちることにも慣れ、動じなくなった。ある役が自分に決まったときには、他の役者が落ち込む。役を得られなければ、そのときは僕が落ち込む番なのだ。もちろん心は乱れるし、傷つきさえする。でも、なるようになるものだ。僕は早いうちにそれを理解したというだけだ。多くのことと同じように、やがて慣れていく。

この頃は親友と演技の練習をしていた。小学校に入学したときからお互い知ってはいたが、初めて二人だけで話したのは10歳頃、科学フェアのプロジェクトでペアになったときだった。そんなジャックとはすぐに、いつも一緒にいるほど仲良くなった。

ジャックは僕と台詞合わせをして、僕が台詞を全部覚えていることをチェックしてくれた。うちにはビデオカメラがなかったので、映像選考のオーディションがあるときには彼と一緒にダウンタウンのスタジオに行って自作テープを一緒に撮ってもらった。「サイド」と呼ばれるシーンの説明文がキャスティングディレクターからファックスで送られてくるので、それを演じた様子をビデオテープに録って郵送で送るのだ。時代と共にテープはCDに代わった。

ジャックと僕はどちらも変な子だった。二人で「ツリーバウンシング」という遊びを考案した。彼の家の庭にある巨大な木から垂らした長いロープに円い木片を取りつけ、そこに座って幹を蹴飛ばしてスイングするというものだ。ポイントは足の裏が樫の木にもう一度当たる前にできるだけ回転することで、背中や脇腹を固い樹皮に打ち付けることも多かった。痛みがあってこそ得られるものがあるのだ。「ハト党」という二人だけの政党も立ち上げた。マニフェストは曖昧だったが、鳩の権利を守るために街を歩き回り、鳩を見つけ次第インタビューをした。僕たちの求めに対して、たいてい鳩はよちよちと逃げていった。

ジャックへのいじめはかなりひどかった。彼はしばしば興奮しすぎることがあり、それにイラつく子たちは確実にいた。ある子はジャックにほぼ毎日嫌がらせをし、ロッカーの中に押し込もうとしたりしていた。その子は僕をゴミ箱に突っこんだこともあった。クラスには悪い子がたくさんいて、ジャックは心をかき乱され感情を爆発させた。それはいっそういじめを増長させた。僕は彼を支えたかった。彼も僕を支えてくれた。僕たちには互いが必要だった。

ジャックは3歳のときに父親を亡くし、継父はあまり優しい人ではなかった。僕の主観が入っているかもしれないが、彼の継父は実の息子の方に明らかに優しかった。僕はそのことに強い怒りを感じたが、自分に何ができるのかはわからなかった。まだ子供のジャックは、一人ぼっちで行き場のない悲しみを抱えていた。

「ジャックといなかったら君ってクールなのに」別の友人が、タワー通りに建つその子の家の近くで一緒にテニスをしていたときに言った。小学校の頃はその子と親友だったが、中学に上がってからは距離ができていた。彼は人気者グループに入り、一方の僕は「クール」なものには興味がなかったから。ジャックと奇妙なゲームを考案したり、ファックス機から出てくるさまざまな台本で演技する自分を撮影したりすることの方に夢中だった。虚勢を張らない人と一緒にいたかった。時間の許す限りジャックと二人でいた。「クールさ」や「人気」に対して抱いた反感は、いくらか無意識だったとしても、僕が自分自身を偽っていることに関係していたのだろう。人気は究極の仮面だから。きつすぎる型。僕はもう充分に窮屈だった。

14歳のときに僕が初めて映画の主演を射止めたのはジャックのおかげだった。その役に選ばれたのはダウンタウンで撮った自作ビデオが理由だった。「サイド」を床に広げて、ジャックは僕を笑わせながらさまざまな相手役を演じてくれた。二人だけの演技。僕はその瞬間、肉体から離れて消えることができた。矛盾するようだが、それによって自分の体ともっとつながることができた。これは現場に行って撮影したときにも起こった。衣装と髪型は必ずしも好きじゃなかったけれど、演技をしているときの喜びを感じ、肉体を離れられたことで、呼吸ができた。ジャックには感謝すべきことが本当にたくさんある。

それは『I Downloaded a Ghost』という映画で、タイトルから察されるとおり、ティーンエイジャーがインターネットで幽霊をダウンロードするというストーリーだ。幽霊役は、いまや『ポリス・バカデミー　マイアミ危機連発!』で有名なカルロス・アラズラキだった。彼はものまねがとてもうまく、僕は何度もやってほしいとねだった。特にホーマー・シンプソンの真似がお気に入りだった。彼は陽気で優しく、忍耐強く僕に接してくれた。子供と仕事をするというのはときに大変なことだ。

撮影はサスカチュワン州サスカトゥーンで行われた。これほど家から離れたところに来たのは初めてだった。いじめっ子を演じた女性は役どおりの10代ではなく20代前半で、美しく誠実な彼女は僕に優しくしてくれた。僕は彼女に抱いた恋心に、その振動に、彼女を包む光に圧倒された。ハリファックスの学校に戻っても、彼女がふらりと教室に現れることを空想した。そんなことが起こるかもしれないと本当に信じていた。どれだけ自分中心の考え方だろう。その恋を完全に自覚していたわけではなかった。ただ、彼女のことが頭から離れない、会いたい、それだけだった。彼女は僕の片想いに気付いていただろうか?　それはわからない。

撮影が終わると、現場での強い絆が突然崩れることにまだ慣れていなかったのでつらかった。

働くことは燃料になった。働いている間は、その瞬間を生き、感じざるを得なかったから。この頃の数年間はあまり学校に行っていなかったから成績は悪かったはずだと思われるだろうが、実際そんなことはなかった。一対一で家庭教師に丁寧に見てもらいながら学ぶ機会があったおかげで、学校で感じていた自信のなさを教科書の散らかるトレーラーや楽屋で感じることはなかった。仕事中は仕事だけに集中できた。

『I Downloaded a Ghost』への出演後は仕事がどんどん舞い込んできた。何かが起きている、これはありうるぞ、と思った。いくらかの自律性が認められる空間を、学校が見せてくれない現実を映し出す場所を僕は求めていた。撮影現場に入るたびに新たなスタートを切れる、その感覚の虜になった。広がる可能性に魅せられ、その世界に自分のすべてを注ぎ込んだ。そこでは変な子でいることもむしろいいことだった。もう後ろを振り返りたくなかった。

僕は『Ghost Cat』という映画の主役に選ばれた。こっちもタイトルから予想されるとおりのストーリーの家族向け映画だ。ロッテン・トマトが的確に内容を説明している——マイケル・オントキーン演じる男と彼の10代の娘が古い家に引っ越してくるが、そこで幽霊のようなネコがいたずらをする、という話だ。映画の主演を務めるのはこれがまだ二度目で、どちらもタイトルに「ゴースト」が入っていたのは偶然だ。

マークと出会ったのはこの映画の撮影現場だった。僕は16歳になったばかりで、彼は14歳で僕よりも背が低かった。マークは幼い頃大好きだったテレビアニメ『アーサー』の主人公のツチブタの声を何年も担当していたし、映画『The Interrogation of Michael Crowe』で話題となった彼の演技を観たばかりだったこともあり、会うのがとても楽しみだった。僕が演じた役は町に新しくやってくる子供で、マークは僕が友達になる親切な隣人役だった。

監督のドン・マクブラーティは素晴らしい仕事相手だった。親切で、いいアドバイスをくれた。映画のストーリーは、深い悲しみと変化に直面しながら新しい環境にも自分自身にもなじめないでいる少女を描いたものでもあった。撮影が始まる直前の現場で、額入り写真の中に写る自分が目に入る。顔周りに長い髪が伸び、額がつやつやと輝いている。あれは誰だ？　吐き気の波が襲う。でも、アクション！　の声が聞こえれば吐き気は消えた。

マークとの仲が深まったのは、それから数か月後にモントリオールで次の出演作を撮っていたときだ。デルタ・バークを主演に、アメリカのライフタイム局で放映された『Going for Broke』という作品だった。その時期にピンときた相性のよさは今もずっと変わらない。それ以前も連絡は取り合っていて、マークも同じ地で撮影をしていたので会おうと話していたが、まだ具体的な話はできていなかった。

僕はギターのコードブックをめくりながら、ケベックを拠点とするブランド「アート&ルシアー」のアコースティックギターを不器用に弾いていた。シンプルな曲に載せて静かに歌を口ずさんだ。ボブ・ディラン、キャット・スティーヴンス、ビートルズ、自作の曲も少し。そのとき、ホテルの部屋の電話が鳴った。

「はい？」

「やあ！」マークの声だった。

ちょうど散歩をしていてこのホテルを通りがかったとき、ここにエレンが泊まっているはずだとわかったのだという。そうして自動ドアを抜けてフロントデスクまで行き、「エレン・ペイジの部屋につないでいただけますか」と堂々と言った。そして、モントリオールのダウンタウンにある数えきれないほどのホテルのうち、確かに僕はそこにいた。これをマークは奇妙で強い直感だったと表現する。間違いないと感じたのだ。

マークと二人きりで過ごしたのはそれが初めてだった。他のキャストも家庭教師も親もいない場で、マークはそれまでにない形で心を開いてくれて、そこから悲しみがこぼれ落ちた。いつでもとても優しく、思慮深く、忍耐強く、本当に完璧な彼には、そんな自分からの息抜きが必要だった。誰かに心から「元気？」と声をかけてもらう機会が必要だった。マークは苦しんでいた。他の子たちから孤立して。家でも学校でも仕事場でも孤独と虚無感に苛まれながら、その理由をはっきり理解できずにいた。演技をしなければならないという巨大なプレッシャー、しかしそこから喜びはほとんど得られなかった。僕の目の前でマークにひびが入り、ひびは広がっていった。それはいいことで、必要なことだった。植物がコンクリートを突き抜けて顔を出すように。

それ以来、マークはあれほど多くを打ち明けてしまったことをたびたび謝ってきた。自分の感情を恥じていた。僕は彼にありのままの自分を表現できる場を持ってほしかったので、何でも吐き出してほしい、言葉を選んだり遠慮したりしないでほしいと促した。マークの心が張り詰めているのを感じ取れたので、リラックスして自然体でいてもらえることを願った。

僕にとって、モントリオールで彼と一緒に過ごした時間は音楽で彩られている。いつまでもレディオヘッドを聴き続け、僕よりずっとギターのうまい彼に「Fake Plastic Trees」の初歩的な練習を手伝ってもらった。でも、あの時間を形作ったのはトム・ヨークの特徴的な声だけでなく、僕たちの深い部分でのつながり、正直な気持ち、互いへの理解でもあった。二人の子供が共に過ごしたあの瞬間が、生涯の友人関係につながった。

1年後に通うことになるトロントの学習プログラム「インターアクト」を初めて知ったきっかけもマークだ。あの学校で僕は、マークが自分らしくいられる相手になれたんじゃないだろうか。それと同時に、僕もできる限り自分らしくいられた。彼は過保護と言える両親のもと、僕よりもずっと世間から隔離されていた。学校でも仕事場でも、マークはいつも両親と一緒だった。子役にはありがちなことだが、孤立しているのに一人にはなれないのだ。

小さい頃に母と乗ったとき以外、トロントの地下鉄はほとんど使ったことがなかった。エトビコにあるおばの家を訪れた15歳の夏、そこからダウンタウンに移動するために初めて一人でトロントの公共交通機関を利用した。それからはよくソニーの黄色いポータブルCDプレイヤーでコールドプレイの『Parachutes』を聴きながら、その日に受けるオーディションの台本に目を通したものだった。それもあって、まだトロントに住んで1か月しか経たないうちに僕はすでにマークよりも街のことをよく知っていた。自分が本当に欲しいものを自分で決めるための自立と余裕をマークが手に入れられるよう後押しする僕のことを、彼の両親は恨んでいたと思う。

僕たちはずっと、お互いが真実を見つけ、恐怖心やエゴや無意味な期待を押しのけて進んでいくのを助け合ってきた。その正直な関係を守り、相手にとって安心できる場所であり続け、たとえ相手が自分を隠そうとしてもちゃんと見てあげる友人でい続けた。多くの面で、互いを深く知るマークとの関係はかつてのジャックとの関係とそっくりだ。

ジャックとは僕の転校をきっかけに疎遠になった。お互いに興味の対象が変わったし、僕は撮影のために長期間遠くにいることが多かった。新しくできた友人たちからさまざまな形で刺激と勇気をもらい、自分の無知に気付いた。10年生のときには、イラク戦争に反対するためデモ行進に初めて参加した。ナオミ・クラインやアルンダティ・ロイなどの本を仲間たちと紹介し合った。自己意識が芽生え始め、奥底で成熟していくのを感じた。興味が広がるにつれて映画の趣味も広がった。この時期に俳優業にも転機が訪れた。与えられる役柄や作品のストーリーはより大人びたものになり、強く複雑な感情を押し出したり引っ込めたり掘り起こしたりする必要があった。もっとやりたい、飛び込んでみたいと思った。そうして10年生を終えたときにハリファックスを離れてトロントに移った。挑戦してみようと決意した。ジャックは見捨てられたと感じただろう。離れていった側の僕でさえ同じように感じた。僕が人生で得たうち、最も深い友情の一つだったから。

22歳くらいのとき、ジャックと久しぶりに再会した。それ以前もいくらかやりとりはしていた。僕と彼とは誕生日が2月21日と23日という2日違いなので、その頃に短いメッセージを交わして近況報告をしていた。会った場所はサウス・パーク通りに建つ彼のアパートだった。数軒先にはかつて通っていたYMCA幼稚園があった。ジャックの分譲アパートの部屋は高層階にあり、バルコニーからは通りの向かいのパブリック・ガーデンを見下ろせた。彼は輝かしい人生を築き、その暮らしは幸せそうだった。お互いに仕事での移動が多かったので、ああやって会えたのはラッキーだった。久しぶりに話ができて楽しかった。二人とも、もう大人になっていた。

19 オールドネイビー ― OLD NAVY

《オールドネイビー》の看板は、蛾を吸い寄せる消えかけのガス灯のように母を誘った。母は残されたわずかな力を振り絞り、目指していた数メートル先のゴールに向かって羽を動かした。バージニア州リッチモンド郊外のどこかで、僕はそのファッションチェーン店のドアをくぐり、絶え間ない世間の目に疲れ果てぐったりしながらも、母のためにここでは「女の子」になろうと心を固めていた。

母の人生は楽ではなかった。働くシングルマザーであり、幼い頃から喪失を身近に経験してきた人だった。1954年にニューブランズウィック州セントジョンで、グラディス・ジーンと聖公会の牧師だったゴードン・フィルポットの間に母は生まれた。母が子供の頃に一家はたびたび引っ越しをし、セントジョンからトロント、そしてハリファックスに移り住んだ。おばたちはいつも両親のことを懐かしそうに話していたが、その声や沈黙にはなお悲しみが残っていた。母が16歳のとき、ゴードンは心臓発作で急死した。葬儀はカナダ最古のプロテスタント教会であるセント・ポール教会で行なわれた。椅子の後ろ、さらにはドアの外まで参列者があふれ、彼に心を動かされたすべての人たちから愛と深い敬意が寄せられた。母によると、彼は自分の説教を楽しく若々しいものにしていたという。セント・ポール教会で牧師をしていた彼は、祭壇に立ち、ビートルズの歌詞を織り交ぜながらイエスの言葉や教訓を説くこともあった。

祖母は深い悲しみを抱えながら、夫の死後も子供たちのために強く生きた。まだ自立していない四人の子供のたった一人の親となった彼女にとって、そうするほかなかった。自分の苦しみは周囲に見せなかった。祖父が亡くなって2年後、祖母は胸にしこりを感じ、しこりは増えていった。主治医にはあえて言わなかった。当時の医療では生存の可能性は低かったので、治療を受けたくなかった。子供たちを含め、誰にも言わなかった。潰瘍化していたのだろう胸の腫瘍を、ベビーパウダーとティッシュと香水で隠し、癌に侵されていった。父親を失ったばかりの子供たちにそんな姿を見せたくなかったのだろう。

祖母が亡くなったとき、母は留学中だった。学位取得のためにフランスへ留学していたのだ。フランス語の教師になることが母の夢だった。その言語と流れるようなリズム、よく知っているが体験したことのない風景を学ぶ冒険を楽しんでいた。パリでその地特有の話し方を研究し、新しい文化に浸った。石畳の上、一人で噴水の前に立つ母の写真がある。数年後に父からプロポーズを受ける、ロマンスの街。シックで優雅な薄茶色のロングコートが膝下まで延び、柔らかなほほえみが映え、短く整った髪が頬骨を際立たせている。フレンチ・ニューウェーブの、はっとさせる美しさだ。

母は祖母の葬儀に参列できなかった。１９７０年代だ、ちょっと電話をかけて連絡するということのできない時代だった。ファックスもない。家族はあらゆる手を尽くし、学校を通じたり、学生に人気らしいバーにさえ電話したが、母はつかまらなかった。ある日、街を歩いていた母は郵便局を見つけ、実家に電話すべきだとふと思い立った。電話をかけると、アメリカのニュージャージーに住む義理の兄が出た。

「あら、ジョン！　どうしてそこにいるの？」と母は尋ねた。

義兄は返答に困り、母の妹ベスに電話を渡した。ベスもまた何と言えばいいのかわからず、電話を受け取った姉のヘザーが母に伝えた。グラディス・ジーン・フィルポッツが亡くなり、葬儀はすでに執り行なわれたと。

すさまじい衝撃、耐えがたい痛み、悪夢だった。友人たちが母を寮に連れ戻した。

「お姉さんと妹さんに連絡しようか？　どうやって実家に帰るか考えようか？」と友人たちは声をかけた。

母はフランスに残って勉強をやり遂げる決心をした。自分の母親もそれを望んだはずだ、と心の底からわかっていた。

最終的に母が実家に帰ったときのフライトのことを想像すると胸が張り裂けそうになる。雲の中の地獄、煙の充満した機内に座る喘息持ちの母。孤独、寂しさ。想像を絶する悲痛。着陸の際の車輪の鈍い音、地上に戻り、現実が戻ってくる。

わずか20歳で、母にはもう両親ともいなかった。

フランスから帰国した母は、ハリファックスのマウント・セント・ヴィンセント大学でもう1年学んだ。二人の妹はノバスコシアからニュージャージー州に移住し、すでにアメリカ人エンジニアと結婚して同州バインランドに住んでいた長女のヘザーと同居した。つらい時期を経験したからだろうか、ヘザーはつらつとした雰囲気をまといながらも周囲を深く思いやる人だった。悲しみの真っ只中、それでも力を振り絞って他の人を支える。簡単なことではなかったはずだ。それから何年も経ち、ヘザーが大腸がんと診断されて亡くなったときの母の悲しみの深さは僕には想像しきれない。

生前にヘザーはバージニア州に引っ越し、母と僕はよく会いに行った。その旅行はいつも特別なもので、母が生き生きと楽しそうにしていた思い出がたくさんある。僕はヘザー伯母さんのベッドに登り、隣に座って彼女の好きなイギリスのコメディ番組を色々と一緒に見た。母も一緒に見ているときには、笑う母の鼻がよく鳴ったので、それが僕をいっそう笑わせた。楽しい時間だった。二人が一緒に大きな笑顔で幸せそうにしているのを見るのが好きだった。

　ヘザーの家はリッチモンドのすぐ郊外にあった。そこではいとこたちと外で遊んだり近くの湖で泳いだりした。一度、ゴミ捨て場に行ったときにボロボロの古いゴーカートを見つけた。それが動いたのは15分ほどだったが、その短い時間は今も忘れられない思い出だ。ゴーカートが壊れた後は、まだ充分使えそうなテザーボールのセットを見つけた。大人に組み立てて地面に固定してもらって遊び、夜は焚き火のそばでスモアを食べて一日を終えた。

　僕はよく何時間も外にいて、土の上に座ってアリが手に這い上ってくるのを見た。小さな脚をばたつかせながら、僕の手のひらの上で円を描いていた。映画『モーグリ：ジャングルの伝説』でアリを食べるモーグリのようになりたかった。アリたちは手の側面に下りていって拳の関節に達すると、再び方向を変えて手首へと進み、腕時計の周りを慌てるように走った。僕はそのアリたちを一匹ずつ舐め取った。それを見たいとこが走って行って、母に告げ口をした。母がずんずんとやってきて、僕の口の中に乱暴に指を突っ込んでかき回し、死んだアリやもがいているアリを取り出した。引き抜かれた指に黒い筋と血が付いていたのを覚えている。気持ち悪いけれど、伯母の冷蔵庫に入っていたクラフトのスライスチーズよりもはるかに栄養はあっただろう。

　思春期になって最後に訪ねたとき、伯母の家の雰囲気は以前と変わった。そのときはヘザーの親族の子供たちも来ていた。母と僕があの家に頻繁に行けるわけではなかったのでその子たちと会うことは珍しかったが、ヘザーの家はいつも人が集まる場所で、彼女の生涯最後の年もそうだった。

「そのTシャツ、どこの?」年上のいとこが鋭い声で僕に言った。その響きは、僕が普通と違うことをその子が気づいたときに生まれていた亀裂をいっそう広げた。細いストライプ柄のそのTシャツは、最もよく着ていたものの一つだった。色はアースカラーで、微妙にグラデーションになっていた。下は光沢のある深緑のバスケットボールパンツを穿いていた。アディダスの靴から堂々と伸びるスポーティな白のソックス。手首にはごついカシオの腕時計。

いとこはそのTシャツを買った場所を知りたいわけではなく、そのTシャツが気に食わなくて、僕が変な格好をしていると言いたいだけだった。アメリカンイーグルやオールドネイビーのタンクトップ、パーカー、ジーンズという彼女の格好は、この頃僕を忌み嫌うようになった女の子たちの服装とまったく同じだった。僕の方を見ては顔をしかめる、あの子たちの。

そんな疎外と孤立は、バージニアまでの2000キロの道のりをも追いかけてきたのだ。

「カナダにもショッピングモールってあるの?」といとこは言った。

僕は口ごもりながらゴーカートのことを思い出した。湖と、その水の温かさ。うるさいアヒルたち。湖畔で飲んだ冷たいペプシ。凍らせたチョコ菓子が驚くほどおいしかったこと。

どうしてここなら違うと思ったのだろう？　ここなら14歳の〝トムボーイ〟がなじめるだなんて。

みんなでバージニアにいる間にいとこは16歳の誕生日を迎えた。パーティーは彼女の母親の家で開かれる予定で、ヘザーの家から車ですぐのところにあった。僕も招待された。いとこは人気者で見た目もよかったので、パーティーは僕がそれまで出席したことがないほどクールなものになるだろうと思った。笑いものにはなりたくなかったし、男の子の自分を捨てて行こうと思った。母を喜ばせたかった。

「お母さん、オールドネイビーで女の子っぽい服を買ってくれる？」と僕は言った。普段なら気まぐれに服を買ってもらえるほど収入に余裕があるわけではなかったが、今回は別だった。母にとって夢のようなことだったのだから。希望を与えられたように弾む母の声は耳心地がよかった。僕は母の笑顔を見るのが好きだった。

「もちろんよ、エレン！」母は顔を輝かせた。

母の興奮は、副流煙でハイになれる水パイプの煙のように広がった。バージニアの高速道路を走る間、重たい湿気が肌の上にべとつく水分の膜を作った。ハリファックスの郊外にあるものとそっくりな工業団地に車を停める。整然と区画された巨大な駐車場で、長方形の小さな各駐車スペースが買い物客を待っていた。ペンキで塗られたコンクリートの海の中、よく知った名前の大型店が並ぶ。ギャップ、アメリカンイーグル、オールドネイビー。ウィンドウにはセールや新商品を宣伝する紙が貼られ、自動ドアの中から漏れるポップな曲が客を誘い込んでいた。

車を停めて店の方に近づいていく母はもはや踊っていた。沸き立つ喜びで体をアリのようにくねらせながら、駐車場から見える天国へと向かう。ハリファックスの工業団地にまだオールドネイビーはなく、しかもバージニアのその店はかなりお買い得だった。ドアが開き、今にも飛び跳ねそうな勢いで母が中に入る。今日がチャンスだ、と。

女の子服コーナーを歩きながら、諦めた気持ちになったのを覚えている。ピンク、ベイビーブルー、キラキラの飾り、タンクトップ、ヘソ出しトップス、ローライズジーンズ、すべてが混ざり合ってポップな周波数が脳に侵入してきた。「ガールパワー」の誕生にインスパイアされた文章がグラフィックTシャツを彩っていた。

母はラックからいくつも服を手に取り、機関銃のようにしゃべっていた。僕は向こう側の男の子服コーナーを見つめながら、空っぽの頭でただうなずいた。他にできることなどあっただろうか。

タイトな服に着替え、振り返って試着室の鏡を見つめた。そこには初めて会う人、あるいは以前会ったことのあるかもしれない人がいた。「はじめまして」と言うのにも緊張する。その人は僕の目をじっと見ていた。上から下まで僕の体に視線を走らせ、僕も同じように彼女の体を見る。小さなレースの模様が入った水色のタンクトップ。スキニージーンズでラインの浮き出たお尻は、みんな見てごらんと言わんばかりだ。前面に「オールドネイビー」の刺繍が入ったシャツに袖を通すと、肌の表面に残った汗に貼りつき、胸に沿ってカーブを描いた。

そこに立つ僕は、まるでポスターの枠の中に入ったような、ウィンドウに飾られたマネキンのようだった。今の自分なら価値がある。自分の力で立ち上がらないといけない、もっと大人になって、扱いづらくわがままな子供でいるのをやめなきゃならない。若い女性になって、母の誇りになるのだ。

母の興奮は伯母の家に戻る間も続いた。僕は母の顔を見ていた。足元に置かれた袋が目に入るたびにダメージを受ける。大きく息を吸い込んで、ゆっくりと吐き出す。これがあれば母は安心できる、今日の日は夢じゃなかったのだと。回転していたコマがぱたりと倒れる。オールドネイビーでかかっていた曲がカーラジオにまでついてきた。夏のヒット曲が繰り返される。

Gitchie, gitchie, ya-ya, da-da (da-da-da) Gitchie, gitchie, ya-ya, here (ooh, yeah, yeah)

パーティーは穏やかに始まったが、やがてジェニファー・ラヴ・ヒューイット主演の映画で見たことのあるような激しいものへとみるみる変わっていった。みんな飲酒をしていい年齢ではなかったが、驚くことに酒はそこらじゅうに置かれていた。僕はときどき親のビールを一口もらったり、大晦日にシャンパンカクテルを飲ませてもらった後しばらく家ではしゃぎ回ってからぐっすり眠ったりした以外、本格的に飲酒をしたことはなかった。高校時代の日常的なパーティーはまだ始まっていなかった。サッカーなどのスポーツのように酒を飲むパーティーの日々はその後すぐに始まるのだけれど。

酔っぱらったいとこの友人が隣に座り、カナダのことを聞いてきた。

「君んちはかまくらなの?」彼はまっすぐに尋ねてきた。

うちはかまくらじゃないよと僕は説明した。彼はカナダがいかにダサいかを話し続けた。親たちも家にいたが、その部屋には入ってこなかった。続々と人が増えていく。音楽のボリュームが徐々に上げられ、話を聞き取りにくいほどだった。混みあっていくその家がヒップホップの低音で振動する中、僕は小さく膨らんだ自分の胸を見下ろした。新しい服は、期待していたような魔法の解決策をもたらしてくれるわけではなかった。布は薄くなったが、不快感は重くなった。

たぶん、頑張り続ければ、練習を続ければ、できるようになるんだろう。そう、努力と選択が必要なんだ。

でも、ハリファックスに戻って学校の門をくぐれば、すぐに効果があった。きれいな女子たちが服を褒めてくれた。オールドネイビーのジーンズは脚にぴったりとフィットし、タンクトップは女子更衣室以外では学校で見せたことのないほど肌を露出していた。

「そのシャツ、すごくいいね」

うまくいくってわかってた、と誇らしく思った。これでうまくやれる、と。

「いいお尻してるじゃん」と、ケイティが角を曲がりながら肩越しに振り返って言った。いたずらな笑みを浮かべ、髪を後ろになびかせて。僕は男としてのお尻を彼女に気に入ってほしかった。

「あとは音楽の趣味を変えたら」サッカーの試合に向かう車の中で、髪をきついポニーテールに結んだチームメイトが提案した。僕はレディオヘッドとビョークが、いわゆる「変な音楽」が好きだった。自分は捨ててもいいけれど、好きな曲を捨てはしない。

バージニア州リッチモンド郊外の工業団地のオールドネイビーで鏡に映った女の子に対する周囲の反応は望んだとおりのものだったが、その注目に対する僕自身の反応はそうではなかった。ただ刺すような痛みが強まって、傷口が引き伸ばされて汚染され、そのグロテスクさが際立つだけだった。

それでも、あの日の母の満足感、幸福感、つらいことばかりだった世界でもすべて大丈夫なんだと感じていたような母の姿を振り払えなかった。母にその感覚を与え続けてあげたかったけれど、僕の新しい外見はやがて消えていった。グラフに引かれた二重線のように。

20 あと少し ― JUST LEAN IN

ニッキーは他の子たちとは違っていた。いつも自然体で、優しくて、堂々としていた。彼女の笑顔、あの笑顔は相手を温かく迎え入れた。豊かな赤髪が顔周りでウェーブを描いていた。体ごと彼女の方を振り返るたび、弾けるキャンディが胃の中でパチパチと鳴り響くような感覚がした。声帯は震えるけれどなかなか言葉が出ず、彼女の緑色の目にただ吸い込まれ、後から自分の言ったことを後悔するのだった。10年生、僕は恋をしていた。

ニッキーは英語のクラスで僕の後ろの席に座っていた。中学校時代にバスケの試合で一緒になったときから彼女のことは覚えていた。ニッキーは僕の義兄姉と同じキュナード中学校の生徒だった。スコットとアシュリーの父親はそこの教師で、ニッキーは彼のことをとても好いていた。

コートでプレイするニッキーの姿が記憶にあったのは、彼女を見ずにいられなかったからだ。

その力、電磁的な引力に逆らえなかった。一部の女の子たちから受ける影響にはときに困惑した。人は誰でも放射線や周波のようなものを発している。あるいは何らかの振動か。目に見えないものが届いているのかもしれない。

『サイエンティフィック・アメリカン』誌に掲載されたタム・ハントの記事はこう説明する。

異なる振動をするものやプロセスが接近すると、興味深い現象が起こる。少し間があった後、しばしば同じ周波数で振動し始めるのだ。その「同期」には、神秘的に見えるものもある。

「そんなに強引に僕のことをガードしてこないでって言ってたよね、あはは」と、ニッキーはいつもの魅力的な笑顔で言った。

どきっとした。あの試合の瞬間を覚えていたのは僕だけじゃなかった。彼女も僕を覚えていたのだ。

それ以来、僕は授業でいつもニッキーの近くの席を取った。彼女を見る理由を探した。ニッキーは靴下とビルケンシュトックの靴を履き、着心地のよさそうなセーターを着ていた。最高の笑い声をしていて、みんながつられて笑った。僕は彼女のユーモアのセンスに魅了された。

「セーターベストはね、腕は暑いのに胸元は寒いっていう太古からの問題を解決してくれるの」と、ニッキーはわざと真顔で自分のダウンベストについてそう言った。

僕はうるさい声で笑った。抑えられないエネルギーのうねりと爆発するような高揚感が混じり、今にも燃え尽きてしまいそうだった。僕はいったいどうしたんだ？

ああ、興奮しすぎた。きっとニッキーにうっとうしいと思われた。次はもっと落ち着こう。もっと、落ち着こう。

ニッキーのことをもっと知りたかった。机をどけてもっと近付きたかった。彼女から目が離せなかった。魔法にかかっていた。

そんな感情とは裏腹に、僕は男の子と付き合った。くすんだ金髪をした、鋭い目とたくましい顎が特徴的な可愛い男子だった。彼とのキスは必ずしも好きではなかったけれど、その冒険性と、男の子を好きになれるかも、という可能性はとても気に入っていた。中学校時代に彼とさほど親しいわけではなかったが、高校という新しいフロンティアの圧力を受けて寄りかかり合うことになったのだった。あっちは誰かにしゃぶってほしかっただけかもしれないけれど。

僕たちは学校中の色んな場所で隠れて待ち合わせをした。女子サッカーチームが練習前に使う準備室で一緒に寝転がった。部屋には汗のしみたすね当てと洗濯が必要な練習試合用ユニフォームの臭いが充満していた。ごちゃごちゃと物であふれるその場所で、脇には分厚く巨大な青の安全マットが置かれていた。

僕たちはその厚いマットの上に横になって、触れ合ったりドライハンプをしたりした。

彼とはフランス語のクラスで一緒だった。バイリンガルの母親がいるのに、フランス語はずっと一番の苦手科目だった。子供の頃に母がフランス語で話してくれなかったことは少しだけ恨んでいる。語学は基本的に苦手で、授業では苦労した。だから、そんな授業から逃げ出す理由ができて嬉しかった。秘密作戦下となればいっそう面白い。彼は僕の後ろの席に座り、よくメモを渡してきた。

男子トイレで会おう

彼が手を上げ、フランス語でこう言う。

「トイレに行ってもいいですか?」

「はい」と先生が頷いてフランス語で返す。

僕の秘密の恋人が立ち上がり、教室を出て行く。しばらく時間を置いてから、僕も腕を突き上げる。

「トイレに行ってもいいですか?」

「はい」

教室を出て、人けのない廊下を右に曲がる。トイレの外に立つ彼は可愛らしい自信を見せていたが、緊張を隠しきれてはいなかった。トイレには誰もおらず、静まり返っていた。僕たちは小声で話しながら忍び込み、いたずらな笑みで顔を見合わせながら急いで個室に入った。激しいキスをして、彼が胸を触ると僕の乳首は硬くなった。彼はパンツのチャックをごそごそと開け、元気に硬くなったペニスを取り出した。手に唾をつけてペニスを湿らせてから扱き、やがて僕の手が交代した。

「舐めてくれる?」すがるような目で彼が言う。

僕は膝をついた。彼のペニスを手に取り、口の前に持ってきて、大きく口を開けて迎え入れる。

僕たちのそんな課外活動は、たいてい彼が快楽を得ることが中心だった。

彼が先、僕が後に、ふらふらと教室に戻った。

僕はニッキーの友達グループに入りたかったが、まだ入れていなかった。

フランス語授業での逃避行は徐々に減っていった。スリルは薄れ、興奮はリスクを上回らなくなった。毎授業同じ時間にトイレに行っていたら教師も気付くだろう。サッカー準備室でのドライハンプも魅力がなくなった。僕は飽きてしまって何も感じなくなった。なぜもっと感じられないのだろう、と当時は不思議に思った。滴る欲望、衝動、男子、女子……みんなもふりをしているのか？

ニッキーとはどんどん仲良くなった。ただの知り合いから友達へと変わり、親しくなりたい気持ちは互いに同じだった。僕の恋心はさらに大きくなった。彼女が近くに座れば、わざとかな？　と考えた。ニッキーが笑いながら僕の腕をぎゅっと掴んだときには、僕も笑って背中に触るのがいいのか？　と思った。実際は小さく笑いながら肩に触れることが多かった。まるでモールス信号のような、新しい形のコミュニケーションだと感じた。はっきり言葉にできないから、僕の体は気持ちを表現するすべを探した。

ニッキーの18歳の誕生日、僕はカードを届けるために胸を高鳴らせながら自転車で街を走った。カードの表面には、二人の女性が何か意味ありげなやりとりをしているイラストが描かれていた。レズビアンを連想させるような。具体的にどんな絵だったか思い出せたらいいのだけれど。カードを買ったのは、街の老舗のおしゃれな服屋《ビスケット・ジェネラル・ストア》だった。ニッキーも僕もその店が大好きだった。

このとき自分が何をしたかったのか、今もよくわからない。何も考えず、ただ勢いにまかせていた。カードを買ったときも、そこにメッセージを書いたときも、プレゼントと一緒に彼女に届けるために街を疾走したときも。あらかじめノキアの分厚い携帯電話でそっちに行くとメッセージをしていた。ペダルを踏み込んで前に進む間も、またあの振動を感じた。彼女のもとに着くのが待ちきれなかった。

そしてニッキーに会い、カードとプレゼントを手渡した。彼女は白い封筒を両手で持ってじっと見つめた。僕の胸の真ん中を汗が流れた。ニッキーは封筒を開け、カードを見て笑った。それから僕は自分の好きな本、ヘルマン・ヘッセの『シッダールタ』を手渡した。

ニッキーは僕をハグしてありがとうと言い、それまでの一日に戻っていった。僕はその場を離れた瞬間、恥ずかしくてたまらなくなった。16歳のときに映画撮影で知り合った30代の女性に恋をしたときの気持ちを思い出した。僕はその人のために好きな曲を入れたCDを作り、トロントのおしゃれなホテル、ドレイクのロビーに置いていった。そこから15分ほど歩いて黄色い小さな自室の静寂に戻ったとき、パニックが襲ってきた。いったい自分は今何をした？　階段を駆け下り、急いで靴紐を締めて走り出した。雨の降り出した街を、恥ずかしさでいっぱいになりながら駆け抜けた。だめだ、だめだ。息を切らして走り続けた。走れ、CDを回収するんだ。そうすれば誰にも気づかれない。

チェックイン中の人の後ろに立ち、じれったい気持ちで待った。早く、早く。

「あの、知り合いのためにあるものを置いていったんですが、やっぱり必要になって……」

「ああ、ちょうど先ほどお戻りになって持って行かれましたよ」と、クールな髪型のフロント係が答えた。

今頃彼女は「Anthems for a Seventeen-Year-Old Girl」を聴きながら、僕の恋心を可愛いと感じていることだろう。心臓を丸ごとトイレに落として血を排泄してしまう方がましだと思った。「曲をありがとう、すごく気に入ったよ」次に会ったとき彼女は言った。優しい笑顔で僕を見下ろす視線は、まるで頭を撫でてくるようだった――可愛いらしいね、と。

今回はあのときとは違ってほしい、とわずかな願いを掛けた。

ニッキーと僕は互いの仲の良さの核心には触れず、その周りをふわふわと舞うようにかわしていた。いつも一緒にいて、恋愛のように感じられることもあった。そう感じているのが僕だけでないことはほぼ確かだったけれど、実際にそうだったのかもしれないし、クィアなのは僕だけだったのかもしれない。

ディングル公園でニッキーの母親から借りたトヨタのベージュ色のカムリの車内に一緒にいたときのことを覚えている。日はもう沈みかけで、夜が始まろうとしていた。座ったまま黙って入り江を見つめていた。キスをするかもしれないと思った。やがて太陽は別れのウィンクをして地平線の向こうに消えた。僕はニッキーに笑顔を向け、彼女も笑顔で返した。そのときの彼女の美しさを今も覚えている。自分の心臓の音が聞こえ、彼女には聞こえないでほしいと願った。数回の鼓動の後、僕たちは息を吐き、また核心を避けて前を向いた。そのまま車の中で、夜に包まれるのを待った。

こんな瞬間は、僕たちの友情の中に隠れていた。名前を与えられずにしまい込まれていた。また別の日には、ニッキーの家の裏庭にある小さなツリーハウスで身を寄せた。ツリーハウスはごく典型的な、木と小さな仕掛け扉だけのものだった。ニッキーの父親が彼女のために作ったものだった。父親は彼女が8歳のときに亡くなっていた。

一緒にマリファナを吸い、コオロギの鳴き声を聞きながらおしゃべりに夢中になった。家の中は暗かったが、リビングルームからだけは明かりが漏れていた。中ではニッキーの母親がテレビを見ていて、そのちらつく光の方に集中していた。僕たちの顔は近いところにあった。ニッキーが僕を見つめ、僕も見つめ返す。時間が止まり、互いの口元にはわずかな笑みが浮かんでいる。二人とも動かなかった。

あと少し、と思った。あと少しだけ顔を近付ければいい。

でも、僕もニッキーも何もせず、時間だけが過ぎた。僕たちは木から降りた。

あと少しだけ身を乗り出せばいいだけの瞬間は他にも数えきれないほどあったが、僕にはそれができなかった。そして結局、チャンスを失った。ある晩、ニッキーのベッドに一緒に横たわって話をしていた。彼女の腕が僕に回されていたので、僕は体を寄せた。こんなに近付いたのは初めてだった。視線を上げると、見たことのない角度のニッキーの顔。首を伸ばして顎を上げ、堂々とした様子で天井を見ていた。ニッキーの視線が下りてきて、それから顔もこっちを向く。彼女も見たことのない角度で僕を見ているのだろう。ピンク色のふっくらした唇。自分の唇でそれに触れたかった。

「ニッキー?」ドアが開いた。

僕たちはすぐに体を離した。でも無駄だった、もう見られてしまっていた。

ゆっくりと、僕たちは互いから遠ざかっていった。

それから間もなく、学校のミュージカルで主役を務めた男子がニッキーをプロムに誘った。彼は背が高く、ハンサムで、人気者で、誰とでも友達で、自然体のまま色々なグループや派閥に出入りできるタイプだった。才能があって、頭がよく、面白くて……まさに理想の恋人だ。

ニッキーは誘いに応じた。それを知った瞬間は胸が張り裂けそうだった。その年、プロムには一緒に行こうと何気なく話していたのに。結局それも、蒸発したたくさんの瞬間の一つにしかならなかった。それでも、僕の中の小さな部分は実現を信じていた。僕と行こうよ、君が好きなんだ、そう叫びたかったが、何も出てこなかった。他の誰かの唇が彼女の唇に重なるのを想像すると、それまで経験したことのない感覚が湧き上がった。心臓から嫉妬の感情が送り出され、体中を循環した。

その後もニッキーと完全に連絡を絶ったわけではなかった。何年も経って、あっちも同じ気持ちだったと聞いた。

僕たちの愛が、あの美しき心の躍動が社会によって奪われたことに憤りを感じる。僕たちの同意なしに植えつけられた価値観の種、僕たちが真実に辿り着く道を不必要に過酷なものにした声や行為が憎くてたまらない。

ニッキーは僕が贈った『シッダールタ』の本を今も持っている。中のページにはこう書き込んである。

ニッキー

言葉で気持ちを表現したり思いを伝えたりするのは得意じゃないけど、18歳になる君に、僕が君を本当に素敵な人だと思っているってことを伝えたい。君に対する愛情と尊敬の大きさは計り知れないくらいだ。どうか自分を大切にしてほしい。どんなことを話したくなっても、話したくないことがあっても、僕はいつでもそばにいる。この本を楽しんでもらえたら嬉しい。僕の人生に大きな影響を与えた本だから、同じように君の心にも触れてくれることを願う。君みたいな人はめったにいない。こんなに思いやりがあって優しくて面白い人はいない。世界中の平和と愛が君に届くことを願っている。君にふさわしい祝福だから。

エレン xo

21 ヘルシー・ウェイ ― THE HEALTHY WAY

初めて僕がキスをした女の子は、ハリファックス・ショッピングセンターのフードコートにあるスムージーとサラダとサンドイッチの店《ヘルシー・ウェイ》で働いていた。僕は高校を卒業するために、一時的に演技の仕事を休んでトロントからハリファックスに戻っていた。その子の名前はジェシカで、全身黒の服を着ていた。黒髪のショートヘアは、当時カナダで人気が出始めていたバンド、ティーガン&サラに似ていた。ジェシカの近くにいると不穏な興奮に包まれた。彼女に恋をしていたというより、彼女がクィアであるとわかっていたから近くにいなければならないと感じた。気付けば彼女を探していた。

僕はよく一人で自転車に乗ってショッピングセンターに行き、何らかのラップサンドを注文して、それを作る彼女の手を眺めた。ぎこちなく挨拶をしては次の言葉が続かなくなったけれど、ピクルスを掴みながらジェシカは小さくほほえんでくれた。僕の方はなるべく笑顔を抑えた。空いているテーブルについて食べ、何も言わずすぐに帰った。彼女を見て、クィアである彼女の近くにいることだけが目的だったから。行ってみて彼女がいなかったときは、がっかりすると同時にほっとした。あれはもはや強迫行動だったのだろうか。何度も足を運んではラップサンドを食べた。

やがて二人で会うようになった。ジェシカの方から誘ってくれたのは、僕が怯えて緊張して震えていたからだと思う。一緒にスプリング・ガーデン・ロードを港に向かって歩いているうちに日が暮れた。自分が何を話していたかなんてまったく覚えていない。バリントン通りに入る手前、花崗岩でできたものとしては北米大陸で最も高い尖塔を持つ巨大な石造りの教会、セント・メアリー・バシリカ大聖堂の前で立ち止まった。

振り返ったジェシカと見つめ合った。距離が近い。ゴシック様式の尖塔がそびえ立つ。静寂。ジェシカは僕にキスをした。

唇が触れた瞬間、僕の体はショートした。脳が事態を把握しきれない。彼女からぱっと体を離した。浅い呼吸をする。

「もう行かなきゃ」と僕は言った。「ごめん……」

バカみたいにあからさまな言い訳だ。

「えっ、うん」と彼女は言った。僕はすぐにその場から逃げ出した。

文字どおり、女の子とのファーストキスから逃げたのだ。今でもあのときのことを思い出すといたたまれない気持ちになる。毎日フードコートに通って彼女がサンドイッチに丁寧にピクルスを乗せるのを見ていたのは僕の方だったのに、たった一度のキスでパニックになってしまった。バシリカ大聖堂の階段の足元に、彼女を一人置き去りにした。信心はまったくなかったが、心の片隅では神に見られていただろうかと思った。僕は罪を犯したのだろうか。

その年、サンドイッチもやりとりもない気まずい期間が何か月と続いた後、僕は同級生の家で開かれたパーティーに行った。パーティーでは大勢のティーンエイジャーたちが酒を飲みながら踊っていた。そこにジェシカを見つけた。ほろ酔いだった僕は、今度こそ怖気づかないと心に決めた。リビングルームの隅にある大きな椅子で隣に座る。クリーム色の大きなラブラドールが何度も挨拶に来た。この前とは違った。僕は違っていた。このときは動揺したり震えたりしなかった。今回のキスは一瞬じゃなかった。僕は身を引かず、逆に攻めた。舌が彼女の舌を見つけて全体を探り、音楽に合わせて踊るように口の中を動く。ジェシカの手が僕のジーンズの一番上のボタンへ伸びるのを感じた。

「いい？」

「うん」僕は頷きながら答えた。

ジェシカの指が服の中に入ってきて僕に触れた。

「すごく濡れてる」と彼女は言った。

そのとおりだった。それまで自分一人でしか得られなかった感覚を初めての形で味わって興奮していた。体がぞくっと震え、二人きりだったらよかったのにと思ったが、他の人たちの存在が僕たちを正気に戻した。

ジェシカの近くにいることが僕を変えた。周りにほとんどクィアの人がいない環境で育ってきた僕にとって、恐怖と羞恥を乗り越えて堂々と生きていた彼女は、自分自身を発見するための助けになった。歩道で彼女に出くわしたり、パーティーで見かけたり、ショッピングモールで作ってもらったラップサンドを食べたりした僕は、彼女に恋をしているわけではなかったが、可能性を示してくれるもののそばにいたかった。ジェシカという存在を見ることは、当時の僕にとって世界のすべてだった。

今、この世界を歩きながら、そんなことを考える。

22 フラットライナーズ ― FLATLINERS

「大丈夫」と、スタントコーディネーターたちは言った。

「ベルトがない方がむしろいいいんだよ」と一人がキアシーに言った。

本当はその場を離れて、誰か他の人を呼んで何か言うべきだった。でも、指示に従うことが普通だと思わされていたし、撮影には莫大な費用がかかっているし、特に今回のような夜間のアクションシーンの撮影は時間が限られている。やがて太陽が昇ってしまうから。

それは2016年の夏、あの恐ろしい選挙の結果が決まる直前だった。僕は80年代のカルト的名作『フラットライナーズ』のリメイク版の撮影に参加していた。物語では、5人の医大生が危険な実験を行なう。臨死体験（心電図の波形が平らになる「フラットライン」状態）をするために心臓を短時間停止させ、仲間が蘇生させるというものだ。当然ながら、事態は厄介なことになる。オリジナル版の主な出演者はジュリア・ロバーツ、キーファー・サザーランド、ケビン・ベーコンだった。リメイク版もディエゴ・ルナ、ニーナ・ドブレフ、ジェームズ・ノートン、キアシー・クレモンズと素晴らしいキャストが揃い、彼らと共演できたのは幸運だった。豪華なキャスト、カルト的人気を誇るオリジナル、素晴らしい映画になるはずだった。しかし撮影はおかしな方向に進み、冒頭から大混乱だった。

車を使ったスタントの準備をしていたとき、キアシーと僕は自分たち以外の全員が太いシートベルトを装着していることに気づいた。他の出演者をシートベルトで固定するスタント担当スタッフを見ながら、どうして自分たちには撮影のための安全装置がないんだろうと困惑した。「他のみんなには安全ベルトがあるのに、どうして僕たちにはないんですか?」と聞いた。

キアシーは後部座席でディエゴの上に寝かされていた。僕はジェームズの膝の上に座っていた。入念に計画され多額の費用を注いだスタントであるにもかかわらず、基本的な安全対策が欠けていた。

キアシーと僕は抵抗せず車に乗り込んだ。あれ以上何も言わなかった。「扱いづらい」役者だと思われたくなかったから。

シーンは病院の警備員の猛追からパニック状態で逃げるところから始まった。なんとか警備員から逃れた僕たちは、重いドアを破って地下駐車場に入る。それから赤のＢＭＷミニまで走って乗り込む。マーロ（ニーナ）がアクセルを踏み、ジェイミー（ジェームズ）が助手席に座って僕はその膝の上に乗る。レイ（ディエゴ）は後部座席に乗り、その上にソフィア（キアシー）の体が横たわる。

あのシーンでの僕たちのリアクションは本物だ。実際にミニを運転していたのは、車の屋根の上に取り付けられたゴーカートのようなものに座るスタントドライバーだった。車内にはキャスト全員を撮影するためのカメラが設置されていた。監督は本番前に僕たちにスタントの内容を教えたがらなかった。

「君たちには教えたくないんだ。サプライズにして、リアルなリアクションが欲しいから」と監督は言った。初め、僕たちはわくわくしていた。車の屋根に人がくっついているスタント装置なんて見たことがなかった。どういう仕組みなのかはいまだわからない。

僕はスリルが大好きだ。マニアと言えるほどジェットコースターが好きで、お気に入りのコースターの主観視点動画を他の人に無理やり見せるほどだ。

僕のことを「シックス・フラッグス・マジック・マウンテンの市長」と呼ぶ友人もいる。その遊園地にしょっちゅう友達を誘っては、アトラクションに乗る順番も決めてガイドのように連れ回すからだ。遊園地で乗り物に乗るときには、スタッフが座席一つひとつのところにやってきてベルトとハーネスを押し引きしチェックする。それから問題なしという声が響けば、座席は動き出す。こうした対策があるからこそ、その体験が可能になり、僕たちは身を委ねることができるのだ。上昇と下降、逆さまになったり後ろ向きに進んだり、突然の急降下をしたりして、世界がびゅうっと流れて体が蒸発するような感覚になる。平均的な乗車時間であるおよそ2分間、僕は安心できる。解放感に包まれる。

でも、あの撮影は違った。

アクションの合図と共に車はすさまじいスピードで発進し、閉塞感ある地下駐車場を出口ゲートのバーに向かって突進した。バーは上がらずフロントガラスに激突し、衝撃でガラスが割れた。心臓が激しく打ち、僕は歯を食いしばった。体が浮いて後ろに引っ張られる。車はスロープを勢いよく上がり、急旋回して車道に出たところで別の車がすぐそばを高速で通り過ぎる。僕たちの車は大きくカーブし、左側の前後の車輪が中央分離帯に乗り上げた。車体が傾き、全員の体が右へ振られる。僕はダッシュボードに両手をついてどうにか体を支えようとした。キアシーも僕もなすすべなく体を揺さぶられた。道路から半分はみ出たまま、車は他の車列の脇を走り抜けた。車が硬い車道にどすんと戻ると、体が大きく揺れた。中央分離帯が終わるところで車体が180度回転する。遠心力のなすがまま、みんなつかまれるものを握りしめた。

監督が「カット！」と叫んだ。僕たちは座ったままショック状態で呆然としていた。ファーストテイクは予想もしない激しさの中で旋風のように終わった。キアシーと僕は言葉を失い、視線を交わしてから震える自分の手を見つめた。撮影前に抵抗の声を上げるべきだったが、結局何も言わなかった。現場のプレッシャーは、まるで停止不能に動き続ける歯車のようだった。

テイク2のために再び車に乗った。ジェームズは僕の腰に回す腕の力を強めた。他のキャストはシートベルトをダブルチェックしてもらっていた。アクションの合図。赤いミニが再び猛スピードでスロープを上がり、右に曲がってトロントの通りに出る。しかし、中央分離帯に乗り上げようとした瞬間、スタントドライバーが強くブレーキを踏み、僕たちの体は思いきり前に振られてから後ろに引かれた。封鎖されているはずの撮影現場に一般の車が入ってきたのだ。夜通し複数台のカーチェイスを撮影するために、トロントのその通りの大部分を封鎖していたが、誰かが入ってしまったのだ。

幸い誰にもケガはなかったが、なんと無謀で危険な行為だったことか。キアシーと僕がなんと軽々しく無礼な扱いを受けたことか。カーチェイスの撮影現場に無関係の車を入ってこさせて……何があったら一体どうしたというのか。

それ以来、キアシーと僕はあのことについて何度も話し合い、なぜもっと早く、もっと強く声を上げなかったのかと反省した。

今思えば、あの現場がひどいものになることは予想しておくべきだった。撮影開始から1週間も経たない頃、ある男が現場でキアシーに近づいてきて同じ椅子に座った。なあ、お前がこの役につけたのは黒人だからだよ、と男は言った。

僕の場合は最初の衣装合わせでわかった。彼らの目的はすぐに理解できた。もっと女らしくさせようというわけだ。ヒールやスカートが並べられた。演じる役は集中治療室で研修中の医学生なのにどうして、と思った。ストーリー自体は数日間の出来事で、僕の役はほとんど着替えもしない。役者としてやるべきことはわかっていたし従うつもりだったけれど、この登場人物がヒールやスカートを履く合理的な理由はまったくなかった。僕は派手なブラウス、タイトなジーンズ、かかとの高いブーツを受け入れた。これで問題が解決するんだろうと思った。僕という問題が。

その翌日か2日後、キアシー、ニーナ、ジェームズ、ディエゴ、僕は台本の読み合わせのために集まった。その小さく殺風景な会議室が入るホテルは、小型キッチン付きのビジネス用スイートを備えているので映画関係者がよく利用する。僕たちは台本を細かく読み、各シーンを掘り下げ、絆を深めた。プロジェクトが始まるときはいつもアドレナリンが噴き出す。後戻りできないという感覚だ。

帰り支度をしていると、製作指揮者の一人が話しかけてきた。「エレン、少し残って話せる?」

その口調にうろたえつつ僕は「もちろん」と答え、他のみんなに別れの挨拶をした。

飾りのない壁に囲まれた寒々しいその部屋で、僕と彼はデスクを挟んで座った。

「エレン、僕はとても進歩的な地域で育ったんだ」と彼は話し始めた。「そういうのがすごくオープンな地で、子供の頃にも周りにゲイの人たちがいて……」

まずいな、と思った。悪い流れだ。彼の言葉はまるでリハーサル済みの台詞のように紡がれた。きっとこの場のやりとりを頭の中で何度も練習し、発言と笑顔をマッチさせるよう計画してきたのだろう。「感じのよさ」をうまく纏うために。

「エレン、このキャラクターが同性愛者じゃないことを怒ってる?」

そう聞かれ、僕は彼をじっと見つめた。言葉に詰まったのは、ショックというよりとても驚いたからだ。彼は気さくで地に足がついていて、情熱があって、一緒に仕事をするのが楽しいと思える人だった。読み合わせの場ではそのみなぎるエネルギーに感心していた。驚きはやがて、静かな怒りへと変わった。

「僕がスカートを穿きたがらなかったからそんなことを聞くんですか?」彼の表情は変わらず、若さゆえのギラギラした目つきで腹立たしい笑みを浮かべていたが、僕は畳みかけた。「僕がスカートを履かないから、このキャラクターが同性愛者じゃないことにムカついてんのかって聞いてるんですか?」

彼は感情を出さずにこっちを見続けた。まるで感じよくいればクィア差別者でないことになるかのように。

「あんたの女性観はひどく狭い」と僕は言い、レズビアンだってスカートを穿くということを思い出させた。

彼は何度も言葉に詰まりながら何か返そうとした。どうにか会話を立て直そうとしていたが、できていなかった。

僕は彼を部屋に残して撮影スタジオに戻った。到着してすぐ、ある責任者の事務室に向かった。のちにその責任者は嫌がる女性に現場でマッサージをしていた。キアシーをディナーに誘ってもいて、そのメッセージの文面は目にしみるほど気持ち悪かった。

その男の名前が書かれたドアを開けて部屋に入り、彼のデスクの前に置かれた椅子のところまで行く。僕は両手を顔の前まで上げ、指で小さなトンネルを作って目を覗かせた。

「あんたの女性観はこんなに狭い」怒りを沸騰させたまま、穴から彼を覗いてそう言った。「こんなにちっぽけだ」

振り返った彼の表情はぼんやりとしていた。僕は引き下がらず、性別による制限、女性蔑視、クィア嫌悪について話した。長い間自分が飲み込んできたものを体の中から引きずり出し、彼にも味わわせようとした。

こんなことはあったが、それでも僕は自分より周囲が求めるものを優先し続けた。自分のアイデンティティを消されても、周りが望む姿を演じて、それ以上「扱いづらく」ならないように努めた。えらい人たちが遠回しのメッセージを伝えていることはわかっていた。僕を「クィアっぽくなく」見せたがっていることも知っていた。それでも服はこっちに決めさせてほしいと頼み、あなたたちが選んだ服を着たら役柄には合わず滑稽に見えると改めて強調した。自分の役に求められていることはわかっているし、それはちゃんと遂行するからと。

人を不快にさせる人間でごめん。

でも努力はしてるんだ。わからない？

「クィアの歩き方」をやめようとはしてる。腕の揺らし方や曲げ方、手の動かし方。父がよく言っていた「レディらしくない」座り方もやめようとしている。

もっと優しい、静かな声で話すようにして。

画面を僕の醜い特徴でいっぱいにしてはいけない。「ボーイッシュ」な、「レズビアン」なもので。わかってるよ。

ずっとわかってた。

数日後、僕はスクリーンテストのためにスタジオにいた。オーディションではなく、カメラテストのようなものだ。現場には普段と同じような流れで入る。ヘアメイクをしてもらい、見た目の打ち合わせをし、どこから始めるかやキャラクターの変化などについて話し合う。鏡の前に座ってアイラインとマスカラを施してもらう自分の姿はまるで不可解だった。見たくなかった。そこにいるのは自分じゃないし、いつかこうなれるのかもしれないという希望はすっかり消えていたから。

子供の頃も大人になってからも、僕はよく風呂場の鏡に顔を押し付けた。最後にそれをしたのは、『アンブレラ・アカデミー』第2シーズンを撮影しているときのトレーラーの中の鏡だった。目を見開いてできるだけ顔を近づけ、ときに鏡の中の自分とまつ毛が触れ合った。そうすれば自分を遮断できた。僕は自分の知らない人間になる。見つめる先はまるで宇宙で、僕の目はその中に存在する惑星だった。きっと僕は、この宇宙のどこかにいるんだと思った。

チームと話し合って最終的に決めたさまざまな衣装が用意され、撮影のためそれらに着替えた。準備室から撮影セットまで歩き、初対面が多いクルーの人たちに挨拶する。照明はすでに点いていた。指定の立ち位置につき、指示どおりにゆっくりと回転する。正面から、ゆっくりターンして横。またゆっくり回って後ろ、回って反対側の横。ターンして正面。レンズが広角から標準に交換される。またターンをする。標準レンズからクローズアップレンズへ。またターン。

カメラの前に立って微調整作業を待ちながら、初めて会うクルーと世間話を楽しんだ。もちろん衣装は好きじゃなかったが、そうやってバランスを保つくらいのことはできた。撮影が済んでほっとした。すべての条件を飲み込んだわけでなく、自分でもちゃんと主張できたことに安心した。

プロデューサーが携帯電話を手に満面の笑みで近づいてきた。彼が見せてきた携帯の画面に映るのは……僕の画像だ。彼はGoogleの画像をスクロールし始めた。ゆっくりと、まるで僕が見たことのない画像を見せるかのように。ある意味ではそうとも言えたが。見せられたすべての画像に共通していたのは、僕がウェーブのかかった長い髪をしていることだった。

彼の指が検索バーに「ロングヘアのエレン・ペイジ」と打ち込む様子が思い浮かんだ。

「スタジオはエクステを使うことを考えているんだ。ロングヘアにすればもっと……ソフトに見えるんじゃないかって」

「意味がわかりません、まったくわかりません」と僕は言い返した。

そのときの僕の髪は肩までの長さで、さほど短いわけでもなかった。演じる役は「ソフト」な人ではなかったし、「ソフト」な見た目はふさわしくなかった。その表現が何を意味するにしても。

「スタジオはただ……」プロデューサーは携帯電話に視線を戻した。スクロールされる画面では、僕の顔の画像、長い髪、化粧、目を囲むまつげが虚しさを強調していた。彼らがどうしても欲しがる「ソフト」で「可愛い」外見をまとめたスライドショーだ。

「自分の見た目は自分でわかっています」と言って僕はその場を去った。そんなふうに一方的に場を去ることはそれまで一度もなかった。あの時点で出演をやめればよかった。でもそれはせず、代わりに当時のエージェントに電話をした。エージェントは僕の言い分を理解してくれて、彼らに対してとても怒っていた。ちゃんと自分を見てもらっていると感じ、気にするなよと言われないことがありがたかった。以前なら、怒って場を去ったり誰かに電話して「こんなのおかしい」と言ったりするという選択肢はほとんど頭になかった。自分を守ってくれるはずの人たちが何もせず、むしろ黙らされることがあまりにも多かったから。

23 Uターン｜U-TURN

僕はいつも同性愛者だと言われ、ダイクだと馬鹿にされてきた。クィアの女性たちといると居心地がいいとは思っていたが、本質的な部分では自分がトランスジェンダーであるとわかっていた。ずっとわかってはいたけれど、うまく言葉にできず、受け入れることもできなかった。「僕が女の子だったことは一度もないし、一生女性にもならない。じゃあどうすればいい？」とよく言っていた。ずっと言い続けてきた。

自分がトランスだということを、そうかもしれないという推測の域を超えて初めてはっきりと意識的に認めたのは、30歳の誕生日の頃だった。トランスであると公にカミングアウトする4年弱前だ。

「僕ってトランスかな？」と親しい友人に尋ねたことがある。友人はためらいがちに答えた。誰も他人のためにその結論を出すことはできないとわかっているから。それでもこっちを見ながら静かに質問を咀嚼し、「まあ、確かに……」と言った。その言葉には確固たるものがあり、ドアの下から光が差し込むようだった。

一方、僕からその話を持ち出したのではないときもあった。そのとき僕は自宅で小さなパーティーを開いていて、みんなプールに飛び込んだり屋外でのんびりしたりして過ごしていた。僕は友人のスターと二人でパティオに座ってしゃべっていた。スターとは『ゲイケーション』第1シーズンの第4エピソードをアメリカで撮ったときに知り合った。

僕たちはサンフランシスコのクリニックでスターに取材をした。そのクリニックはトランス女性たちが運営しており、スターはそこのスタッフとしてLGBTQ＋コミュニティに属する人たちが治療や支援を得るためのサポートを提供していた。のちにクリニックは移転を余儀なくされた。ツイッター社がそのブロック一帯を買い取ったからだ。

スターとは出会ったときから心のつながりを感じ、その先の輝く未来が見えるようだった。互いに連絡を取り続け、親しい友人になった。スターは僕よりもずっと多くの障害や壁を経験してきたが、それでも僕のことを気にかけて、僕を支え、見ていてくれる。彼女の名を冠したアルバム『Star』を初めて聴いたとき、その歌声に魅了されたことを今も覚えている。そこに収録された「Heartbreaker」の歌詞は、その後何週間も頭の中で流れ続けた。

I run away from feeling too good（心地よくなりすぎないように逃げる）
I'm scared as hell you'd leave me if you knew（もし知られたらあなたが去ってしまうんじゃないかと思うと、怖くてたまらない）
I run away from feeling too good（心地よくなりすぎないように逃げる）
I'm scared as hell you'd leave me if you knew（もし知られたらあなたが去ってしまうんじゃないかと思うと、怖くてたまらない）

スターと僕は大きな椅子に座り、背景では水しぶきと音楽が溶け合っていた。ジェンダーについて語り合い、僕は普段の生きづらさや、もはや役を演じるときでさえ女性っぽい服を着られなくなったことを話した。重ね着ができない夏、うつむいてTシャツの中の胸を覗き込むのをやめられないことも話した。そんなときは背を丸めてTシャツを引っ張った。歩道を歩きながら店のウィンドウで自分の横姿を確認するたび脳が疲弊した。とにかく自分の姿を見ないようにした。写真も見られなかった。そこに自分はいないから。見ると気分が悪くなった。もうここにいたくないと思った。解放されたかった――性別不合は僕を少しずつ押し潰していた。

「これは演じる役で、君は俳優なんだ。どうしてそんなことで文句を言う？」と周りは言った。

「僕ならスカートだって履くよ」ストレートのシス男性がわざとそんなことを言った。僕は自分の抱える苦悩を繰り返し説明した。しかし彼は、こっちが望んでもいない意見を吐き続け、僕を「感情的になりすぎている」と咎めた。「ヒステリック」という言葉を使っていたと思う。

そうした言葉を受けると、物心ついた頃から抱き続けていた深い羞恥心が湧き上がった。僕だって困惑していた。自分自身の経験を否定して。どうしてこんなに苦しいのか。どうして少しフェミニンな服を着ただけで死にたくなるのか。僕は俳優なんだから、何の問題もないはずなのに。どうして自分はこんなに感謝の足りない愚か者なのか。

この世で最も着心地が悪く屈辱的な服を想像してほしい。それが自分の皮膚となり、その中でもだえ苦しむのだ。窮屈で、体からはがしたい、引きちぎりたい、でもそれはできない。毎日、毎日それが続く。その苦痛の下にある本当の姿を人に見られたら、抱えきれない羞恥があふれ出てしまうだろう。頭の中の声は正しいのだ。お前にはその屈辱がふさわしい。醜悪な存在。感情的すぎる。お前は偽物だ。

「あなたは自分がトランスだと思う？」スターが僕の目を見て尋ねた。

「えっと、うん、多分。そうだね、そう思う」それから僕たちは柔らかくほほえみ合った。

僕はすぐ近くまで来ていた。でも、もう少しで触れるというところでパニックになる。そしてそれはマリファナの葉っぱのように燃え尽き、灰皿に放置された古い吸い殻になるのだった。

トランス嫌悪が蔓延し、巨大な権力や発信場所を持つ人々が同性愛コミュニティを積極的に攻撃する文化の中で、それを公にして生きていくことを考えると、すべてがあまりにも大きく感じられた。

世間は僕たちをトランスではなく精神病持ちだと言う。レズビアンであることが恥ずかしいからトランスを自称するのだと。自分の体を切除したって僕は永遠に女性なのだと、ナチスの実験さえ引き合いに出す。病んでいるのはトランスの人々ではなく、そんな敵意を生み出す社会だ。女優で作家のジェン・リチャーズはかつてこう表現した。

性転換をして10年経った今、これまでにないほど幸せで健康で、友人や家族との関係もよくなって、社会にも積極的に貢献するようになり、より生産的にもなったことにはまだ現実味がない。（中略）知らない人たちがあの選択を病気扱いすることも非現実のようだ。私がトランスであることはほとんど話題に上がらない。それは私の過去に関する事実であり、現在の私にさほど大きな関係はないけれど、あの選択のおかげで私は人にもっと思いやりを持てるようになったし、社会正義にもっと関わるようになった。これが他の誰に害を与えるのか？　私の平和がなぜ敵意や暴力の対象になり、保護しなければならないものになるのか？

プールサイドでスターと座っていたとき、まだ真実に触れることはできなかったけれど、号泣せず冷静に自分のジェンダーについて話せた。それは一歩だった。どんな言葉にせよ、以前なら出てくるまでに長い時間がかかったから。セラピーでジェンダーの話題が出たとき、僕は自分の反応を抑えきれず、嗚咽に溺れていた。

「どうしてこんな気持ちになるんですか」と僕は縋るように言った。「決して消えないこの感情は何なんですか？　どうしていつもこんなに絶望的に生きづらいんですか？　どうして生きていてこんなにつらいんですか？」

30歳の誕生日を迎えてから間もなく、僕はUターンをした。逃げたのだ。ジェンダーについて話すのをやめた。目を閉じ、しまい込むことにした。自分から見えない場所に。本当の自分をさらけ出すまでにはそれから4年かかった。

元配偶者のエマとはこの頃に出会った。その出会いのおかげで、性別のことを霧のような記憶として置き去りにできた。夢中で恋に落ちた。そのエネルギーはあまりにも強烈で、抱き合うだけで体が震えるほどだった。その恋に身を投じ、僕たちはすぐに結婚した。

自分の一部が常に分離しているとき、自分の肉体の中に存在することが耐えられないとき、愛は抗いがたい逃避先となる。昇っていくようなその感覚は言葉で表現できるものではなく、哲学者と科学者と作家の間でもその正体について見方が分かれるだろう。そもそも正体さえ存在するのなら。本当に自分は深い愛を経験したことがあるんだろうか、とたまに考える。経験したように感じはするけれど、そこに本当の自分がいなかったのなら、その愛は本物なのだろうか？　真実に対して自分を無感覚にしているときに経験した愛は。

愛は知らずのうちに心を偽装する蓑になっていた。僕にとって愛との付き合い方は、転換すべきまた別の筋肉だ。今、僕は消えたくない。この肉体の中で、手にした新しい可能性とともに存在したい。たくさんの可能性とともに。ロールモデルが足りないことで失われた人生の可能性を、僕は愛で埋めようとしていたのかもしれない。想像しうる生き方から排除された選択肢の代わりとして。植え付けられた価値観を、僕たちは永遠をかけて解こうとする。解きほぐすのに痛みは伴うが、その行動が本来の自分へと導いてくれるのだ。

結婚している間、僕はセラピー通いをサボり、２０１８年末にロサンゼルスからニューヨークシティに引っ越してからはセラピーに行くのを完全にやめてしまった。2年後に関係が破綻し、性別不合が手に負えなくなってようやく、ニューヨークでセラピストを探した。僕は話す準備ができていた。

言葉を見つけるのがやっとだったが、それでも話した。見つけた言葉は勝手に動き出すように体中をもぞもぞと駆け回り、やがてあふれた。体は知っていた、奥底で僕は知っていた。そして、何かが変わった。今しかない。自分の生と死を決めるのは。

２０１４年に同性愛者であることをカミングアウトした後、それまでに経験できなかったことを頭の中でリストアップした。自分がやりたかったかどうかは別として、体験することに意義があると感じた活動の数々だ。この世界で安心感と自信を持てるようになっていた。究極的にそれは僕が必要としていたゴールではなかったが、久しぶりに勇気が湧いた。当時は選んであの行動をしたようには感じなかった。他に選択肢がなかった。本物の自分として生きていくか、挑戦せずに死ぬかの二択だった。ただ、別の場所、内から湧き上がるものはあり、その奥底には常に声が存在していた。再びそのささやきを聞くのはそれから7年近く経ってからだ。

これは君の人生だ。他の人の価値観なんて信じなくていい。それは彼らの物語だ。これは君のキャリアなんだ。なぜ周囲の意見に合わせるのか、信じるのか。彼らは正しくない。そう、間違っているんだ。彼らを信じるな。これはドレスリハーサルじゃない。君の人生だ。

〝ライアン〟との別れで心がずたずたになる少し前、ロジャー・ロス・ウィリアムズ監督による素晴らしく、そして痛々しく腹立たしいドキュメンタリー映画『God Loves Uganda』を見た。この作品は、ウガンダでアメリカの福音主義が与える影響と、少し前に提出された法案「ウガンダ反同性愛法」との関係を掘り下げる。当時その法案にはＬＧＢＴＱ＋の人々に対する死刑さえ規定され、世界中から大きな注目を集めた。映画には、宣教師、福音派の指導者、そして自分たちが存在する権利を求めて闘うウガンダのＬＧＢＴＱ＋の人々の姿が描かれる。

映画に登場する活動家たちは、欧米がもたらし浸透させ続けてきた悪しき抑圧、レトリック、思想に立ち向かっていた。アメリカの宣教師たちは〝善行〟を蓑にして大衆に教義を広める土台を築き、それがＬＧＢＴＱ＋の人々に対する暴力と憎悪を煽った。本来ならＬＧＢＴＱ＋の人たちがそんな活動を強いられるべきではないのだが、他に選択肢がないのが現実で、休んではいられないのだ。アメリカ福音派の反ＬＧＢＴＱ＋的な宗教・社会教義が国外に広まったことを主な理由に、そうしたマイノリティの人々には極端かつ過酷な影響が及んでいる。アメリカ国内でも状況は同じで、より巧妙に隠されているというだけだ。僕のような人間が有名雑誌の表紙を飾れば、それだけですべて順調だと考える人もいる。一体何が不満なんだ？　ピンクウォッシング「同性愛支持をアピールすることで他の問題を覆い隠そうとすること」はこんなにうまくいっているのに、と。

おいエレン、この人たちがどれだけのリスクを背負い、どれだけの困難に立ち向かっているか見てみろ。臆病者め、と僕は自分を叱りつけた。利己的でくだらない人間でいるのをやめろと自分に言ってやらなければならない気分になった。楽な生き方と特権を保とうとしているときはなおさらだ。わざと自分に厳しくしていたかもしれない。なぜなら進もうとしている道はあまりにも険しく、実際くじけそうにもなったし、恐怖と自己嫌悪でいっぱいになったから。今はその困難を受け止めると同時に、自分がどれほど恵まれているかも理解している。その理解があってこそ、他の人たちのために行動を起こし、正しい、そして難しい選択をする責任を強く感じられる。一歩踏み出すことは当人だけのための行動ではない。僕がセクシュアリティを公にできているのは、数え切れない他の人たち、僕が持つものを持たなかった、雑誌の表紙を飾ることもない人たちのおかげだ。

自分が同性愛者だと言うだけのことくらいできるだろう、と自分に言い聞かせた。

カミングアウトは簡単なことではなかった。今考えればあれほど難しかったこと自体が驚きだが、人は（僕だけかもしれないけれど）過去10年で起こった変化の大きさ（あるいは変化のなさ）を忘れてしまうのだろう。かつてはクィアであるとカミングアウトすることなんて絶対に無理だと思いながらセラピーを受けていたけれど、やがては当惑と激しい怒りを感じるようになった。こんなに長い間理不尽に耐えなければならなかったこと、クィアであることは隠すのが普通であって僕の苦しみが当然の結果として扱われていたことに対して。その痛みは心の中に住みつくだけでなく、体全体に広がって内側から僕を蝕み、もはや立っていられないほどだった。

そんなふうに極限まで追い詰められてようやく、自分の「感情」に向き合い、「感情」の存在そのものを認識できた。最もつらい時期でさえ、自分の中のとても小さな部分がはっきりしていった。それは儚く捉えづらい一瞬だが、そのときが訪れれば感情は一気に押し寄せてきた。でも、そんな瞬間はすぐに終わってしまう。だから掴んだ。そこで囁きが待っている。

目を閉じて、足を踏み出せ。

カミングアウトした後、驚くことに世界は終わらず、僕の人生はよくなった。その後もあの行動を繰り返し思い出して支えにした。あれができるなら、何も恐れることはない、と心の中でよく呟いた。

ある人と別れるために１０１号線を北上しているときにも、心を落ち着かせるためにカミングアウトをしたときの自分のスピーチを聞いた。あれができるなら、何も恐れることはない。恥ずかしいことだが、効果はあった。

色々と初めての経験をして新たな大胆さを得たこの時期は、当然と言えるかもしれないが、人生で最も乱れた時期でもあった。

それまで一夜限りの関係を持ったことはなかった。気軽に人と寝たことさえほとんどなかった。ブラインドデートも経験がなく、女性と堂々とデートしたこと自体なかった。そういうことを、そういう冒険をしてみたかった。ぎこちなくても、秩序や分別がなくても、自分らしくなくても。そしてこのとき、僕は魔法のように女性とうまく話して口説くことができるようになった。ずっと目指していた、求めていた自信だった。拒絶される可能性も気にせず、直球で攻めた。気が引けたりためらいを感じたりしてもやめなかった。話し続ければいい。余裕ありげにほほえんで。沈黙だって楽しいものだ。

人生で初めて一晩だけの関係を持った相手は、今日に至るまでの唯一の行きずりの相手だ。ライアンとの関係が終わった後、最初に寝たのがその人だった。失恋から立ち直ってはいないけれど心が麻痺していた僕は、シルバーレイクのサンセット大通りにあるバーで友人のシャノンと待ち合わせた。彼女とはその店の小さな屋外スペースでよく会っていた。つる植物が高い塀の向こう側まで伸び、タバコの煙も同じように塀を超えて立ち上っていた。僕たちはテキーラをソーダとライム汁で割ったものを飲んだ。テキーラを1、2杯入れて麻痺が強まればいいと思った。シャノンは僕の傷心について知らなかった。言えなかった。僕に2年近く恋人がいたことも伝えていなかった。

一人の女性がやってきたので、座るスペースを作るため横にずれた。茶色いロングヘアの彼女は好奇心と遊び心に満ちた目をしていて、口元はいたずらっぽく笑っていた。

「ハイ」と言って、彼女は僕のすぐ近くに座った。

すでにほろ酔いのようで、顔を近付けてくるのはわざとだろうか？　と思った。

「ハイ」と僕もほんの少しほほえんで返した。

僕たちは自然で気楽なおしゃべりを始めた。途中、知らない人とこんなにリラックスして話している自分に気付いて戸惑うほどだった。彼女は魅力的で、誘うような態度を見せてきたので僕も同じ態度を取った。別の友人が到着し、ほどなくしてその友人とシャノンはその場を離れたので、僕は彼女との会話だけに注意を向けられた。

僕たちに共通点は多くなかったけれど、そんなことはどうでもよかったし、向こうもそう感じていたと思う。座る距離がだんだん近くなった。時間が過ぎていく。トイレに行くついでに二人分のドリンクを新たに持ってこようと席を立ったとき、僕はようやく自分の名前を名乗って彼女の名前を尋ねた。

「ライアン」と彼女は言った。

「えっ？」

「ライアンよ」彼女はもう一度言った。

聞き間違えだと思った。映画なら短いカットが入って、キャラクターの想像にすぎなかったということがわかるように。でも、そうじゃなかった。彼女はまったく同じ名前だったのだ。あの名前だ。

店内を満たすおしゃれな人たちの間を縫うようにトイレへと向かった。列に並び、前に立つカウボーイハットの女性は携帯電話をじっと見下ろしていた。

もう帰った方がいいか？　わからなかった。彼女とはしばらく話をした。魅力的な人だ。このままいってしまいたい。流れにまかせてしまいたい。今まで手に入れられなかったものを手に入れてみたい……でも、同じ名前だって？

「ああ、そうさ」とトイレのドアを閉めて呟いた。「あの人の名前はライアンだ」

パンツを下げて腰を下ろす。用を足しながらぐるぐると考えた。ああもう知るか、どうにでもなれ！　力を込めてトイレを流した。今夜は楽しんでやる。

二人分の飲み物を手に戻ったが、結局飲み終わる前に店を出た。彼女の自宅は店から西にそう遠くなく、古い2階建ての分譲アパートだった。１９３０~40年代頃に建てられたと思われるその建物はアールデコでもクラフツマンでもなく、独特の趣があった。少しの間一緒にリビングルームに座り、彼女はシャンパンをボトルから直接飲んでいた。バーの心地いい喧騒から離れた彼女の雰囲気はどこか変わり、落ち着かない様子で次から次へと話題を変え、うろうろと歩き回った。ああ、コカインをやってたのか、と気づいたのは後になってからだ。コカインのことはいつも忘れてしまう。

　彼女の部屋に「案内」してもらうために2階へ上がり、ドアロをくぐるとすぐに僕たちはベッドに倒れ込んだ。彼女のキスは激しく、ウォームアップもなしに歯が当たった。服を脱いでいく。彼女の方が積極的だった。彼女の胸を口に含み、真ん丸で柔らかいそれをわしづかみにする。乳首を吸って舌でいじると口の中で硬くなったのがわかり、彼女は喘ぎ始めた。

　彼女は僕を再び押し倒すと、履いていた短いスカートを持ち上げて上に乗ってきた。腰をグラインドさせながら頭をのけぞらせ、腕を後ろに伸ばして僕のすねに手を置いて体を支えていた。彼女の視線が僕の目を捉える。でも、瞳孔の開いた虚ろな眼差しは僕を見てはいなかった。彼女は僕の喉元を両手で包み、腰を揺らしたり上下させたりしながらどんどん手の力を強め、コカイン漬けの無感情な目を細めた。

　今の僕なら、首に指を回されても構わない。少しぎゅっと押さえられるくらいならむしろ楽しい。でも、本気で首を絞められるのは？　しかもそれが初めての経験なら？　……それは別の話だ。でもやめてくれとは言わなかった。誰かに対してノーと言ったことは人生でほとんどなく、言ったとして大した意味もなかったし、むしろ事態を悪化させたこともあった。やめてほしくても声を出せなかった。彼女の手だけが原因じゃない。まるで、叫ぼうとしても口からなんの音も出ない、走りたいのに足が地面から動かない夢のようだった。喉を締めつける力はさらに強くなり、息ができなかったが、ようやく彼女が僕の上で果てたことで解放された。その大きな声はどこか遠く聞こえた。彼女は前に倒れ込み、それから横に転がって僕の隣で枕にどさっと頭を預けた。

眠る彼女の横で僕はベッドに横たわり、やがてカーテンの周りから光が差し込むと、新たな日の太陽に導かれて外に出た。

女性との初めてのオープンなデートはもっとうまくいった。共通の友人にセッティングしてもらい、ニューヨークのバワリーにあるバーで会った。彼女はジーン・セバーグに似ていた。すっきり短い金髪とナチュラルなセンスは気楽かつエレガントで、すべてがさりげない印象だった。僕たちは店でたくさん話をした。人生、アート、本について。時間が経つにつれて座る距離が縮まった。バーでの何気ないおしゃべり、シンプルなデート。でも、僕にとってはとても大きなことだった——不安、背後が気になる感覚、周りにバレているだろうか？　という思いが……すっかりなくなっていた。

僕たちは閉店時間までバーにいた。その日は友人の家に泊まっていたので、一緒にホテルの部屋を取ろうと提案した。確かに、一晩のための散財としては大きい。でも、僕にとって初めてのオープンなデートだったのだ。バワリーの街を北へ歩く間、僕たちは腕を互いの体に回した。そうやって歩道を歩いていると、酔っぱらった男たちが投げかける例の声が聞こえた。僕はそれに対し、新たに手に入れた大胆さで「ファックユー！」と返した。

そこで、彼女が柔道の有段者であることがわかった。僕はあんなやつらに関わらず、無視して歩いていけばよかったのだ。挑発なんか平然と受け流して。火に薪をくべることなく、派手で迷惑な展開からは平和的に身を引けばいい。男たちと離れた後、彼女は歩道で護身術を見せてくれた。たとえ体が小さくても相手をねじ伏せることができるのだ。彼女は僕を（優しく）背負い投げし、腕をひねって屈服させた。僕の体格でも攻撃者の動きを封じられる技があることを知れたのは気持ちがよかった。学びをくれる前戯、命を救う前戯だった。

僕たちはバワリー・ホテルにチェックインした。ライアンと付き合っていたときとはまるで違った。スリリングで、現実に体験できるなんて思いもしなかった映画のワンシーンのようだった。ライアンとホテルに入るときは、シングルベッドの部屋しか空いていないときにはわざと折り畳みベッドをフロントで頼んだこともあった。ポーラとのときは、僕のアシスタントという仕事の関係上ホテルの部屋は別々に取った。こうする選択肢だってあったのに、なんて奇妙なことをしていたんだろう、と思った。

部屋では小さなテーブルを挟んで座り、さらに話をした。厚いベルベットのカーテンは開けられ、年季の入った大きな窓が見える。そこから街の明かりが差し込んでいた。

「あなたの話し方が好き」と彼女は言った。

時間が止まる。僕は彼女の言葉を飲み込み、その響きが喉を下るのを感じた。滑らかで明瞭なその声、官能的なその目に吸い込まれたいと思った。

彼女が椅子から腰を浮かせる。僕の脚に手を置いてキスをしてきたから、僕もキスを返した。それからすぐにベッドに入り、朝の光に迎えられるまでそこにいた。いつもながら最初はぎこちなく、ボタンと格闘し、タイトジーンズを脱ぐときにはちょっとつまずき、互いの体を知り合い、つながって同調して流れを見つけようとした。その行為は自発的で、安全で、そして何より、オープンだと感じられた。新しい世界だった。

一緒に眠りについたが、長い時間は寝なかった。目が覚めると、驚くほどに二日酔い状態で空腹だった。チェックアウトを済ませ、赤いタッセルのついた金色の鍵をフロントに戻して別れの挨拶をし、僕たちは食べるものを探しに外へ出た。ホテルの角を曲がったところ、ボンド通り沿いにある素朴だけれどおしゃれな地下レストランを見つけた。

初めての、女の子との関係を隠さない朝食。

最高だ。

こんなこと、絶対に無理だと思ってた。

血糖値が上がってカフェインが血液に入った僕たちが次に向かったのは、そこから徒歩5分の場所、ソーホーのプリンス通りにある個人書店《マクナリー・ジャクソン・ブックス》だった。彼女は僕にマギー・ネルソンの『Bluets』を買ってくれるという。それまでマギー・ネルソンの本を読んだことはなかった。青色に対する自らの愛をネルソンが考察する『Bluets』は、カテゴライズ不可能な作品だと思う。このノンフィクションでは、回顧、失恋、歴史、哲学、理論がすべて詩と散文によって継ぎ目なく繋ぎ合わされている。読めば圧倒され、心が開かれる。あの日、あの場所で受け取るのにぴったりな本だった。

降り出した雨も僕たちを止めることはなかった。話しながら歩き続け、気づけばマンハッタンの反対側、ウエスト・ヴィレッジにいた。彼女の提案で、ジェーン通りとウエスト通りの交差点に建つ歴史あるホテル、ジェーン・ホテル内の、今は閉店してしまった《カフェ・ジタン》でコーヒーを飲むことにした。カフェは可愛らしく落ち着いた雰囲気で、床は白黒のチェック模様になっていた。パリのような雰囲気だけれど、壁にワニの飾りがあるなどユニークな装飾が施されていた。僕はアメリカーノを頼んだが、胃は半分量しか受けつけなかった。ここでようやくお互い疲れが出て口数が減り、デートを終えることにした。僕たちは立ち上がり、別れの挨拶を交わした。彼女は僕にキスをした。カフェという場所でそんなことをするのは初めてだった。

こうした瞬間は、たとえその背景が複雑でも、僕の人生において大きな意味を持つ美しい思い出だ。

でも、ライアンとの失恋後に初めて本気で恋をしたのはケイト・マーラという女性だった。彼女には当時、素敵で才能豊かなマックス・ミンゲラという名のボーイフレンドがいた。二人とは小さな夕食会で出会った。その最初の夜は特に深く考えなかった。もちろんケイトは美しく魅力的だったけれど、ボーイフレンドの隣に座っていた。それに、僕は自分で製作し出演する予定の映画への出演オファーをマックスに引き受けてほしかったので、彼を口説き落とす方に必死だった。しかしその後、ケイトとは二度目に会うことになる。

そのときはアワードシーズンで、友人のキルステン・スミスが『アデル、ブルーは熱い色』の主演俳優アデル・エグザルホプロスのためにロス・フェリスの自宅でパーティーを開いていた。このシーズン中の慣習だ。人や映画を祝ってパーティーを開き、そこにアカデミー会員を招いて、得た支持を票につなげようとするのだ。僕も毎晩ドレスとヒールと化粧をまとってそんなパーティーに参加し、べろべろに酔っぱらって汗を浮かべたおじさんたちにすぐそばに座られ、「君の夢はもうすぐ叶うよ」などと言われた。

でも、アデル・エグザルホプロスのために開かれたこのパーティーは違った。キルステン本人と同じく、誠実で偽りのない会だった。観る者の記憶に残る演技をした一人の俳優を祝うためであり、怒涛の毎日を送っているだろう彼女を歓迎するためだった。人々のエネルギーを吸い尽くすその街で、この日のパーティーは落とし穴ではなく安らげる巣穴だった。

ライアンとは別れてまだ数か月ほどだった。別れてからも彼女とはたまに寝ていた。もちろん事情は複雑で、とてもつらかったけれど、何でもないことさと自分にも彼女にも言い聞かせた。大丈夫、一緒にいるってだけ。僕は平気だし、君と僕にとってのベストを願ってる……くだらないでたらめだ。そんな関係が終わるまで、僕はずっと混乱状態だった。ライアンとはちゃんとした会話もしばらくしていなかった。

ライアンが恋しくてたまらなかった。汗と日焼け止めの混ざった彼女の匂い、笑顔、手の動かし方、思考のめぐらせ方、知性、笑い声、とらえどころのなさ、眉の形、仕事への向き合い方、好奇心、唇、彼女が立てる音、芸術性、首を伸ばす動き、オタクな部分、謎めいた部分。彼女の目、僕を見る視線。何もかもが恋しくて、止められなくて、止まらなかった。忘れようと必死だった。

「何よりも、あなたを恋しく思うのをやめたい」とマギー・ネルソンは『Bluets』に書いている。

僕も映画『エターナル・サンシャイン』みたいに彼女の記憶を消したかった。

キルステンの家に着くと、天井が高く見事な階段が延びる玄関を通り、ゴシック調の小ダイニングルームと美しくデザインされた細長く明るいキッチンを抜けて裏庭に出た。そこはパーティー客で賑わい、ケータリング料理が並べられてプロのバーテンダーもいた。場の状況を見渡す。今夜は失恋した心を抱えて一人で過ごそう。キルステンを含め、パーティーに参加している友人は誰も僕がライアンと付き合っていたことを知らない。ライアンがこの場に現れないことを祈った。本当は誰よりも会いたい人だったけれど。今夜は気持ちをごまかせるかどうかわからない。

ケイトはパーティー客の輪の中で気楽なおしゃべりをしていた。右手には赤ワインのグラス。その横顔、顎のラインに僕は目を奪われた。前回会った夕食会のときとはどこか違う目をして、僕を温かく輪の中に迎え入れた。前よりもリラックスした様子だったが、酒のせいではないようだった。話す彼女の手元でグラスの中のワインが揺れ、今この液体には慣性が働いているのだろうかとぼんやり考えた。彼女に恋人がいることを忘れないようにした。だから、彼女が僕を誘うような行動をしてきたときは冗談だと思った。恋人がいようといまいと、ケイト・マーラが僕を欲しがるなんて到底想像できなかった。

僕たちは軽い冗談を言い合い、あからさまなほど親密な雰囲気になった。僕は近くにいたマックスを何度も肩越しに見た。

「ああ、彼は別に気にしないから」そんな僕に気づいてケイトが言った。

「そう、じゃあうちに来なよ。朝には豆腐のスクランブルを作ってあげる」僕は冗談半分にそう返した。

ケイトが笑う。僕の言葉で。互いに近くに立ち、ときどき肩が触れ合った。

ごくりとつばを飲んで、再びマックスに目をやった。

周りのゲストたちの動きや雰囲気によって変わる流れに乗って、僕たちの会話は自然に終わった。気づけば僕は庭の反対側にいて、長い木のベンチに座って煙草を吸いながら初対面の人たちと軽いおしゃべりをしていた。ケイトとの親密なやりとりで気持ちは盛り上がっていたけれど、別に大きな意味はなかったのだろうと思い、退屈な世間話に戻った。

話が一瞬途切れ、煙草を最後に数回ふかしてロゴのところまで燃え尽きたとき、一人の男性が近づいてきた。彼には見覚えがあった。

「やあ！」男は断りなしに僕の隣に座りながら元気よく言った。「君、ライアンの親友だろ？　僕はマット！」

僕は戸惑いながら彼を見た。男はまぬけで腹の立つ大きな笑顔で僕を見返した。そして、ピンときた。心がずしりと沈んだ。わかってしまった。

「ああ、君とライアンは……？」僕は手で「付き合っている」を示す身振りをした。

「そうだよ！　あ、彼女から聞いてない？」

腹への重い一撃。耳鳴りがする。鼓動よ、止まれ、今すぐ。

息をしろ。

「あ、いや、僕は……君たちはいつから……？」さっきの身振りをしながらそう返す。

「1か月さ！　僕は彼女が好きで、彼女も僕を好きなんだ」彼の体がベンチの上で跳ねる。「君は恋をしたことってある？」

地面に視線を落とす。ケタミンをやったときみたいに世界が遠ざかっていく。

そんなこと普通聞くか？

彼は話し続けた。『ピーナッツ』に出てくる大人たちのようなしゃべり方だった。

泣かないように、笑顔を見せるようにした。それでも笑いすぎないようにしながら、小さな相槌を挟んだ。

「彼女は今どこに？　今夜は来るの？」顔を見ずにそう尋ねた。

「いや、一日中会議があってくたくただから、僕の家に向かっているところらしい」

腹への重い一撃。耳鳴りがする。鼓動よ、止まれ、今すぐ。

息をしろ。

「ごめん、トイレに行ってくる。会えてよかったよ。きっとまたどこかで会うね」そう言い、男を残してその場を去った。彼が着ていたタイダイ染めのパーカーのように鮮やかで生き生きとした、彼の多幸感に浸されながら。

パニックが膨張し、視界はぼやけ、パーティー会場に頼れる人はいなかったのでメインフロアの小さなトイレに駆け込んだ。便座に座ってすぐに排泄する。悲しみ、羞恥を体の隅々まで感じた。ラグの下に掃き入れられて放置され、完全には処分されなかった埃。

鏡の中の自分を見つめた（それで気が楽になることは絶対にないのに）。そして会場を後にした。酔いは醒め、運転もしたけれど、手は体から離れてふわふわと浮いているような感覚がし、ハンドルを握る奇妙な小型エイリアンのように思えた。あの感情はもう排泄したんだから、あとはただ漂い去ればいい。

家に帰ると、レナード・コーエンの曲をかけ（楽にはならなかった）、大量に煙草を吸った（当然ながら逆効果だ）。人は傷ついたとき、どうしてその痛みをずっと抱えていたくなるのか。自罰なのか？

せめて水分補給をしようと、キッチンに水を飲みに行った。そのとき携帯電話が鳴った。ケイトからメールだ。

ねえ、ずいぶんロマンチックなさよならだったじゃない。

思わず笑いがこぼれた。笑顔はなかなか口元から離れなかった。「返信」を押す。

さよならを言うのはつらすぎたんだ。

枕に頭を載せ、ライアンのもとに帰る彼を思い浮かべた。彼を待つライアンのことを考えた。何よりも、あなたを恋しく思うのをやめたい。

やがて眠りに落ちた。

ケイトとのやりとりは続いた。この戯れが僕たち両方にとってもはや冗談半分でないことは感じ始めていた。一緒に散歩に行こうとか、お互いの誕生日の頃にディナーをしようかなどと話した。二人とも魚座で誕生日が近かった。

それから数週間後のバレンタインデーに、僕はゲイであることをカミングアウトした。そのスピーチをすることについては事前にほとんど誰にも言わなかった。自分だけのもの、ゴシップや憶測にうんざりしていた自分自身のためのものにしたかったから。反響は大きく、若い子たちの言う「バイラル」になった。

ケイトからメールが来た。

ちょっと待って、あなたゲイなの⁉

それに返信する。

うん、だから君からも何かしてよ。

カミングアウトをした翌日、『X-MEN: フューチャー&パスト』の短い撮り直しのためにモントリオールへ飛んだ。

「ずいぶん雰囲気が変わったね」とプロデューサーが言った。

確かに、大きな重荷を下ろした僕は以前よりも自分の体の中に居場所を感じ、うなだれることもなくなった。愛想がよくなり、悩みが減り、眉間にしわも寄らなくなった。自分の道を歩んでいた。

数日後、ロサンゼルスに戻る飛行機で席に腰を下ろしたとき、一人のカトリック司祭と助任司祭が後ろの席に着こうとした。助任司祭が僕に気づき、とても優しく賞賛の言葉をかけてくれた。意外なことだった。

僕は台本を読みながら眠ったり起きたりしていた。離陸から2、3時間経った頃、左肩を叩かれた。後ろの司祭と助任司祭で、折りたたんだルーズリーフの紙を渡された。メモだ。僕はにっこりほほえみながら振り向いて受け取った。

ＬＧＢＴＱ＋を支持する進歩的な宗教指導者からの温かなメッセージを期待して、メモを広げた。
期待は大外れだった。
冒頭には、連れはあなたのことを知っているようだが自分は知らない、という断りが書かれていた。

勝手ながらあなたのことを検索させてもらいました。（あーあ）
その後は、今のあなたは真の姿ではない、思い込みにすぎない、と続いた。
あなたの魂は苦しんでいます。天の御父の腕に抱かれる必要があります。（うえっ）
冗談じゃない。

天のお父さんより

着陸まではまだ数時間ある。どうしようかと思った。何か言うべきか？　返事を書くか？　いや、そんなことをしたって何の意味もない。ちょっと話をしたところで司祭の考えが変わるわけもないし、これに関わる時間が増えるほど毒素がしみ込んでくるだろう。だから、僕はメモをたたんでポケットに入れ、自分の仕事に戻った。飛行機が着陸した。ただいま。

それから1か月ほどして、ケイトからマックスと住むシルバーレイクの丘の上の家で開かれるバーベキューに招かれた。マックスは僕が主演し製作にも関わった映画『スイッチ・オフ』への出演を承諾していたので、彼に会って共演を祝うのは楽しみだった。マックスが演じる役は僕の恋の相手だった。二人の家はとても落ち着けた。居心地がよく、デザインも素敵で、二人の趣味が反映されていた。リビングルームには思わず沈み込みたくなるソファがあった。真っ白で、どうやってきれいに保っているのか見当もつかなかった。僕は何にでもしみをつけてしまうから。キッチンは小さめで、１９３０年代にその家が建てられたときから変わっていないようだった。シンクとバックスプラッシュのセンスもすべて完璧だった。キッチンのドアから外に出ると、坂になった広い裏庭があった。リビングルームの外はデッキになっていて、降りたところには焚き火台とペットのボストンテリア2匹のための空間があった。

二人と長いハグをした。パーティーに来ていた人のほとんどは僕にとって初対面だったので、自己紹介を交わした。ケイトとマックスはベジバーガーと普通のバーガーを焼いた。それからケイトと僕は、家と焚き火台をつなぐ階段に隣り合って座った。

僕たちは体を寄せて親密なやりとりをした。マックスは近くに立っていたが、特に気にしている様子はなかった。磁力にたちまち引きつけられるような、はっきり言葉にしないでおく方がいい種類の気持ちになった。

数日後、僕たちはついに二人きりで出かけた。一緒に散歩に行くため、僕はケイトの家まで車を走らせた。一緒に彼女のSUVに乗り、後部座席には2匹の犬を乗せてシルバーレイク貯水池へ向かった。二人の間の空気はそれまでと同じだった。ほほえんでしまうのを隠して、目をそらす。

ケイトの家に戻ってガレージに車を入れ、彼女がエンジンを切った。少しの間互いに何も言わず、テレパシーのようなものが触れた。

「今度はディナーに行こう」とケイトが言った。

僕は一瞬間をおいてから、「ディナーはよくないんじゃないかな」と答えた。まあつまり、行こうよという意味だ。

また間が空く。車の中は空気がこもる。

「マックスに聞いてみてもいいけど。全然気にしないと思うし」

僕は顎を深く引いて笑みを隠そうとした。予想していなかった言葉だけれど、まさにそれを聞きたかった。温かな電気が走るような、はっきりとした感覚。彼女のそばにいたいと思った。

「そうだね、マックスがいいなら、ぜひ行こう」

彼はまったく問題ないと言い、僕と仲良くなろうとするケイトを応援していた。

そうして、翌週にウエスト・ハリウッドでのデートを計画した。

まずケイトがうちに来た。ドアを開けると、ケイトは彼女らしい笑顔で、優しさと積極性を同時に備えた強いまなざしをしていた。唇が初めて重なる。震えが走り、膝が崩れそうだった。舌を絡めながらゆっくりとソファに向かった。

ケイトが体を離す。

「まだよ、まずはディナーに行こう」

ローレル・キャニオンを上り、マルホランドを越えてウエスト・ハリウッドに向かった。Uberのタクシーはライアンのポスターに初めて見つめられた角を右折した。ケイトが最初に到着したときは興奮で気が散っていたが、今は街の灯りに照らされる彼女の姿をはっきり見ることができた。黄色と赤のまぶしい光が彼女を包む。そのくすんだ金髪が、流れていくライトを浴びてかすかに輝いていた。タイトな黒のパンツが彼女の太ももを締めつけていて、僕はそっちを見ないようにした。上半身はグレーのTシャツの上にボタンダウンのシャツを開けて重ね、さらに黒の上着を羽織っていた。

周りからは普通のカップルに見えただろう。触れ合って、見つめ合い、やたらと笑って。サラダやフライドポテトを食べ、テキーラやワインを飲んだ。ケイトは強い存在感があり、姿勢も堂々としていて、ウィンク一つで部屋ごと消し去ってしまえそうな力を持っていた。

その夜は、僕の自宅に戻るために一緒にタクシーに乗り込む瞬間をパパラッチに撮られた。でも、もはや以前とは別次元の世界に生きているようで、「バレる」という不安はまったくなかった。自宅に帰ると、すぐに寝室に行った。ケイトは仰向けに寝て服を脱ぎ、僕はベッドの足下に立って脱いだ。ベッドに上って彼女に覆いかぶさる。口を溶け合わせ、初めて素肌が触れ合った。僕は彼女の首筋にキスをしながら太ももの内側に触れ、ゆっくりと手を這い上らせた。

そんな初デートは成功した。だからその後もデートは続いた。

一緒に共通の友人と遊んだりパーティーに行ったりもして、みんな僕たちが付き合っていると思っていた。恥じることも隠すこともせず、臆面もなく惹かれ合った。性欲だけの関係でないことはすぐにわかった。相性のよさ、互いを深く思いやる気持ちがあったから。今もそうだ。お互いを大切に思う気持ちは変わらない。

2、3回デートをした後、自分が本気で恋をしていることがわかった。ケイトのことが頭から離れなかった。待ち合わせに向かう車の中で、ふとした瞬間を思い出しては笑いがこぼれる。

メッセージのやりとりを始めたり、止めたりして。丸3日かけて言葉を選ぶ。頭に浮かぶのはいつも彼女だった。

初デートから間もないある朝、地震でベッドから飛び起きた。心臓が体から飛び出したかと思った。ドア口に立てと自分の脳が命令したので、そのとおりにした。実際、それは間違った行動なのだけれど。それでも、やがて揺れは収まって僕はほっと息をついた。今ならどう行動すべきかわかる。アメリカ疾病予防管理センターのガイドラインをここに紹介しておく。

可能であれば、頑丈なテーブルやデスクの下に隠れてください。外壁、窓、暖炉、吊るされた物には近づかないでください。ベッドや椅子から動けない場合は、毛布や枕で体を覆って落下物から身を守りましょう。

状況が落ち着いて鼓動も安定すると、携帯電話を手に取った。気が緩んだそのとき最初に頭に浮かんだのは、ケイトにメッセージを送ることだった。ただ、ちょっとやりすぎな気もした。まだ関係は始まったばかりだ。しかも彼女には恋人がいるということを思い出し、迷惑なやつになってはいけないと自分に言い聞かせた。コーヒーでも入れよう、と電話を置いてキッチンに向かおうとした。ポン、と通知が鳴る。振り返って確認すると、ケイトからだった。僕の無事を確認する内容だ。文面を見つめていると、勝手にくすくすと笑いが漏れた。参ったな。

一生忘れないだろう瞬間があった。リアルな感覚がしみ込んで、それから別の次元に飛んでいくような。映画監督のスパイク・ジョーンズが友人の50歳の誕生日とその娘の16歳の誕生日を祝うために古い学校を貸し切ってパーティーを開き、そこにケイトと僕も招かれた。メインフロアには講堂があり、そこは大人たち用の会場となった。バンドが生演奏し、ゲストたちは踊って酒を飲んだ。茶色とベージュのスクールカラーが時代を超えた輝きを放っていた。

ケイトと腕を組み合って屋上に上がると、そこは16歳の誕生日パーティー会場だった。背の高い金網フェンスで囲われたバスケットコートのあちこちにティーンエイジャーたちが立っていた。DJもいて格好いい音楽を流していたが、踊っている子は一人もいなかった。どうやって酒を調達しようかとか、ロサンゼルスの10代がやるようなことを話し合っているのだろうと思った。

そこで流れる音楽は下の階のバンド音楽よりもケイトと僕の好みに合っていた。ビヨンセ、ミッシー・エリオット……僕たちは無言で身を投じた。ケイトだけを見ながら夢中で踊る。二人だけの世界。まっすぐ見つめ合って視線を絡ませ、互いの体から刺激を得て、言葉なしに通じ合う。触れ合うよりも親密なそのダンスには恥ずかしさも遠慮もなかった。あんなに自由奔放なケイトを見たのは初めてだった。宇宙がぱっくりと割れて開くのを感じた。僕も同じように割れ開いた。我を忘れて没頭した。

1週間後、ケイトと僕はシルバーレイク貯水池の北東側の芝生に座り、二人の世界に浸りながらモレスキンの小さなノートにメモを書いていた。一緒に映画を、特にラブストーリーを作れたら最高じゃないかと考えた。二人で一緒にできることを探ってみてほしい、とそれぞれのエージェントにメールした。

歯車が動き出した。すぐにジョー・バートンの書いた脚本が送られてきた。80ページほどの短いもので、まだ調整や拡大が必要だったが、痛々しくも美しい映画の骨格はすでにそこにあった。スカイプで話したジョーは素敵なイギリス人で、クィアな女性キャラクターたちの繊細かつ豊かな描き方に僕は感銘を受けた。ストーリー、キャラクター、そして推敲が必要だと感じた点について話し合った。

「この脚本はずいぶん前に書いたんだ。1か月待ってくれたら新しい草稿を用意するよ」とジョーは言った。

そして彼は脚本をまったく新しいレベルへと引き上げ、プロジェクトは前進し始めた。

ケイトと離れている時間をつらく感じるようになってきた。会っている時間は電気が走るように幸せに満たされて高揚したが、いつだってそんな感覚には終わりがあった。一緒には辿り着けないところ。僕が望むべきでない行き先。友人たちは当然ながら身を引くべきだと言った。

また好きな人に手が届かない。カミングアウトしてもなお障害があった。「既婚の男としか付き合わない友達のことを思い出すよ」と、ある友人に言われた。高揚感を追い求め、いったん降りてきては、またその感覚を求める。

その友人はのちに僕たちが一緒にいるのを目の前で見て納得した。そこに疑いの余地などなく、だからこそ腹立たしかっただろう。その愛はあまりにも明らかで、僕たちは共に輝いていた。

でも、マックスがいる。マックスがいるんだ！　彼は本当に素敵な人間で、僕にとって素晴らしい存在でしかなかった。ケイトは彼を愛していた。当たり前だ。でも、ケイトと僕の関係が何であれ、それには新しい名前が必要だった。隙間から漏れ出してくるその影響に。まあ、あえて漏れさせていたと言える。正しい行ないではなかった。真剣な交際をする二人の関係に外から足を踏み入れたのは僕なのだから。

初めてあまりにもつらいと思ったのは、ケイトと二人でニューヨークシティで会うはずが、スケジュールが変わってマックスもケイトと来ることになったときだった。楽しくロマンチックな数日間を期待していたのに。つらかった。本当につらかった。でも、やっぱり浮気相手である自分が悪いんだと思った。

ニューヨークには『X-MEN: フューチャー&パスト』のプレス取材のためにいた。その映画の出演シーンの大半で僕は、意識を失ったウルヴァリン役のヒュー・ジャックマンの頭側に座って両手を彼のこめかみに添えていた。毎日いたくなる職場だった。ヒュー・ジャックマンは腹が立ってくるほどいい人で、これまで一緒に仕事をした中でも彼ほど親切な人は少なく、機嫌が悪いところは文字どおり一度も見たことがない。

一方、ケイトからマックスが来ることを知らされた後の僕の機嫌はすこぶる悪かった。二人が街を歩いているパパラッチ写真を見て、いっそう気分は悪くなった。二人がセックスしているところを思い浮かべれば、それはもう。ジョシュ・ホロウィッツのインタビューに答えていたとき、ケイトという名のファンからバナナについてどう思うかという質問が来ていますと言われた。それはケイトとの内輪ジョークだった。ケイトはジョシュと友達で、その質問をすれば面白いと思ったらしい。一瞬わからなかったが、すぐに理解できた。でも、笑えはしなかった。ただ彼女に会いたくて苦しかったから。

腹が立った。いらいらした。ずるいと感じた。いつものパターンだ。僕はいつまでもそういう考え方をして、そんな自分を恥じた。今回も、気づけばケイトを責めていた。僕と一緒にいないときでさえ、どうにかして僕の領域、僕の心に入り込んでこようとするんだな。結局いつもこの思考に陥り、それでもこれは健全な感情なのだ、相手を切望するこの心が自分の誠実さを徐々に蝕んでなんかいないと自分に言い聞かせた。僕は自分が大切にされていない、自分の気持ちを気にかけてもらっていないと感じた。身勝手にも、彼女には僕の心が読めるのだと思っていた。「もちろん、全然大丈夫」と言いながら、真逆の感情を読み取ってほしいと求めていた。

多くの理由から、この時点で僕は身を引くべきだったのだろう。いい人になって、二人の関係を尊重するために。でも、いい人になろうという気分にはなれず、むしろ誰かを欲する利己的な人間でいたい気分だった。僕たちの間にあったような真の絆は得がたく、だからこそ手放すのが難しい。バワリー・ホテルのバルコニーに座って煙草を吸った。ケイトとも来たことのある部屋だった。彼女が裸の僕を机に載せて、鏡に映る僕の尻を見ながらセックスしていたときの記憶がどうしてもよみがえった。

ケイトとの関係は、何もかもがこんがらがって負荷のかかるものになっていた。心は沈んでいた。もはやときめきが困難を上回らなくなっていたのかもしれない。この状況に足を踏み入れたのは僕自身の選択であり、自分の心のケアをせず、広がっていく亀裂を見ないふりしてそこにとどまることを決めたのも僕だ。欲望に負けて、ありもしないものを追い求めて。

こんな状況にはなじみがあった。初めから一人ならそれなりにうまくやれるし、秘密を抱えつつ安心した気持ちでいられる。でも、いったん誰かと一緒になって離れると、自分の価値が見えなくなるのだ。それでもそんな関係はやがて消え、後からふと思い出すだけのものになる。

なかなか抜け出せなかったこのパターンを、僕はケイトにも投影していた。お願いだから愛してよ、と願いながら。

ケイトは僕の心の痛みを感じ取っていた。僕を傷つけることは絶対にしたくないと思ってくれていた。そのときは仕事で遠くにいたが、話す時間を作ってくれた。僕はニューヨークで感じたつらい気持ちを彼女に話した。

「ずっと会いたくて、会えるのを本当に楽しみにしてたのに、会えなかった。会えないし連絡もほとんどくれないし。それで、あんなことされて」とインタビューのことについて言った。

「最悪な気分になったよ」

「そうだったんだね、本当にごめん。面白いと思ってやっただけなの」それからケイトは言葉を止めた。画面上で一瞬時が止まる。「私も会いたい。私も会えなくてつらいよ」

その瞬間、堰を切ったように涙があふれた。彼女も一緒に泣き、二人ですべてを話した。互いへの愛、とても自然に湧き出てきて深い意味があると思えるその愛、お互いを大切に思う気持ち。

「でも私はマックスのことも愛していて、人生を共に歩んでいるの。人が二人の人を同時に愛せるなんて、昔なら信じられなかった。でも今は信じられる」

僕たちは悲しみを、手放すことの悲痛を分かち合った。それでも何より、どんな形であれ新しい種類の関係を築いて同じ未来を生きることを大切にした。まずは距離を置くことにして、少なくとも1か月は連絡を取らないと決めた。

距離を置くことにどれほどのメリットがあるか、僕はすぐに忘れてしまう。それは苦しい選択で、たとえ自分から言い出したとしてもつらいものだ。自分を騙すのはたやすい。このやり方に問題はなく、健全な大人の関係だと自分に言い聞かせた。しかし、頭では理解していても感情は姿を偽って身を潜め、その囁きに揺らされた心はこれじゃ足りないと叫んだ。

「既婚の男としか付き合わない友達のことを思い出すよ」この言葉を今ならよく理解できる。

確かにそうだ。必死にセロトニンの放出を求め、それから拒絶の痛みに嘆き苦しむ。そうしてやがて自分を放棄し、消えていく。僕たちはまさにそれを求めているのかもしれない。満たされない愛、手に入らないものへの憧れがある方が安心できるから。

マックスとケイトが別れたのはそれから間もなく、僕がマックスと撮影する少し前だった。僕と付き合うためにケイトの方から別れたわけではなく、別々の道を進むときが来たと互いに納得した結果だった。ケイトと僕は引き続き距離を置いた。マックスは僕に本当によく接してくれて、演技も素晴らしく、寛大で存在感ある共演相手だった。彼とは濃厚なベッドシーンもあり、互いにほとんど裸で僕の胸もあらわだった。冷静に考えれば奇妙な経験だが、それでも奇妙には感じず、安心しリラックスできた。

僕はまだケイトのことが好きで、彼女を求め、一緒にいたかった。距離を置くことは確かに役立ち、もう手放せそうだと思った。でも気づけば僕たちはまたロサンゼルスにいて、思い出の街が心を揺さぶった。僕は混乱し、落胆し、憤りさえ覚えた。今なら僕と一緒になれるのに。でも今のケイトは僕と一緒になりたくないんだ。

セラピストが言っていたように、「愛は人間関係の構成要素にはならない」のだろう。またしても、僕は苦しんだ。怒りが湧き上がった。

でも、時間は這うように進みながらやがて心を癒した。電話もメッセージのやりとりもしないことが助けになった。僕は徐々に気持ちを整理し、自分を見つめ直した。執着が消えて、恋人がおらずカミングアウトしている女性たちとまともなデートができるようになった。友人に紹介してもらったサマンサとは2年ほど付き合った。ケイトと一緒に製作・主演した映画『My Days of Mercy』を撮っていたとき、サマンサはオハイオ州のシンシナティ郊外まで訪ねて来てくれた。サマンサは嫉妬もせず応援してくれて、三人で州境を越えてすぐのケンタッキーで開催されたエイミー・シューマーのショーにも行なった。そのときケイトは現在の夫であるジェイミーと付き合っていた。

そんな状況を考えれば、撮影はうまくいった。

ケイトと出会ってから9年弱が経っていた。相性のいい部分が色褪せることはなかったが、実際に共通点は少なかったと気づいたときに僕たちは笑ってしまった。振り返ってみれば、僕たちはセックスばかりしていた。それでも、あの頃から今も変わらないもの、これからもずっと変わらないもの、それは互いへの愛情だ。義理堅くて寛大で共感力のあるケイトは、素晴らしいだけでなく誠実な友でもある。

当時の僕は空想にふけってばかりで、実際に起こっていることから目を背けていた。耳を傾けなかった。はっきり言ってしまえば、共依存だった。今になってようやく、そんな付き合い方をやめることができた。うまく境界線を引いて、恐れることが減り、もっと心を開けるようになった。かつて持たなかった自信が芽生え、強くなれた。気づきや教訓は人生の最もつらい瞬間から得られるものだ。きっとそんなつらい経験を僕はやがて忘れ、またいずれ思い出すことになるのだろう。でも、むしろ思い出したい。痛みはないよりもある方がいい。少なくとも僕は君を愛し、そして少なくとも君の愛を感じられたから。マギー・ネルソンはこう綴る。

この青が存在するおかげで、この青を目にしただけで、私の人生は素晴らしいものになった。こんなにも美しいものを見ることができる。その中に身を置くことができる。必然として。

25 家族を選ぶ ― CHOOSING FAMILY

「お母さんとだけ暮らしたい」13歳のとき、母にそう言った。「もう行ったり来たりするのは嫌だ」

もう毎月16日までの日数を数えたくない、ずっと母と暮らしたいと思った。

母は目を輝かせ、姿勢を正した。喜んでいるのがわかった。おそらく僕の決定に影響を与えないためだろう、喜びを隠そうとしていたけれど、嬉しく思っているのは明らかで、僕もそれが嬉しかった。母の表情は大きな笑顔から真面目なものへと変わり、どうしてそうしたいのかと尋ねた。

僕はたじろぎ、言葉に詰まった。うつむいて理由を探した。罪悪感に苛まれながら、理由なんていらなければいいのにと思った。

「一か所で生活したいだけ。行ったり来たりするのに疲れたんだ。いつも忘れ物してるし」

あの家で感じたことを母にありのままにすべて話すのは無理だった。言いようのない恐怖が体の中で脈動し、僕を押しとどめた。取り返しのつかないことになってしまったらどうしようと怖かった。

僕に対するリンダの敵意はピークに達していて、学校から帰って二人きりのときには家の中に濃い霧が立ち込めた。家に来た同級生にもそれがわかるか聞いてみたことさえあった。

「リンダの雰囲気、変だよね?」と僕は言った。彼女が醸し出す空気。あの口調、表情。「僕のこと好きじゃないと思う」その言葉に同級生も頷いた。

友達を家に呼ぶことはあまりなかった。たまにサッカーのチームメイトを呼んだとき、彼女たちはどう思っていたんだろう。父は下校中の彼女たちを見つけては、車の中から〝ふざけて〟冷やかしの声をかけていた。

「やあ!　可愛いねお嬢さんたち!」とよく大声で呼びかけた。

「うわっ、デニスだ!」とみんなは返していた。そんなに笑ってもいない。僕はいたたまれない気持ちになりながら助手席に身を隠した。

周りに誰がいるかによって父は変わった。リンダがいるときは僕に対して壁を作り、僕と二人のときは心の境界線をぼやかして深い愛を伝えてきた。もしかしたらそれは、親しい関係を保つために父が知る唯一の方法だったのかもしれない。できるときに必死でつながりを探り、二人だけのものとして守るのだ。

いずれにせよ、当時の僕にそのやり方を表現できる語彙はなかったし、今でも表現は難しい。氷の上を走りながら、土がくれる摩擦を欲していた。

父にはまだ言わないでほしいと母に頼んだ。父が知ったらと思うと胃が締めつけられた。どんなに動揺し、傷つくだろう。罪悪感が僕の中をさまよい続けた。

「お父さんもわかってくれるよ」と母はなだめるように言った。もちろん傷つきはするだろうけれど、それでも最終的には僕の決断を尊重してくれるはずだ、と。

母の言葉どおりにならないことはわかっていた。父が理解しないだろうことはわかっていた。激怒して、表情を鋭くするのだ。でも、それを母にどう伝えればいいのかわからなかった。

その晩、僕はサッカーの試合に出た。ダルハウジー大学の芝生で、ティナとボールをパスし合いながらウォーミングアップをした。僕たちチームにとってはホームゲームだ。右ミッドフィルダーとしての僕の理想は、コーナーキックが来るのに集中し、完璧なタイミングで走り出してボールを額に当て、首をうまくひねって、ボールがネットの奥に吸い込まれるのを見届けることだった。しかし実際には、肩越しにちらちらと後ろを見ていた。どこかのタイミングで母と父がスタンドに現れることがわかっていたからだ。

そしてついに二人が来て、隣に並んで話していた。僕の意識はボールよりも自分の両親がお互いの近くにいることにばかり集中していた。スローインの準備をしたり、パスを受けるために走るスピードを上げたり、フェイントをかけようとしてボールにつまずいたりする間も、頭の中はお母さんはお父さんに何か言うつもりだろうか？　という考えでいっぱいだった。

サッカーバッグを肩にかけ直して水を口に含みながら芝生を歩くと、靴底のスパイクの下で芝がしなった。両親が互いのわりと近くに立っているのが見えた。90分間走ったことよりも、その光景の方が僕の鼓動を速めた。

僕が近づくと二人は少し離れた。疲れた脚を引きずって大きな階段を上る。母にハグをしてさよならを言った。その日は月の初日で、つまり帰る先は父の家だった。

「愛してるよ、母さん」父の横に立ってそう言った。

「私も愛してる」

胸が痛んだが、悟られないようにした。サッカーの後は感情を隠すのに最高のタイミングだ。腰、膝、ほてった太もも……隠し場所はいくらでもある。

父の車の助手席に身を沈め、バッグを足元に置き、いつもどおり肩と頭を下に向けた。母は何も言わなかったのかもしれない。ただおしゃべりをしていただけかもしれない。

しかし、あまりにも静かな時間が続き、「かもしれない」がありえなくなっていった。

父は無言のままクインプール通りを走り、ホースシュー・アイランドを過ぎ、海沿いを通ってアームデール・ロータリーを回った。ピザ屋の角で左折し、パーセルズ・コーブ通りに入る。家の方に続く曲がり角に近づいても車はスピードを落とさなかった。こっちをちらりと見た父は、僕が見ていることをわかっていたはずだが、視線を前に向け続けた。口をぎゅっと結んだまま。

さらに5分ほど走り、聖ジョージギリシャ正教会、ヨットクラブ、デッドマンズ・アイランドを過ぎ、左折して細いディングル通りに入った。生い茂る木々に囲まれ、ちらほらと民家が見えるその道を走り、「ザ・ディングル」の呼び名で通るサー・サンドフォード・フレミング・パークに着いた。

その公園の一部は水際まで広がっている。父は砂利敷きの駐車場に車を入れた。近くには20世紀前半に建てられた高さ40メートルの石塔がある。その塔には数年前にリンダ、スコット、アシュリーと一緒に五人で一番上まで歩いて登ったことがあった。塔の入り口の両脇にはライオンの大きな銅像が鎮座し、よじ登りたい衝動をかき立ててくる。てっぺんまでの階段の数はなかなか多かったが、苦労の甲斐がある景色を楽しめた。その後に食べた「ムーンミスト」というフレーバーのおいしいアイスクリームがノバスコシアだけのものだと知ったのはそのときだ。

父は日陰に車を停めてエンジンを切った。時刻は夕方で人は少なく、広い駐車場に停まる車は他に2台だけだった。前を見ると、父の両手はまだハンドルを握っていた。僕は座ったまま黙っていた。父がこっちを向く。その目は潤んでいた。

「お母さんと暮らしたいのか？」

父は泣き出した。僕は息を呑んだ。どうすればいいのか、次に何が起こるのかわからないまま、ただじっと父を見つめた。

「どうしてもう僕たちとは一緒に住みたくない？」

父はうなだれた。泣き声は静かなすすり泣きに変わった。

「僕よりもお母さんの方が好きなのか？」

父は泣き続けた。肩を上下に揺らしながら。僕を見る悲しい目、その視線は石のように重みをもって僕にぶつかった。

「僕のことは好きじゃないのか？」

僕の胸にパニックの火がつき、胃は遊園地の乗り物に乗っているようにずんと沈み、耳鳴りがした。

父は顔をそむけたが、泣き声は止まなかった。

僕はシートベルトを外し、運転席との間のコンソールを超えて父を抱きしめた。両腕を父に回し、泣き続ける背中をさすった。体が震える。自分は何をしてしまった？　目を閉じて父をぎゅっと抱きしめながら、何も言わなければよかった、撤回したいと思った。

「好きだよ。ごめん。やっぱり二人の家を行き来したい。ごめんね」すがるようにそう言った。

「本当に？」父は涙を拭い、肩の動きが徐々に落ち着きを取り戻す。

「うん、本当だよ。お母さんともお父さんとも暮らしたい」

父の激しい感情が鼻をすする程度に鎮まったので、僕は再び助手席に座ってシートベルトを締めた。

「僕は君を本当に愛してるんだ」エンジンをかけながら父は言った。

バックする車の下で砂利が砕ける。

「僕も愛してるよ」

そうして僕たちは家路についた。

家に帰ると、まるで何事もなかったかのような空気に戻った。ほんの一瞬の切り替わりだ。車で二人きりのときはあんなに必死に僕を求めていたのに、夕食の席につくと父は気難しい表情で食べ物を切っていた。沈黙が食欲を消し去った。あるいは、罪悪感のせいか。僕も消えてしまいたかった。

その夜、父は母に電話をして僕の気が変わったことを伝えた。そもそも母親の家でずっと暮らしたいと言い出したのは飼い犬が恋しかっただけらしい、と父は言った。きっとそのとき父のいかめしい表情は、母にそれを伝える興奮でいやらしい笑みに変わったのだろう。

その後、母がこの話を持ち出すことはなかった。僕たちの間で二度と話題には上がらなかった。僕は一言でもこのことを口にするのが怖かった。車の中で僕は、父の心にひびが入り、見たこともない感情の波に呑まれてばらばらになるのを見た。ひどいことをして父を傷つけてしまった、と思った。もう二度と父に、あるいは誰にもあんな思いをさせてはならないと感じた。だから、その後も二つの家庭の間を行ったり来たりし続けた。そうすればスムーズにいくのだと。


僕と母と父の間のこうした瞬間が、いつの間にか僕の人間関係の築き方の土台になったことが今ならわかる。僕はいつも自分の感情を脇に追いやり、感情があるせいで厄介なことになるかもしれないと心配し、必要以上に長く同じ状況にとどまって自分にとっての真実を押し込めた。これは決まって事態を余計に悪化させた。僕が周りの人にとって付き合いづらい人間である数々の理由と同じように――突然の気分の変化、逃げ出そうとする衝動と混在するシャットダウンするような態度、不合理な恐怖ゆえの不誠実な行動など。

泥の中を進んでいけば、ちゃんと実りはあるのに。

しばらく父との会話をやめる決心をしたのは、30歳の誕生日を迎えてまもなくの頃だ。そのときは感情を抑え込む力が弱まり、心の中に激しい嵐が吹き荒れていた。無意識のうちに少しずつ何かをはぎ落とし、僕は底に辿り着いていた。自分がトランスジェンダーであることを初めて言葉にして、その自己認識が何の妨げもなく自由に呼吸できるようになった。その悟りはほんの短い一瞬だったが、触れるだけじゃなくしっかりと抱きとめた。そして、この自己理解は性別だけにとどまらなかった。ついに僕は、有害な家族環境から自分を切り離そうとする段階までいき、ようやく言葉を見つけることができた。

僕は父に簡潔なメールを送り、自分には今ゆとりが必要で、しばらく実家には帰れないと告げた。それまでは、こうやって父にはっきりと伝えること、あの家庭での経験とその永続的な影響を受け入れることを一度も自分に許さなかった。父の反応は予想どおり、よくなかった。僕が伝えた内容に対して何も責任を取れないようだった。

僕が20代前半の頃にコーヒーを飲みながらリンダからの仕打ちを話題に挙げたとき、父はすでにその事実を認めていた。僕が実家と距離を置いていたことは明らかだった。そのときは珍しく帰省中で、ハリファックスのダウンタウンのホリス通りにあるこじんまりしたカフェに父といた。

「僕たちに会いたいと思っていないような、むしろ全然会いたがっていないような感じがするね」と父は言った。

ダブルショットのアメリカーノに視線を落としながら、僕はどう答えるべきか迷った。義理の兄姉の父親が亡くなったときでさえ、葬儀のために帰省することはしなかった。その理由はセラピーでも説明できず、答えが出なかった。床に伏せて泣きながら、原因もわからないまま胃の中に釘がたくさん詰まっているような鋭い痛みを感じた。とにかく無理だった。当然だけれど、兄姉は一生あのときのことを許してくれないかもしれない。

「君をすごく遠くに感じるよ」と父は続けた。

もともとこの話をするつもりはなかったが、自然と言葉が出た。

「子供の頃リンダにひどいことをされたから、そのせいで実家に帰るのもお父さんと会うのもつらいんだ」

父はすぐに認めた。それ以上のことについて僕はまだ話せなかった。だから父はどこかほっとした表情を浮かべながら、すべてをリンダのせいにできた。

「知ってたなら、どうして何もしてくれなかったの？」僕は尋ねた。

「したさ。リンダとの喧嘩の90％は君のことだった」子供の頃にも聞いた台詞だ。

かすかな希望を感じた。人が自分の家族から受ける影響はとても大きいものだ。でも、その後父は僕たちの会話の内容をリンダに話した。リンダはすぐに僕に長い謝罪の手紙を書いた。謝罪というより、自分が攻撃的になってしまった理由をつらつらと説明しているだけだったけれど。そんな理由、子供だった僕には結局なんの関係もないものだ。

「リンダを許すべきだよ」と、父は2日後に言った。「それが君のためにもなる」

心が沈んだ。言わなければならない、少なくともその義務を感じた。二人のためだけれど、ほとんどは父のために。こういう瞬間、体は凍りつき、やがて勝手に動き出し、安全に着地できる言葉だけが淡々と吐き出される。毎年リンダ宛てのバースデーカードを手が勝手に書いていたのと同じだ。僕とリンダは泣きながら抱き合った。

リンダは、ごめんなさい、あなたを愛しているわと言った。

「許すよ」と僕は言った。許してはいなかったけれど。少なくとも、まだ。

でも、30歳になる頃には、僕を操ろうとする父のやり方は効果を失った。突如として僕はそのやり口を見抜けるようになり、むしろそれまで見抜けなかったことに愕然とした。反射的に感情を追いやって自分を消し去ろうとする本能を捨てられた結果だ。

もう5年半、父とは直接会って話していない。ゆとりが必要だからしばらく実家には帰れないというメールを最初に送ったときは、あまりうまくいかなかった。今もときどき楽しくないメールのやりとりはしているが、関わりはそれだけだ。いくらか最近、僕はモデレーター（家族セラピストのような人）と三人でZoomをしようと提案したが、初め父は二人でしか話さないと拒んだ。最終的に父は同意したが、会話はもどかしいほどそれまでのやりとりと変わりなく、これといった解決には至らなかった。

率直に言って、再び父親と関係を築くことは考えづらい。父とリンダは、巨大なプラットフォームを持って世界規模で僕を攻撃し嘲笑ってきた人々を支持している。それまでのことをすべて別にしても、親として自分を育てた人が自分の存在そのものを否定する人たちを支持するというのは、考えるだけでつらいことだ。

僕が巨大な敵意の波を受けるのは、人を傷つけるジョークを言ったからなどではなく、トランスジェンダーだからだ。冷酷な扱いと暴力の応酬に対処する僕らトランスを支援するよりも、意地悪な態度を進んで擁護する人の方が多いと感じることはよくある。

ジョーダン・ピーターソンが僕について恐ろしいツイートをした後、アカウント凍結から復帰した彼はフレームいっぱいに自分の顔を映した動画を投稿した。威嚇するようにカメラを見つめ、「次はお前らを排除してやる」とピーターソンは言った。父はその投稿に「いいね！」をした。今この時点で、父が僕のことをどう思っているのか、僕について何を言っているのか、僕が実家に帰らないことをどう説明しているのか、まったくわからない。ただ、僕が責められていることだけはわかる。全部あいつが悪いんだ、あのスキッドマークが、と。

父との会話をやめた直後の時期が僕の人生のどん底だった。それまでの人生で積み上がってきた重荷がついにすべてのしかかり、もはや身を隠すことができなくなった。僕の人生には常に波があり、この底の時期はちょうど仕事が軌道に乗り始めた19歳の頃にも似ていた。その頃の僕には自宅と呼べるような拠点がなかった。常に移動しながら次々と別の作品の撮影をし、プレスツアーをこなす間、僕はいつも一人だった。孤独の重圧に押しつぶされそうだった。

そんなときに、子供の頃からの知り合いだった女性がブルックリンの自宅に泊めてくれた恩は一生忘れないだろう。その人は、僕の高校時代の友人の母親と交際し始めて以来、ハリファックスとブルックリンの自宅を行き来していた。友人の母親と彼女は何の制約もなしに自分たちの世界を築いていて、僕はその関係性に魅了された。その女性、ジュリアと初めて会ったときのことは今もはっきりと覚えている。僕は16歳で、髪を剃ったばかりの頭にパーカーのフードをかぶり、ジュリアたちの家の寝室の床に座って毛布にくるまったまま荷解きをしていた。ジュリアが部屋に入ってきたので、僕は大きな笑顔を向けた。彼女の目からは優しさが伝わってきて、信頼できる人だと感じた。僕たち三人の知る秘密が僕の中にあることをジュリアは察していた。彼女がわかっているということが僕にもわかり、だからこそリラックスできた。彼女といるといつも心地よく、大切にしてもらっていると感じた。

ロフトに荷物を置いて撮影期間中にあなたの自宅として使ったらどう、とジュリアは言ってくれた。あちこち漂流することも減るでしょうと。ロフトには奥に小さな寝室が二つあり、ジュリアはその間にチャイナタウンで買った屏風を二つ置いて僕のための小さな部屋を作ってくれた。仕事で絶えず移動していた僕はその家を出たり入ったりしたが、帰って来られる拠点が、クィアな居場所があることはとても大きかった。

ジュリアも僕もかなりの早起きで、ジュリアはよく濃いめのおいしいコーヒーを淹れてくれた。夜明けすぐの早朝、犬のスクービーとドリーを連れて一緒にフォート・グリーン・パークの周りを散歩した。僕たちの仲は深まった。ジュリアとは高校の友人とよりも親しくなった。彼女と一緒にいる時間がとても好きだった。10歳以降は大人に囲まれて過ごす時間が多かった僕にとって、同級生よりもジュリアといる方が居心地がよかった。恋愛やクィアであることなど、他の人とは絶対に話さないようなこともたくさん話せた。

ジュリアとは親友になり、むしろ家族のようだった。

やがて僕は彼女の家を離れてロサンゼルスに住み始めた。それでも、取材でニューヨークシティに行くときは手配された高級ホテル（リージェンシー、マーサー、ロンドン、マンダリン・オリエンタル、クロスビー、バワリーなど……）の部屋にジュリアを呼んでいつまでも一緒に過ごした。まだカミングアウトしていなかったときの僕にとって彼女は命綱のような存在だったし、大人になってからもそんな存在でい続けてくれた。

父と話すのをやめてから、僕の状態はみるみる悪化した。精神が一気に崩壊し、ぎりぎりの状態だった。もうこの世界にいたくなかった。どうやって生きていけばいいのかわからなかった。一人きりだとどうなってしまうかがわかったので、ロサンゼルスからジュリアに電話をかけて一緒にいてくれないかと頼んだことがあった。ジュリアはとても驚いていた。僕が助けを求めることはとても珍しかったから。彼女はすべてを投げ出し、1週間仕事を休んでロサンゼルスに飛んで来てくれた。

ジュリアがいる間、僕の自宅のリビングルームの床で一緒に柔らかい毛布にくるまって座った。彼女と初めて会ったときも、僕はそんな毛布を身を守る巣代わりにしていた。ジュリアは僕に栄養を取らせ、笑わせてくれた。僕は同じことを繰り返ししゃべり続けたが、彼女はそれを聞いてくれた。僕がどんなにぼろぼろで、悲しんでひどく怒っていても、そんな感情を許してくれた。

クィアであるだけで血のつながった家族と疎遠になることがあまりにも多いこの世界で、僕はジュリアに、そして自分が選んだ家族のみんなに感謝している。彼らがいなければ僕はここにいない。

26 マスク — MASK

「すみません、ムッシュ」小さな青のスクーターで坂を勢いよく下りてきた5、6歳くらいの息子が僕の愛犬モーにぶつかりそうになったとき、男性がそう言った。

ニューヨークシティで新型コロナ感染症が流行り出した最初の春だった。人けのない通り、空間。サイレンとたまに通る自転車のスピーカーから流れる音楽以外は静まり返っていた。僕はマスクをしていたが、男性と子供がしていたかは覚えていない。空気は冷たく、いつもなら川からの風が顔を刺すように吹いたが、マスクが役に立った。僕はジーンズを穿き、フランネルの裏地がついた黒いカーハートのジャケットを羽織り、下に着たスウェットのフードを出していた。さらにいつでも帽子が欲しいので、フードの下にニット帽をかぶっていた。

モーと僕は、アッパー・ウエスト・サイドにあるリバーサイド・パークに向かってハドソン川沿いの小道を歩いていた。高さが3層になっていて72丁目から158丁目まで細長く続くその公園は、ニューヨークシティで最も好きな場所の一つだ。川沿いの小道には、緑地、遊び場、「西79丁目ボート・ベイスン」という名の小さなマリーナがある。僕が「どのボートにするかゲーム（どのボートを自分のものにするか頭の中で決めてみるという、とても複雑なゲームだ）」をしていると、フォレストグリーンの小さな古いボートが静かに浮いているのが見えた。今日はそのボートにした。真ん中の層の遊歩道はパリの公園に似たデザインで、幅の広い道が長く続き、両側の木々が頭上を覆うように枝を伸ばしている。道の両脇には古い街灯が堂々と並んでロマンチックな雰囲気を演出する。遊歩道とリバーサイド・ドライブ沿いの上層を隔てる見事な崖と石垣は、ツタと苔で美しく彩られている。公園は人に感動を与えられるものだろうか。この公園はそう思える。あの美しさは心に深く焼きつく。エドガー・アラン・ポーはリバーサイド・パークからインスピレーションを得て『大鴉』を書いたと聞いたことがある。納得だ。

「大丈夫です」と僕は答えた。急にリードを引っ張られたモーは驚いていた。親子から離れると、父親が子供にフランス語で何か話していた。厳しくはないが断固とした口調で。また「ムッシュ［フランス語で男性への敬称］」という言葉が聞こえた。

思わずマスクの下でほほえんだ。こうしたことはよく起こるようになっていた。

「よう、兄ちゃん」

「兄弟」

「サー」

それから僕が口を開くと、みんな気まずそうにこう言うのだけれど――

「あ、ごめんね、お嬢さん」

「すみません、ご婦人」

以前は街を歩きながら自分の影をよく観察した。僕と太陽が作る平らなそれは、足元の歩道に儚く静かに住んでいた。僕はそこに少年を見た。少年だった。体も、歩き方も、キャップをかぶった横顔も。地面の上のその存在は僕自身よりもリアルに感じられ、踏みつぶそうとしてもうまくかわすのだった。

店先のウィンドウと僕はいつも相性が悪かった。影と違い、そこには自分の顔もTシャツ姿の胴体も見えた。秋と冬はまだましだったが、夏はしょっちゅう首を曲げてウィンドウを見た。暑くて重ね着ができないので、自分をチェックして調整せずにいられなかった。オーバーサイズの白いTシャツを引っぱり下げながら、もっときついスポーツブラを買わなきゃと考えた。そうすれば少しはいいかもしれない。

パンデミックが始まった頃、マスクは春の服装と手を組んでウィンドウに映る僕の姿を変えてくれた。影と同じように、僕はそこに少年を見た。そして影とは違い、少年はこっちを見返した。

予想もしていなかった興奮が振動しながら全身を駆け巡った。いい意味で衝撃的で、高揚した。

何だこれは⁉　自分の姿が「高揚」をくれることなんて絶対にないはずなのに。

僕と平行して僕の動きやペースに合わせながら歩くその男を覗き込んだ。困惑しつつ、冷静でもあった。いくら見ても飽きなかった。毎日モーの散歩をしていると彼を見つけた。一時の救いか。あるいは希望か？

足が堂々と地面を踏みしめる。浮遊感が減って重力とのつながりを強く感じた。自分を見て満足するなんて、ほとんど経験のないことだった。火花が散り、何かが芽生え目を覚ました。そこで立ち止まるべきでないことを知りながら、心よりも先に体が感知してウィンドウに近づいた。この肉体の器は、その声に耳を傾けさえすれば、いつだって僕よりもずっと賢かった。突然目の前に道が開け、本能を誘った。まるでクローゼットの奥を数回ノックしたら新しい世界への入り口が現れ、自分を捨てる必要のない新鮮な現実が広がったようだった。

周りからもまったく気づかれなかった。軽い二度見さえされない。もちろん僕は決してロバート・パティンソンほどの人気者ではないが、別次元に足を踏み入れたような感覚だった。呼び止められたり写真を求められることは多くなくても、見られてはいるものだから。電車やレストランで隠し撮りをする人たちは、こっちがたいていそれに気づくことをわかっていない――これはむしろ不思議と可愛らしく思えるけれど。僕は写真を頼まれることはまったく気にしない。みんなたいていフレンドリーで親切で、無理やり撮ろうとはしない。僕があんまり優しくなれなくなるのは、勝手に触られたり昔の名前で呼ばれたりしたときだけだ。境界線を引くことは大切だし、そこに罪悪感を抱かないようにならなければならない。僕がそうなれるまでには時間がかかった。

僕は自分だけの新しい次元の中で街を歩き回った。気楽な気持ちで自分らしくいられて、他人の目には映らない。そして、10歳の頃ぶりに、男として呼ばれるようになった。言葉数を少なくし、かろうじて聞き取れるほどの声でぼそぼそと話して、男と思われる時間を引き延ばした。10歳のときに声でばれることはなかったが、33歳の声は確実にばれてしまうから。

いまや、何かが剝がれてそのひびが広がっていくのを止めずに眺めていられた。心の逃げ場になる仕事はちょうどなく、つまり演じなければならない女の子もいなかった。『アンブレラ・アカデミー』シーズン3の撮影が始まるのは早くても晩秋だった。あれほど長く仕事をしなかったのはいつぶりだったか思い出せないが、ともかく、まともな休暇はかなり久しぶりだった。結婚生活は破綻しすでに別居していて、日々にはドラマチックな出来事も気を散らすものも抑圧もなかった。座ってゆっくり考える時間があった。初めはその余裕が居心地を悪くした。もう長年、どうにかして自分の感情を避け、肉体から抜け出し、感覚を麻痺させていたから。しかしこの時期には、何かがふつふつと沸騰しあふれ出そうとしているのを感じた。服を重ねてマスクをしていれば心は落ち着いて、前向きな足取りで歩いていけた。でも、内側は違った。マスクを外して上着を脱げば幸せな夢想から覚めてしまった。着替えるのがつらすぎて、シャワーもあまり浴びず、スポーツブラを外してつけることを考えるだけでぞっとした。希望の種、未来はきっと明るいというささやきは、外から自宅アパートに帰った瞬間に散り消えた。そうした外面と内面の差は、まっすぐ上昇してからすぐに急降下するグラフのように不安感を煽った。またあの崖に近づいていく。それがどれほど困難で、心が揺れても。現実を受け入れ、恐れず、自分を愛さなければならないとわかっていた。

セラピーでは、ジェンダーとの関わり方について本音を話し続けた。ひたすら泣いてばかりいるのをやめ、伝えたい言葉でうまく話すスキルを少しずつ身につけていた。道から外れてしまうことなく、つらいことに向き合い、客観的な視野を持ち、なぜこんなにも苦しいのかを問うことができた。ただ呼吸しながら人生を探求するだけのことが、どうして僕にはできないのか。なぜトラックの積み荷ほどの羞恥を抱えなければ進んでいけないのか。

エマと別居したことで不安感はいくらか解消された。他の人の感情だけに執着し集中することは僕の心をすり減らしていた。いつもエマの感情は僕の感情よりも優先されていると感じた。

そこに僕の意図があったことは確かだけれど。避けること、逃げること、麻痺させること、切り離すこと——すべて僕の巧妙な戦術だったから。それは僕にとっても相手にとっても有害だ。そして結局のところ、それはエマには何の関係もないのだ。

夏が来ると僕はまたオーバーサイズのTシャツを着て、服を引っ張ったりウィンドウの自分を見たりした。そこに映る姿が足取りを軽くしてくれることはなく、正しいジェンダーで呼ばれることもなくなった。胸部の性別適合手術を初めて本気で考え始めたのはこの頃だ。実際にはずっと前から頭にあったことだったけれど。クリニックへの連絡が第一歩だった。そうしてカウンセリングの予約を取ったが、結局行かなかった。その理由が恐怖なのかスケジュールの都合だったのか、自分でもはっきりとはわからなかった。

ある朝、『アンブレラ・アカデミー』で共演したマリンをチェルシーにある彼女の自宅に迎えに行き、一緒にコニーアイランドまで車で出かけた。マスクをして窓を開け、近況を話し合った。会うのは少し久しぶりだった。マリンが演じたシシーは、1960年代のテキサスを舞台にした第2シーズンで僕の役と恋に落ちる。あらゆる俳優と仕事をしてきた中でも、彼女との共演は最高の経験の一つだった。マリンは聡明で心が広く、彼女ほど役に深く入り込み存在感を放つ人は稀有だ。マリンには初めて会ったときから自分のジェンダーや性別不合について話していた。僕たちはすぐに友達になった。会う前に初めて電話をしたときは2時間以上も話した。まるで何年も前からお互いを知っていたかのようだった。『アンブレラ』第2シーズンの撮影は、僕にとって複雑な経験になった。演じるキャラクターが男っぽくなり、衣装も前シーズンよりはるかに好みだったが、鏡を見れば自分はまだそこにいた。衣装が魔法のように自分を変えてくれると期待したわけではないけれど。確かにほんの一瞬変わった気がしたが、すぐに鏡に映る自分に間違いだとわからされた。自分の顔も髪も、引きちぎって捨ててしまいたかった。

この時期、マリンは心の支えだった。僕は苦しんでいたけれど、それをどう周囲に伝えたらいいのかわからなかった。マリンは僕を助け、支え、自分の幸せについてじっくり考える時間を持つよう励ましてくれた。でも、自分の真実に少しずつ近づいていくにつれ、無意識下の羞恥心が頭をもたげ、早くやめろと僕をなじった。気晴らしなしに日々を生きるのは難しかった。一人でいると漂流しているような気持ちになった。たいていは床に座って過剰な量の葉っぱを吸っていた。なぜかソファだといい気分になれなかったから。長く立ち止まって落ち着きすぎると、自分にとって必要だけれど知りたくない答えが見えてくる。僕の脳はあらゆる手段を使ってその事態を避けていた。考えなければならないことがあまりに多すぎたから。俳優としての自分、確立されたキャリア、トランスジェンダーを嫌う人々……などなど。

一歩進むたびに、海岸沿いの遊歩道の乾いた音が響く。なぜ遊歩道には特別の魅力があるのだろうか。7月上旬の暑い日だった。太陽が雲間から顔を覗かせ、神々しい光が海に降り注いでいた。ほとんどの施設は閉まっていて、遊園地は不気味なほど静まり返っていた。いつもなら夏のコニーアイランドは人であふれ返っているが、コロナの影響で人混みはなかった。それでも子供たちは大声を上げながら水遊びをしていた。父親たちはハンバーガーやフライドポテトを運んでいた。映画のように、時間がゆっくり流れていた。すれ違った男たちがマリンをいつまでも見ていたので僕は腹が立った。

車を停めた場所を忘れてしまったので、だいぶ探し回ることになった。やがてストレスが沸き上がってきて、ようやく車を見つけたとき僕は泣き出してしまった。

マリンの方を向く。「僕ってトランスかな？」

「うーん、私がそれに答えるのは難しいけど、今まで話してくれたことと、それが一時的な悩みじゃないことやあなたが苦しんでいるのを見ていると、そうだね、そうかもしれない。あなたは正しい道を歩んでいると思う。つらいだろうけど、一人じゃないよ。きっと乗り越えられる」

息を吐いた。

その6月、僕の婚姻関係は、法的にはともかく、エマとの間ではきちんと終わっていた。僕はエマと一緒に借りていたアパートを手放すことにした。親友の一人がノバスコシアの森の中に空き小屋を持っていて、そこにしばらく泊まってもいいと言ってくれた。母とももうしばらく会っていなかったし、故郷に行くのが一番よさそうだと思った。アメリカを離れる感覚はコロナ前とはまったく違った。国境は閉鎖されていたが、僕はカナダ国民なので帰ることができた。車に荷物を詰めている間、涙があふれてきた。今もまだ完全に終わっていないそのパンデミックの始まりは未知数なことばかりだった。友人たちといつ再会できるかもわからなかった。

モーをドライブシートに載せて運転席に座り、出発した。ニューヨークを車で出入りするのはいつも少し怖い。でも、コネチカット州に入れば周囲は木々に囲まれる。メイン州の海岸を走ると心が落ち着いた。岩がちな風景に潮風が吹き、開けた窓から海の匂いが勢いよく入ってきて、近づく故郷を思い出させた。13〜14時間の運転を2日に分けるため、バンゴー市で一泊した。ホテルはがら空きだったが、完璧なまでに清潔だった。モーと一緒に早めに寝て、朝6時には出発した。

エマもニューヨークの自宅を手放してモントリオールに行った。互いにほとんど連絡を取っていなかったので、正確にどこにいたのかはわからない。州外からノバスコシア州に入った後の隔離期間は2週間だった。母と母の友人たちは親切にも小屋に食料を用意しておいてくれた。食料品が置かれていただけでなく、手作りのスープとクッキーまであった。

小屋は未舗装の道路から私道を入ったところにあった。そこに着くたび、おとぎ話の中に入り込んだような気分になる。道沿いに並ぶ白樺、カエデ、松の木。小さな果樹園もあるが、何十年も手をつけられておらず、好き放題育った梨やリンゴが地面に散らばっている。背の高い草の中をけもの道が曲がりくねる。敷地内にはヘビもいるが、みんな毒はない。温室に住んでいるのも数匹いて、トマト、カボチャ、ピーマン、ケールなどに水をやりに行ったときに挨拶するのが好きだ。

小屋はまだ建てられて新しかった。ベッド一つと2脚のデッキチェア以外に家具はなかった。プレス活動用に使うパソコンを青いコールマンのクーラーボックスの上に置き、後ろにリングライトを置いた。インターネットの電波はとても弱く、Netflixの広報チームは当然ながらストレスを感じていたが、最終的に問題はなかった。のちに古い赤のクロム仕上げのダイニングテーブルも追加した。20歳のときにハリファックスで初めてアパートを借りたとき、サウス通りとバリントン通りの角に建つその駅近くのアパートに引っ越す際に買ったテーブルだった。一度はニッキーにあげていた。この頃僕たちは再び親しくなっていて、今はいらなくなったということで返してもらったのだ。完璧なタイミングだった。

『アンブレラ・アカデミー』第2シーズン関係のプレス活動が詰まっていたので、2週間の隔離生活はあっという間に過ぎた。静寂と暗闇の中で体を休められる森の中で過ごせることに感謝した。基本的には、取材を受けてたくさん寝るだけの日々だった。モーもとても幸せそうだった。最初の数日は見慣れない場所に驚いたようで、パティオに座って森をじっと見つめながら耳をぴくぴくと動かし、カラスやリスや鹿が草むらを歩く音に素早く顔を向けていた。僕の知る限り、こんな自然の中にいるのは初めてだった。モーは体重3キロととても小さいので、目を離さないようにしないといけない。森の中を走り回らせてやりたいけれど、コヨーテやキツネに食べられてしまうかもしれないし、タカやワシやカラスにさらわれるかもしれない。モーほど心を通わせた犬は他にいない。これまで飼った犬もみんな心から愛していたが、モーは特別だ。僕たちはいつも一緒で、僕の方は執着しすぎてつらいくらいだ。小さなモーは限りなく陽気で、一日中ずっと愛にあふれている。モーはたくさんのものを与えてくれた——規則正しい生活、責任、散歩。そして何より、僕の心を広げてくれた。底なしに注がれる優しさは、僕がモーから学んだものだ。モーは言葉なしに僕を助け、やがて僕はその優しさの一部を自分自身にも与えてやれるようになり、それをちゃんと受け入れようと思えるようになった。

プレス活動が終われば、気を散らすものは何もなかった。モーと出かけ、本を読み、森の中をたくさん歩いた。薪を積んだり、畑の土をシートで覆ったり、温室の植物の手入れをしたりする作業も楽しかった。穏やかな空気に包まれながら、純粋な気持ちで作業に集中できた。その一方、体の中では戦いが続いていて、脳の緊張が僕を焼き尽くしてすべてを曇らせていた。僕はまた服を着替えなくなり、シャワーも浴びず、同じ格好で寝起きした。靴下や下着を変えることはできたが、シャツは無理だった。

週末にニッキーが遊びに来て、小屋から車で30分弱のブルー・シー・ビーチに行った。夏のニッキーはいつもビーチに行く用意ができていて、彼女のプリウスのトランクにはパラソル、ビーチチェア、ブランケットが入っていた。賢いことだ。「カナダの海の遊び場」と呼ばれるノバスコシアには素晴らしいビーチがたくさんある。僕たちは駐車場に車を停め、1キロ半ほど延びるビーチまですべての荷物を運んだ。ビーチはそれほど混んでおらず、自分たちの場所を確保できた。ニッキーはワンピースの水着を着て、僕はもうずっと水着を持っていなかったのでボクサーパンツとスポーツブラで間に合わせることにした。

トップスを脱ぎ、下を見る。僕の胸はナイキのきついスポーツブラの中に収まっていた。『アンブレラ・アカデミー』第1シーズンの撮影中に買ったものだ。最初の衣装合わせのときに、「胸を押さえるためにスポーツブラを着けないといけないんです」と言った。体に関わる要求や衣装についてそんなふうに率直に話したのは本当に久しぶりだったが、そのとき一緒に仕事をした人たちは、批判や屈辱を受けたと感じずに安心して意思疎通できる相手だった。

ニッキーと日焼け止めを塗り合った。彼女は自分の体に違和感のない様子で、太陽の下くつろいでいた。僕はあまりリラックスできなかった。いつもそうだ。自分の胸とお腹をきょろきょろと見てばかりで。いつも腹筋を鍛えながら、腹と一緒に胸の方まで平らになればいいのにと願った。日焼け止めがなじむ間、僕たちはポテトチップスをつまんで炭酸ドリンクを飲んだ。日差しはとても強く、パラソルとニッキーのビーチ対策に感謝した。

立ち上がって波打ち際の方へ歩く。それから走り出すと足が波にぶつかり、一歩進むごとに驚くほど温かいしぶきを上げた。ノーサンバーランド海峡は水深17～68メートルと浅いため、バージニア州以北で最も海水温が高いと言われる。ノバスコシアとプリンス・エドワード島を隔てるこの海峡で見る夕日は、いつでも息を呑むほど美しい。海に入るのは久しぶりだった。サマンサと付き合っていた頃は、数年間ほぼ毎日彼女と一緒にロサンゼルスでサーフィンをしていた。怖いけれど癒されるその経験は今も恋しく、中毒になる人がいるのもよくわかる。その高揚感と一体感を知ると、海を見る目がまったく変わる。

温かい海はそれでも爽快で、遠くの方まで泳いだ。目が痛くなり、自分の車のトランクにはゴーグルもビーチ用荷物の一つにしておこうと思った。海から出ると、びしょ濡れのポニーテールから水が背中に流れ落ちた。そのとき体が凍りついたのは、寒さのせいではなく、また自分の姿が一瞬見えてしまったからだ。その光景が意識をさらう。毎日、一日中そうしていたように、頭が勝手に下を向いて顎が首に当たる。内側がぎゅっと締めつけられ、眉間にしわが寄り、答えの出ない肉体に困惑した。正解のない、間違った計算。もうすっかり疲れ果てているのに、ひどくなるばかりだ。いつまでもこんなふうに生きていけるだろうか。

僕が戻ってすぐにニッキーも泳ぎに行った。僕は胸元を触るのを避けながらタオルで体を拭いた。日陰に毛布を置いていたので、そこにうつぶせになった。乳房がつぶれ、あざけるようにその存在を思い出させた。僕は目を閉じ、波の音になだめられながら眠りに落ちた。

ニッキーと僕はビーチで昼寝をし、目が覚めるともう帰る時間だった。僕はTシャツを着て荷物をまとめた。車へと戻りながら、楽しんでいる人たちを見回した。子供たちと砂の城。二人の男性は上半身裸で水泳パンツだけ穿いてサッカーボールを蹴り合っていた。ボールは完璧なスピンで飛んでいた。小型テントの下で女性がおやつを用意し、子供たちがジュースやケチャップチップスを求めて駆け寄る。僕の頭の中は足元の砂のように熱かった。

みんなどうやっているんだろう。どうやってノイズを遮断している？　みんなが「幸せ」なはずだと言っているんじゃない。幸せじゃないのかもしれないけど、少なくとも生きていくことはできるようだ。

他の人たちの存在には、羨ましい流動性があった。現在という時間に結びついた動き、僕がずっと前に失ってしまった人生との関わり方だった。僕には毎日の日課が必要で、食べ物も決まったものが必要だった。日々の生活をコントロールしたい僕にとって、変化や中断は受け入れられない混乱の種だった。僕にできるのはしがみつくことだけだった。毎日、必死にしがみつき、色々なことに縛られていた。塞がれていた。膿を抜く必要があった。

夕方には二人でたき火を囲んだ。そばに座ってマリファナを分け合い、椅子に背を預けて星を眺めた。果樹園の方に目をやると、月明かりで明るく輝いていた。でも、木々の奥の暗闇を見ていると自分を無価値に感じた。僕を安全な場所へ導いてくれる星などない、僕に星の言葉は話せないのだから。

ニッキーとは何年も会っていなかったが、再会した瞬間に意気投合した。今これを書いている日の翌週、僕はまた車でノバスコシアへ行く。今回はトランスジェンダーであることを世界に公表してから初めてハリファックスに帰る予定だ。今、何かにしがみつく力は弱まり、心はリラックスし、ようやくすべてをこの腕に抱く余裕ができた。ニッキーに会いたい。ハグして目を見つめて、自分がどんな人間になったかを、ここまでやれたことを見せたい。今は7月だから、トランクに入ったビーチ用具はきっと役に立つだろう。今回はポニーテールもスポーツブラなんかもない。ただ長年の友人と一緒にいて、この人生を受け入れられる。

ニッキーが帰った後、僕はまた森で一人になった。大好きな時間だ。自分が森の真ん中の小屋で何か月も一人で暮らすような人間になれるかわからなかったが、実際やってみると自分はまったくそういう人間だったし、頭の奥底を探るためには必要なことだったのかもしれない。完全に一人になる必要があった。誰かにとっての何かにも、何かにとっての誰かにもならないでいい環境で。それまでは、何が間違っているのかを突き止めるために全力で駆け回り、きっといつか見つけられるはずだと自分に思い込ませ、すっかり疲れ果てていた。でも、答えは静寂の中にあった。答えは耳を傾けたときにようやく聞こえてくるのだ。

27 入口 PORTAL

小屋にいるとき、僕は創造力と再びつながることができた。カメラの前でなら使い慣れたその力が、突如として言葉で言い表せない可能性を見せた。僕は旧友のベアトリス・ブラウンと一緒に脚本を書き始めた。

ベアトリスと出会ったのは僕が16歳のときだった。ノバスコシア州シェルバーンで映画を撮り終えた翌日、僕は大西洋を渡ってヨーロッパに飛んだ。イギリス、ドイツ、ポルトガルで撮影される『Mouth to Mouth』という映画の主役に選ばれたからだ。ロンドンに行くのは初めてで、むしろヨーロッパ自体初めてだった。僕が演じた16歳の家出少女シェリーは、カムデン・タウンの「SPARK」という急進派集団に加わり、リスボン郊外にある彼らのコミューンまでついて行く。映画のストーリーらしく事態は不穏な展開になり、シェリーは手遅れになる前にどうにかして支配的で暴力的なリーダーから逃れなければならない。

ベアトリスが演じたナンシーは、彼女本人と同じくスクワット［違法に占拠した空き家］で育ったティーンエイジャーだ。実際、ナンシーというキャラクターはベアトリスを部分的にモデルにしている。ベアトリスは小型RV車でヨーロッパ中を転々としながら、空き地や放棄された工業団地を自宅にして暮らしていた。たくさんのケタミン、違法レイブパーティー、そしてたくさんのパンク音楽のある生活だった。当時ベアトリスはBeastellabeastというバンドを組んでいて、メンバーにはリッチ・キッズ、イギー・ポップ、ジェネレーションXと共演経験のある伝説的ギタリスト、ステラ・ノヴァ（別名ステラ・ニュー）がいた。ベアトリスのような人は一生のうちで会えるか会えないかだ。周囲の愚かな評価なんか恐れないし、恐れる気持ちが生まれても、それがなんだと自分の人生を真正面から受け止めている。

ロンドンでの初日の夜、ベアトリスはダルストンにあるさまざまなスクワットを案内してくれた。スクワットに行くのは初めてだった。彼女の友人が住む場所を訪ねたとき、そこは床も壁も灰色と白のコンクリートで、照明はほとんどなかった。むき出しのマットレス、寝袋、毛布が部屋中に散らばっていた。僕たちが去ろうとすると、クスリをやっていそうな男が電球を投げつけてきた。足早に車道を歩いていく僕たちの向こうで、電球は歩道にぶつかって砕けた。犬たちが足をけがしないか心配になった。

「ここはマーダー・マイルと呼ばれている場所」とベアトリスが言ったとき、白と緑のヴィンテージドレスのダメージ加工の穴から乳首がちらっと見えた。

次に訪れたスクワットはまったく違う雰囲気で、もはや上品な住宅街のようだった。そこは広い裏庭のついた元タウンハウスで、ひび割れた窓から光が差し込む様子は趣があった。そこにはたくさんの人がいて、映写された映画を見たり、音楽に合わせて踊ったり、ふらふらと歩いたりしていた。誰かが次々と親切に声をかけてきた。

『Mouth to Mouth』の撮影で、僕は初めてセックスシーンを経験した。相手は僕の2倍の年齢でグループのリーダーを演じた俳優エリック・タールだった。シーンは優しくロマンチックなものではなく、無理やりで暴力的だった。場所はポルトガルのブドウ園。母屋の裏ではニワトリが地面をつついていた。僕は頭を半分剃った髪をし、黒いマーカーで絵が描かれたぼろぼろのデニムベストを着ていた。エリックは上半身裸で、その広い肩幅とたくましい胴体はそびえるようだった。短く刈った髪は顔全体をさらけ出していた。僕とも他の誰ともほとんど話さなかったが、もちろんそれで問題はない。現場で社交的である必要はない。それでも、役に完全に入り込むメソッド演技をするタイプで、あえて周囲と距離を置いているのだろうかとは思った。

残酷なシーンだった。僕はほとんど裸で背中を固い地面に押しつけられ、理由は忘れたがエリックは顔のすぐ前で怒鳴り続けた。彼は立ち上がっていったん歩き去り、支離滅裂なことを叫んでから、また僕の上に戻ってきた。僕以外、誰も何もおかしいとは感じていないようだった。でも、最後のシーンの最後のテイクが終わると、監督は石畳の上で僕の隣に座って泣き始めた。僕は監督を慰めた。

今、大人になったベアトリスと僕はこの時期のことを話し、自分たちや他の人たちの行動を思い返す。当時はクリアで純粋に思えたものも、今見れば濁っている。それでもあの経験を受け入れることはできるし、自分の人生で最も重要な時期の一つだったということもわかっている。

ピックアップトラックの荷台に座り、ポニーテールを風になびかせながらポルトガルの田園地帯を走り、ステレオからはボブ・ディランが流れていた。両側を流れていくコルクガシの木はその国の森の4分の1以上を占めるだけあって、あらゆるところに生えていた。その厚くでこぼこした樹皮は、コルクの原料として世界中に輸出されている。樹皮が剝がれた部分に赤みがかった内側の木肌が見えた。その色はプリンス・エドワード島の赤土を思い出させた。コルクガシは高さ20メートルにまで育ち、うねった枝を空に向かって伸ばし、堂々とした硬い葉は季節がめぐっても落ちない。何度でも樹皮をよみがえらせる見事な回復力。僕は畏敬の感情を抱きながら、道路脇に終わりなく立ち並ぶ木々を見つめた。その姿、誇らしさ、不完全美がとても好きだった。思わず息を呑んだあの瞬間は、この先もずっと忘れないだろう。

この気持ちはマイナスの感情と同時に存在しうる。何物にも代えがたいあの充実感は、今でも古い感情がよみがえるたびに思い出そうとしている。

ベアトリスとはずっと前から一緒に何かクリエイティブなことをしようと話していた。そして今、オックスフォードにいる彼女にも、モーと山小屋にいる僕にも時間があった。そうして共にルーティンを決め、規律をもってプロジェクトに取り組み、行き詰まったときには背中を押し合った。楽しかったし、気づけばさまざまな形で自分の想像が広がっていた。小屋の掲示板に色つきの付箋を貼り、何時間もベアトリスと話し合い、執筆をした。思考をした。

僕たちは、かつての自分がいかにたやすく他のことに気を取られていたかを思い知ってショックを受けた。他のもの、他の誰かのために簡単に自分の人生を変えていた。そうして不健全な人間関係の中に没し、そんな関係だけがいつまでも生活のすべてを占めていた。気を逸らしてくれるもの、邪魔をしてくれるものに囲まれて。しかし僕の場合、自分の頭の中にスペースがあって、どのスペースにもじっくり向き合えるというこのときの状態に困惑していた。曇りのない心には真実が見える。後ろを向けば真実があることは感じ取れたが、怖くて振り向けなかった。

ニューヨークの外科医とのカウンセリングをキャンセルした後、予約を取り直すことはしていなかった。あらゆる手を使ってこのことに関する話を避け、事情を知っている友人にもいっさい話すのをやめた。セラピストにしか話せない、彼女にさえすべては見せられない渦巻く嵐の中で自分を見失っていた。

このままでも楽に生きられるようになればいいんだ。
極端な考え方に陥りすぎている。
もっときついスポーツブラを着ければいい。
とにかく無理だ、僕は俳優なんだから。
我慢しろ。
我慢しろ。
我慢しろ。

またUターンするのか？　あるいは、何かが僕を連れ戻すのかもしれない。あと少しで辿り着くというとき、あと一歩、さあ列車に飛び乗ろうとする瞬間に。
玄関ポーチに置かれた青と緑と白の小さな折り畳みチェアに座った。小屋にいる間は、勝手に自分の場所にしたその椅子でほとんどの時間を過ごしてきたと思う。今もまたそこに座って、同じ窓の外を眺めながら、この文章を書いている。野生の植物はすっかり背が高くなり、窓の下枠から30センチほど頭を覗かせている。坂になった庭の足元からは木々が壁のように立つ。真昼の青空を背景に鮮やかな夏葉の先端が揺れ、いつでも顔色を変えない常緑樹がその中に混じっている。

　僕のことを知っている人——深く知っている人——に会うたびに、心は何度もあの質問に戻った。だからベアトリスにもこう尋ねた。「僕がトランスかもしれないって、君に初めて話したのはいつだったっけ？」

　ずいぶん前のことだと言われて驚いた。僕が29歳になる直前だという。

「初めては私がストラウドに住んでいたとき。しばらく黙った後、僕ってトランスなのかなって聞いてきたよ。あなたから熱い感情の津波が押し寄せてくるみたいだった。それから時間の流れが遅くなって、すべてが膨らんで広がって、なんだか安心できた。あの頃はまだお互いに成長途中で、色んなことを表現する言葉を持たなくて、少なくとも私は持っていなくて、感覚だけで生きてた。だから実際に言葉が出てくるとき、初めは難しい。でも、同時にとてもたやすく軽やかで、そんな矛盾が素敵だった。世界が息づき始めて、自分の本質的な生命力と共鳴するみたいな」

　ベアトリスがいなければ僕は今ここにいなかった、そうはっきり言える。

　何度も何度もUターンしたせいで、眩暈が僕の記憶力にも影響しているようだ。ベアトリスからこの言葉をもらったときにはフラッシュバックが起こった。それまでに同じ質問をした友人たち、思いを打ち明けた友人たちのことがよみがえった。何度もひたすら押し込んでいた記憶だ。次に演じる役、次の写真撮影、次の人間関係、次に行く空港、次に買うもっときついスポーツブラへと意識を移して。こなしていけばいいだけだ、と。

青と緑と白のチェアは僕が動くたびに軋んだ。真夜中には、ほんの少し動いただけでいつのまにか暗闇の中に立っていた雄鹿を驚かせてしまった。鹿が慌てて走り出すと、うちの優秀な番犬モーが大声で吠えた。

ぐるぐるとめぐる思考は止まらなかった。日中には執筆や読書をして、本来一人きりで行くべきではない長いハイキングに出かけた。夕方になると空の闇が森の地面まで届き、遠くの道路を走るトラックの音以外は完全な静寂に包まれた。その静けさの中でも思考は押し寄せてきたけれど、もう言葉にすべきものもなければ、やるべきこともなかった。囚われたような感覚になって、服を脱ぐこともできず、靴を履いたまま眠った。ろうそくの灯りが窓にちらつき、自分の姿がかろうじて見えた。自分の手に視線を落とし、ぎゅっと握った。浮かんでくる言葉はいつも同じだった、もう聞きたくなかった。

鋭く強く、拳で自分を殴った。自分の無謀な行動に驚き、拳に視線を戻した。拳を裏表に返しながらじっと見て、また殴る。何度も。さらに強く、鋭く。右目の横をガツガツと打った。

何か目に見えない力も働いていた。

あざができた。数日後には近くの小屋に少しの間泊まる友人たちに会う予定だった。このあざの理由を説明する方法、あるいは隠す方法を考えなければならなかった。

つまずいて転んだ？　テーブルの側面にぶつけた？

どうも作り話っぽい。ときどき氷で冷やしながら、鏡で何度も傷を確認した。

仰向けで寝ているときに携帯電話を顔に落としたというのは？

それにしてはあざが大きすぎる。

素直に言ってしまった方がいい？

いや、それは無理だ。結局ファンデーションで隠すことにした。指で塗ったり、色々なやり方を試した。ある程度はうまくいった。

顔は確かに痛かったが、痛みのほとんどは羞恥心と罪悪感から来るものだった。自分の体にしたこと、自虐的な自分を隠すことに対してひどい気分になった。靴を履いたまま眠るのと自分の顔を殴りつけるのとは別物だ。あの限界点がまた訪れた。僕自身より賢い体が勝手に動いたのだ。

数日後、僕はまたお気に入りの椅子に座り、強い風で木々が振り子のように揺れるのを眺めていた。昼下がりの日光が枝葉の間を抜け、木の動きと共に優雅に舞い踊っていた。顔のあざは薄くなり、痛みもだいたい消えていた。ステレオからはブライアン・イーノの『Discreet Music』が流れていた。

ニッキーとビーチにいたときの感情がフラッシュバックした。自分の胸。下を見つめて、もっと押さえつけたいと思いながら、その存在を思い出すのが嫌でたまらなかった。いつだって思い出した。そのせいで、シャワーを浴びることも、パーカーを脱ぐことも、不安なく食事をすることも、食べること自体もできない。悲しみと怒りに呑まれ、ありのままで生きていけないことが腹立たしくてたまらなかった。悩むことに疲れ果て、頭はひび割れそうで、このままずっと抱えていけるのかどうかわからなかった。

そして、変化が起きた。

君がこんな気持ちになる必要はない。

あの声だ。

僕がこんな気持ちになる必要はない？

大嫌いなあの声。

君がこんな気持ちになる必要はない。

僕がこんな気持ちになる必要はないんだ。

どこからともなく湧き出た奇跡ではない。旅路はひどく長かった。それでも、この瞬間自体は実にシンプルだった――シンプルであるべきなのだ、自分を愛すると決める瞬間は。そこに辿り着くまでにはいくつもの分かれ道があり、何度も間違った道を歩んだ。見方によってはどれも正しい道だったのかもしれないけれど。もつれを解きほぐすのは苦しいが、それが自分を本当の自分へと導いてくれる。

ついに入口が現れた。足を踏み入れるときが来た。

28 言葉にできない——NO WORDS

『アンブレラ・アカデミー』第3シーズンの撮影は1月に始まる予定だった。3か月以内に手術を受けられなければ、もう1年待つことになる。疑い迷う余地はもうなかった。このとき僕は33歳だった。決心した瞬間から、一度も考え直すことはなかった。引き返せとささやく声も聞こえなかった。1か月後にカウンセリングの予約が取れたが、手術は希望しているタイミングではできないと言われた。

そんなとき、他の人のキャンセルで枠が開いた。医師と初めて話せる日は2週間早まり、スケジュール的にぎりぎりの11月17日に手術を受けられることになった。Zoomで医師と話すときは感情を抑えられなくなるだろうと思っていたが、これ以上ないほどリラックスして話せた。互いにずっと笑顔だった。自分の話を聞いてもらえていると感じ、安心できた。全身が深呼吸をした。

これは簡単に書けるテーマではない。今これを読んでいる人の中には、何年も待ってようやく手術を受けられる人や、こうしたジェンダー肯定ケアを受けることさえできない人もいるからだ。僕の恵まれた立場、そのおかげで僕ができることに対して苛立ち憤る人はいくらでもいるだろう。僕にはパンデミック期に仕事をせず内省する時間があった。僕のいる国はジェンダー肯定ケアが違法でない。私立のクリニックに行っておよそ1万2000ドル（約170万円）を支払える余裕があった。泊まる場所もあった。エネルギーを費やして僕の世話をしてくれる友人もいた。回復に必要な食事も摂れた。自分らしく働ける仕事がすぐそばにあった。何年も待たされかねない医療制度に頼る必要もなかった。

ただ、確かに僕は極めて幸運でも、こんなに当たり前のものを手に入れるためにこれまで必死に闘ってきて、今も闘い続けているトランスジェンダーの人々が、それを手にできたからといって「幸運」だと感じなければならない状況は狂っているし陰謀に満ちている。言いたいことをまとめよう。僕自身だってぎりぎりで辿り着いたのだ。今はようやく手にした現実だが、かつての僕には見えていなかった。永遠に続く虚しさだけが、決して解けない謎だけがそこにあった。消えることのない、表現する言葉のない、深い絶望。あれほど多くを手にして、人々が憧れるような環境に恵まれていても、心は羞恥でいっぱいだった。恐怖に包まれながら、なすすべなく沈んでいくだけだった。ちゃんと目の前にあったのに、それが見えなかった。這いつくばって感謝しなければならないというのはおかしい。感謝しているかって？　もちろんだ！　でも、どんな人でもジェンダーを肯定し命を救う医療を受けられるべきだ。本来はそれが当たり前なのだ。

11月12日の朝6時、小屋を出発した。荷物はすべて車に載せ、ドライブシートにモーを座らせ、炭酸ドリンクとサンドイッチをクーラーボックスに入れ、ガソリンも満タンで、トロントまでの2日間のドライブに備えた。オンタリオ州で10か月過ごす予定のわりに荷物は多くなかった。もともとマンハッタンからノバスコシアに来たときには、これほど長くここにいると思っていなかったから。夏の終わりにはコロナも落ち着いて国境も開かれるだろうと思っていた。実際、その頃はまだ始まりに過ぎなかった。

空気は冷たく、空は白みだす直前で、ウェントワースを通ってアマーストへ向かう間に霧は消えた。太陽が昇り、雲が流れてきて、晴れと雨が入り混じった。国境を越えてニューブランズウィックに入ると、巨大な二重の虹が空に広がった。縁起がいい。僕は手を振った。16時間あまりのドライブを8時間ずつ2日に分けるつもりだったが、その日は運転しながらなんだか全身が浮かれていた。音楽もポッドキャストもかけず、電話でおしゃべりもせず、一夜を過ごす予定だった場所を通り過ぎた。まだまだスピードを落とす気にならなかった。オールド・モントリオールのホテルに車を止めたのは、ケベック州時間の午後6時だった。12時間を車内で過ごしたのだった。モーを連れて短い散歩をしたが、あれほど人が少なく静かなモントリオールは初めてだった。明日の朝は5時間ほど運転すればいい。ブーツの下の石畳の感触が気持ちよかった。

手術の前に血液検査と心電図検査が必要だった。クイーン通りを東に歩いて《ライフラボ》に向かった。速足で一歩を踏み出すたび、ゴールに近づいた。手術当日の11月17日、一人でクリニックに入った。コロナの影響で同伴者を連れていくことはできなかった。クリニックの前まではマークが送ってくれた。不思議と緊張はしていなかった。望んでいたのは、ただ時間が過ぎること、明るい光に照らされながら天井が遠ざかる感覚だけだった。僕はその日二人目の手術で、開始は1時の予定だった。水を含め飲食は完全に禁止だったが、胃が何も欲さなかったので平気だった。ベッド、テレビ、優しい明かりのランプが置かれたサイドテーブルのある小さな部屋で待った。看護師がやってきて、バイタルチェックをして色々と説明をした。午前中の手術が予定より長引いているので、もうしばらくかかりそうとのことだった。僕はベッドにうずくまり、テレビもつけず、本も読まず、音楽も聴かず、順番が来るまで3時間ただ横になっていた。カミングアウト直前のときのように、自分の体を抱いて。

手術台の上。頭上のライト。口を覆われる。下へ、下へ、落ちていく。

3時間ほどの手術の後、マークが迎えに来てくれた。マークは部屋に入ってきてまず僕の写真を撮った。いくらか背を上げられたベッドに横たわったままの僕は完全にハイな気分で、黒の圧迫ベストの下ではいったん取り外された乳首がまたついていた。僕は笑顔で、目も満たされた気持ちで輝いていた。ほっとしていた。

ヨークビルにあるそのクリニックから、クイーン通りとバサースト通りの交差点近くの宿泊先までマークが送ってくれた。友人のマリンはトロントで撮影中だったが、その月はニューヨークに戻っていたので自宅を貸してくれたのだ。天井が低めで居心地のいいリビングルームのソファベッドを整え、僕が日中横たわる場所にした。マークは2階の寝室を使うことにして、その部屋の並んだ窓からはアライグマがよく出没する素敵なウッドテラスが見えた。

手術の内容を考えると、回復の過程はこんなものだろうと感じた。最初の2、3日は薬がよく効き、体からぶら下がるドレーンを流れる血液のように感情がだらだらと漏れ出た。失われた時間、自己嫌悪、経験できたかもしれないすべてに対して僕が爆発させる悲しみと怒りは、気の毒にもマークが受け止めてくれた。僕に付き添い、話を聞き、背中をさすり、忍耐強く付き合ってくれた。さらに僕の服薬を管理し、両脇の下の小さな穴から出る2本の管を通して排出される血液の量を測ってくれた。管の先、腰の両側には、一部赤くなった半透明の小さな球体がぶら下がっていた。

僕は鎮痛剤とリアリティ番組『シャーク・タンク』と料理対決番組『ガイズ・グロッサリ

ー・ゲーム』に感謝した。マークは『ガイズ・グロッサリー・ゲーム』や『Chopped』などの料理番組にも出演できるくらいの腕前だ。レンズ豆のカレーからアップルクリスプまで、たくさんのおいしいものを事もなげに作ってくれた。決まったレシピはなくとも、いつもおいしかった。

　マークは10日ほど一緒にいてくれた。術後2、3日経って僕は平静を取り戻した。食事の後、マークは家から持ってきたオムニコードを弾き始めた。1981年に開発されたその電子楽器は、それほど大きくないので膝の上に置いて弾くこともできる。この楽器一つでドラム、ギター、オルガンなどさまざまな音を出せるので、小さな電子音楽の世界を探索することができる。メロディーが米と一緒にふつふつと煮られ、ビートがテーブルの上で踊った。袋に半分入ったポップコーンも面白い音を立てた。そうして言葉やリズム、雰囲気や感情を見つけた僕たちは、小さな空き部屋に録音スペースを設けた。マークが4トラックレコーダーとマイクを持ち込み、一緒に作曲を始めた。二人でカーペットの上に座り、録音した曲を聴いてはまた録り直し、歌詞を書いては表現を変え、笑い、驚き、創作作業と二人でいる時間、子供に戻ったかのようなその瞬間に没頭した。あのとき作った曲がいつまでも残るというのは、なんと幸運なことだろう。マークという大切な存在がいる僕はなんて幸運なんだろう。

　あれほど長くマークと一緒の時間を過ごしたのは東欧のバックパック旅以来だった。それから長くうねった日々が過ぎ、『ジュノ』のプレミアから13年後、トロントのクイーン・ウエストの極寒の冬に僕らはまた会った。トロント国際映画祭に僕が招いたのだ。ヘアメイクの仕上げをされている僕を見たときの彼の表情は、この先もずっと忘れられないだろう。目を見開いて、ぞっとしたような表情で、明らかに心配していた。彼をそばに呼んで説明したかったけれど、話せることなどなかった。

その後、各地を転々とする日々が始まった。もうマークと同じ街には住んでいなかったし、殻に閉じこもった僕は彼とも少しずつ距離を置いた。マークのあの表情をもう見たくなかった。すでにわかっていることを思い知らされたくなかった。こうするしかないと思えた。映画祭でのときのことについて、ちゃんとマークとは話していなかった。恥ずかしくて、自分を裏切ることは彼を裏切ることでもあると感じた。

あのときの僕が僕でないことをマークはわかっていた。そして手術後のこのとき、彼は僕が僕であるとわかっていた。

手術の数日後、10代の頃によく遊んだハイ・パークに車でマークと行った。自分の体力を過信していた僕は、散歩の終盤にはふらふらしていた。それでも歩ききれない可能性を認めたくなくて、深く呼吸をしながらゆっくりと歩いた、坂を登っているとき、痛みに思わず顔が歪んだ。目を閉じると、マークが手をぎゅっと握ってくれた。そうして帰路に就いた。

2週間が経つ頃には、(ある程度)普段どおりの生活ができていた。数か月間は2キロ以上のものを持ち上げられなかったけれど。一人だったので、乳首を覆う包帯を自分で変えるのは一苦労だった。もはや乳首なのかすらわからない、痣だらけの小さな血の泡のようなものを見てぎょっとするたび、自分は間違ったことをしてしまったのだろうかと考えては、そんなことはないと納得した。いずれ圧迫ベストを脱いで自由に胸を張れる日のことを思って……言葉にできない不思議な感覚に身を委ねた。でも、ただの空想じゃない。ついに現実になるのだ。何も考えずに、ただ時が過ぎるのを待つしかなかった。遅々として過ぎていかなかったけれど。あと数週間。

最も痛かったのはドレーンを抜く処置だった。巨大な針が脇の下の小さな穴の周りに何度も刺さって局所麻酔をかけた。痛みを受け入れながら力を抜こうとする僕のそばに看護師が立ち、穏やかに話しかけてくれた。両脇の麻酔が終わると、医師が管の抜去に取りかかった。看護師が3、2、1とカウントダウンし、医師が引っ張ると、管は暴れながら無理やり僕の体外に出されるミミズのように皮膚の下でうねった。

オンラインでボタンダウンのシャツをたくさん買ったが、さすがに多すぎた。たいていはサイズも大きすぎたけれど、使えるものもある。一つひとつを着て、鏡に映る自分の姿を横から見ながら、大きな笑顔を浮かべて首元からお腹までを撫でた。そんな小さなファッションショー、自作のモンタージュがいつまでも続いた。携帯電話の画像フォルダは、平らな胸、新しいアングルのショット、笑顔の写真でいっぱいになった。左側は右側より数日回復が遅れたが、どちらも順調に治った。

そして、ベストが外れて、乳首の包帯が取れたとき……ああ、表現できる言葉はない。

トランスジェンダーとして、とりわけ顔の知られたトランスとして、いつも他の人たちに自分のことを信じてほしいと必死に縋っているような感覚がする。これはほとんどのトランスの人がわかってくれるはずだ。表面的な同意や受け入れたふりにはうんざりなのだ。2014年に同性愛者であることをカミングアウトしたとき、大半の人は僕を信じてくれて、証拠を求めたりはしなかった。また、そのとき受けた嫌悪や批判は今よりもはるかに少なかった。比べ物にもならない。同性愛者であることを親しい人たちにカミングアウトするときに緊張はしなかったが、この新たな自分を開示することは別物だった。一部の友人たちは陰で何を言っているのだろう、僕を見て本当は何を思っているのだろう。

自分の体に好奇の目が向けられること、幼稚な存在として見られること（これは昔から経験してきたが、今ほどではなかった）にはもう辟易している。そしてそれは、ネット上の書き込みや街を歩く見知らぬ人、パーティーで会う初対面の相手だけでなく、親しい知人や友人からも受ける反応だ。

「可愛いね」ある授賞式の二次会で友人がそう言った。ピュリッツァー賞受賞経験のある、つまり進歩的な価値観を推し出している人だ。生まれて初めてイベントの場で心から堂々とした気分でいるときに、友人がそんな言葉で台無しにしてくるのだ。「可愛い」なんて言葉、消えてしまえ。

「わあ、僕の親友にトランスがいたなんて！」長年の親友は僕が僕であることに対してこう言った。

「他人がコメントすべきでないことね」大親友の一人といえる友人は、僕が胸の手術を受ける決断について話すと、長く沈黙した後そう言った。かなり初期に手術のことを打ち明けた相手だった。彼女が「コメントする」ことなく「コメント」したのは確かで、その後もこっちが求めてもいない自分の意見を語り続けた。それからしばらく僕は彼女と話すことができなかった。

「君が別の方の手術も受けるつもりなのかって、友達に聞かれたんだけど……」や、「声を聞いてびっくりしたけど、そのうち慣れるよね」という反応もあった。

あるいは、こんなありきたりな言葉も。「これがすべての答えになるわけじゃない。わかってるでしょう?」

もちろんだ。すべての答えになるものなんて存在しない。

友人たちは僕にひげが生えてきたことについて冗談を言う。どんな名前を選ぶべきだったかについてもジョークを言われる。1年半経った今でも、僕にheの代名詞を使うことさえできない人もいる。僕は我慢強いし、誰でも学びを続けるものだし、僕だって同じような失敗をしてきた。それでも、我慢がもたないときもある。こんな出来事や発言はちっぽけなことに思えるだろうが、自分の存在が常に議論され否定されていると、心が枯れてしまうものなのだ。ぐったりと無防備に横たわって、僕は優しさを切望している。

実際、多くの意味で、僕の物語はまだ展開途中だ。テストステロンを投与し始めてから1年以上が経った。毎週金曜日は興奮しながら目を覚ますが、同時に満足感もある。人生に新たに加わった、落ち着いた感情だ。40ミリグラムのテストステロンを注射しながら、僕は変わっていく、成長していく。すべては始まったばかりだ。

これまでになく幸せな今の気持ちで、ただあなたたちと一緒に存在させてほしい。

29 ピーチズ ― PEACHES

マークと僕はクイーン東通りに建つ《オペラハウス》に早々に到着した。何かのためにあれほど早くから列のほぼ先頭で並んだのは初めてだった。トロントの冬に凍えながら立っていた。ピーチズのライブだった。彼女のセカンドアルバム『Fatherfucker』を引っ下げてのツアーだ。僕はよくそのアルバムを聴きながら狂ったように踊ったものだ。シャツを脱ぎ、スポーツブラで締めつけた体で、ブラインドを下げて。

会場に入った瞬間から駆け出し、ステージに体を押しつけた。前座バンドの演奏中ももどかしい気持ちだった。そのバンドは良かったが、彼らの演奏が終わってからピーチズが登場するまでの時間がとても長く感じた。紫と赤のライトで照らされた会場に続々と客が入ってきた。チケットは完売だった。大勢のクィアな人たち。それまでの人生で経験したうち、間違いなく最もクィアな空間だった。

ストラングラーズの曲「Peaches」が会場に流れ、照明が落とされた。いよいよピーチズの登場だ。

Walking on the beaches, looking at the peaches(ビーチを歩いて、ピーチを眺める)

後から調べてみるとその曲は4分強ほどの長さだったが、もっと長く、少なくとも7分はあるように感じた。そして曲が終わる。ようやくだ。ピーチズが現れた。荒々しいオーラをまとい、自信に満ち、セクシーで、大胆不敵。タイトなピンクの下着と黒いブラジャーという露出度の高い格好だ。「Shake Yer Dix」の演奏が始まると、バックダンサーたちの股間から突き出したディルドが揺れた。スパイシーなクィアネスが空間を渦巻く。

Girls and boys they want it all（女も男も、全部が欲しい）
Lay back and make the call（リラックスして、さあ決めて）
You need that flip, yeah really quick（変わらなきゃ、今すぐ）
And keep it so slow it sick（あとはゆっくり、クールに）
You gotta shake yer dix and yer tits（腰を振れ、胸を揺らせ）

I'll be me and you be you（私らしく、君らしく）
Shake yer dix and shake yer tits（腰を振れ、胸を揺らせ）
And let me be you, too（そして私も君になろう）

汗、スモークマシン、男性器と乳房……最高のショーだ。しかしライブの後半、ピーチズの顔が歪み、少し背を丸めて、バランスを崩したかのようにゆっくりと体が揺れた。観客に不安が広がる。ピーチズは前かがみになり、両手を膝に置いてうなだれ、空吐きを始めた。音楽が止まる。ピーチズはよろよろとステージの端に歩いていったかと思うと、吐血に模した液体を客席にまき散らした。音楽が再開し、みんなが叫び声を上げた。僕は血のりまみれだった。ピーチズは振り上げた僕の肘をつかむと、手首まで手を滑らせて腕全体に赤い塗料を塗りたくった。

ピーチズのようにありのままの自分で生きている人は珍しく、少なくとも僕が関わってきた人たちの中には多くなかった。この当時内気だった僕は、彼女があれほど自分をむき出しにできることに感動した。堂々とセクシャルな表現をし、大胆で、アグレッシブで、それでも楽曲には美しく繊細な瞬間が散りばめられていた。僕は、自分もあんなふうに自信を持って解放され、足かせになる恐怖心をなくせればいいのにと願った。

興奮冷めやらぬマークと僕は、路面電車を使わずにクイーン通りを西へ5.2キロ歩いて家に帰った。腕についた「血」が街灯の下で輝き、僕たちはそれを見て楽しみながら歩道を跳ねるように歩いた。まだピーチズの余韻が、ショーの余韻が残っていた。それまで目にしたうち最もクィアなもの、存在しうるあの世界。失いたくなかった。ずっと抱えていたかった。

その日はカーテンの脇から腕を出したままシャワーを浴びた。季節は冬で、どうせ長袖を着るからいいと思った。それから2週間近く洗わなかった。当時16歳のトランスの子供だった僕にとって、ピーチズは他では得られないものを与えてくれる存在だった。羞恥心なんてクソくらえ、ジェンダーの固定観念なんてクソくらえ、自分が求めるものを押し殺して本当の自分でいられないなんてクソくらえ、という声をくれた。

あのライブから持ち帰ったものは血のりだけでなく、自分の中で何かが変わるという発見の感覚も味わった。自分のクィアネスに触れ、自分と同じような人たちがいる群衆の中で飛び跳ね暴れまわるという新たな次元にいたのだ。嘲笑のない、祝福の空間だった。

ライブが終わって会場を出たとき、頭を半分坊主にした女性が僕たちに「何歳?」と聞いてきたのを覚えている。

「16歳と15歳です」と、興奮しきったまま答えた。

「いいね!」そう声を上げた彼女は、とても誇らしげで嬉しそうだった。まるで世界のすべてがうまくいっているように。

僕は深く息を吸って、つま先に届くまで吐いた。この感覚を失いたくなかった。楽しい気持ち、儚い自己愛の瞬間をポケットにしまっておきたかった。寒さの中、マークと一緒に家まで歩く間、足の裏が地面を踏みしめるのを感じた。一歩、また一歩。進む方向は間違っていない。

謝辞
Acknowledgments

この本を書き上げられたのは、今ここに生きているという感覚を僕が得るまでの道のりで背中を押してくれた人たちのおかげだ。若かった僕にとってクィアのモデルとなり、何年も寄り添い続けてくれたジュリア・サンダーソンには特別な感謝を捧げる。あなたの限りない愛とサポートがなければ、僕はこの本を書くことも、ここに存在することさえもできなかった。そして素晴らしい編集者のブリン・クラーク、僕とこの本を信じ、刊行を実現させてくれてありがとう。どうして自分にこんな幸運が訪れたのかわからない。イギリスで編集を担当したボビー・モスティン＝オーウェン、あなたの才気、洞察、そして温かな心に感謝する。UTAのエージェントであるアルバート・リーとピラー・クイーン、僕よりも先にこのプロジェクトの可能性を見出し、僕を促し時間を作らせてくれてありがとう。メレディス・ミラーとゾーイ・ネルソンの努力と情熱にも感謝する。

マネージャーのケリー・ブッシュ・ノヴァク、今までもこれからも僕と一緒にこの旅をしてくれてありがとう。コートネイ・バレット、アマンダ・ペレティエ、そしてＩＤＰＲの皆さんにも感謝する。ケビン・ヨーン、いつも支えてくれてありがとう。僕に医療を施してくれてきた皆さん、あなたたちのケアがなかったら今この文章を打っていることもなかった。この本の執筆中に連絡した友人たちにも、導きと支えをくれたことに感謝する――トーマス・ペイジ・マクビー、チェイス・ストランジオ、ローレン・マシソン、キアシー・クレモンズ、マディシン・リットランド、マーク・レンドール、スター・アメラス、ニック・アダムス、ポーラ・ロビンス、ブリット・マーリング、マリン・アイルランド、カジー・デイビッド、ケイト・マーラ、イアン・ダニエル、キャサリン・キーナー、ベアトリス・ブラウン。そしてお母さん、心からあなたを愛しています。僕のことをこんなに理解してくれて、心を開いてくれてありがとう。あなたからは本当にたくさんの影響をもらっている。そして、この世界に僕が存在できる場所を作ってくれたすべての人たちへ。どれほど自分が幸運だと感じているか、言葉では言い表せない。この本の完成についてもそうだけれど、僕が新たに得た強さ、喜び、つながりはすべて、数え切れないたくさんの人たちのおかげだ。僕が知っている人も、会ったことがない人も。僕たちはみんな、共に曲がりくねった道を歩んでいる。ここにみんなといられることに感謝する。

Pageboy エリオット・ペイジ自伝

**トランスジェンダーとして勇気を持って生きる、
ハリウッド俳優の回想録**

2025年5月1日　初版発行

著　エリオット・ペイジ
訳　長尾莉紗

デザイン　川畑あずさ
日本版制作　筒井奈々（DU BOOKS）

発行者　広畑雅彦
発行元　DU BOOKS
発売元　株式会社ディスクユニオン
東京都千代田区九段南3-9-14
編集　tel 03-3511-9970／fax 03-3511-9938
営業　tel 03-3511-2722／fax 03-3511-9941
https://diskunion.net/dubooks/

印刷・製本　シナノ印刷

ISBN 978-4-86647-194-5
Printed in Japan

本書の感想をメールにて
お聞かせください。
dubooks@diskunion.co.jp

DU BOOKS

ボーイズ

男の子はなぜ「男らしく」育つのか

レイチェル・ギーザ 著　冨田直子 訳

女らしさがつくられたものなら、男らしさは生まれつき？
教育者や心理学者などの専門家、子どもを持つ親、そして男の子たち自身へのインタビューを含む広範なリサーチをもとに、マスキュリニティと男の子たちをとりまく問題を詳細に検討。ジャーナリスト且つ等身大の母親が、現代のリアルな「男の子」に切り込む、明晰で爽快なノンフィクション。

本体2800円＋税　四六　376ページ　好評８刷！

人種差別をしない・させないための20のレッスン

アンチレイシストになろう！

ティファニー・ジュエル 著　オーレリア・デュラン イラスト　きくちゆみこ 訳

「ニューヨーク・タイムズ」ベストセラー！　「ガーディアン」「タイム」「イブニング・スタンダード」「テレグラフ」「ザ・サン」が大推薦！　なぜ人種差別（レイシズム）は存在するの？　なくすためにはどうしたらいい？　よりよい未来を築くために、今あなたができることってなんだろう。レイシズム（人種差別主義）を一から理解するための入門ヴィジュアル・ブック。

本体2200円＋税　A5　168ページ（オールカラー）

声をあげて、世界を変えよう！

よりよい未来のためのアンダー30の言葉

アドーラ・スヴィタク 著　カミラ・ピンヘイロ イラスト　長尾莉紗 訳

マララさん、グレタさんだけじゃない！　美しくポップなイラストとグラフィックで読ませる、ソーシャルチェンジのために声をあげた、ミレニアル〜Z世代のアンダー30、世界の45名の功績とスピーチ。気候変動からトランスジェンダーの権利まで、声をあげて行動を起こせば、未来は動かせる。
「常識」を疑え！　力を合わせて、大きなビジョンを持とう！

本体2200円＋税　A5　176ページ（オールカラー）

主婦である私がマルクスの「資本論」を読んだら

15冊から読み解く家事労働と資本主義の過去・現在・未来

チョン・アウン 著　生田美保 訳

小説家・柚木麻子さん推薦！
「労働者が妻を扶養しているのではなく、妻が、労働者を働きに出られるように扶養しているのだ。」（本文より）　日本よりも家父長制が根強く、日本と同様に共働き世帯が急増する韓国のひとりの主婦による、女性／男性／非婚女性／すべての人類のこれからを考えるための教養エッセイ。

本体2200円＋税　四六　256ページ　好評２刷！